O.W. BARTH

ROHAN GUNATILLAKE

Buddhify your life

RUHIG UND GELASSEN BLEIBEN IM CHAOTISCHEN ALLTAG

Aus dem Englischen von
Jochen Lehner

O.W. BARTH

Die englische Originalausgabe erschien 2016 unter dem Titel
»This is Happening« bei Bluebird, einem Imprint von Pan Macmillan,
einem Bereich von Macmillan Publishers International Limited.

Besuchen Sie uns im Internet:
www.ow-barth.de

FSC
www.fsc.org
MIX
Papier aus verantwortungsvollen Quellen
FSC® C083411

Ein Imprint der Verlagsgruppe
Droemer Knaur GmbH & Co. KG, München

Redaktion: Ulrike Strerath-Bolz
Umschlaggestaltung: Franzi Bucher, München
Satz: Adobe InDesign im Verlag
Druck und Bindung: CPI books GmbH, Leck
ISBN 978-3-426-29262-4

2 4 5 3 1

Für meine und Ihre Eltern

Inhalt

1

Achtsamkeit der nächsten Generation

Die Achtsamkeit braucht eine Neuformulierung.

So viel Interesse wie in unserer Zeit haben Achtsamkeit und Meditation noch nie gefunden. Es gibt auch immer mehr Forschungsergebnisse, die deutlich für ihre Wirkungen und Nutzeffekte sprechen. Große Firmen lassen ihre Angestellten zwecks Stressmanagement an Achtsamkeitskursen teilnehmen. Spitzensportler üben sich in Achtsamkeit, um unter hohem Erfolgsdruck ruhig und leistungsfähig zu bleiben. Für Promis ist Achtsamkeit inzwischen ein Must-have-Lifestyle-Accessoire – aber vor allem sind es Leute wie Sie, die erkannt haben, dass Achtsamkeit deutliche Veränderungen zum Besseren bewirkt, wenn man sie in das eigene Leben integriert. So weit, so gut.

Dummerweise werden die meisten Leute, die sich für Achtsamkeit interessieren, trotzdem nicht aktiv. Drei Haupthindernisse halten sie davon ab, aus einer netten Idee gelebte Wirklichkeit werden zu lassen. Ich nenne diese drei Hindernisse das Zeitproblem, das Freigeistproblem und das digitale Problem. Als Hersteller von Produkten im Umkreis der Achtsamkeit empfinde ich diese Probleme als spannende Herausforderungen, da sie alle überwindbar sind.

Ich habe keine Zeit zum Meditieren

Das ist das Zeitproblem. In dieser von Terminen überlasteten Welt mit ihren unzähligen Vorhaben und Verpflichtungen scheint es nahezu unmöglich, sich zwanzig Minuten freizuschaufeln, in denen man ganz bei sich sein kann. Sobald auch nur anklingt, dass dieser Aufwand nötig ist, wenn wir von der Achtsamkeit wirklich etwas haben wollen, sehen wir das Ganze als unerreichbares Fernziel. Wenn das auf Sie zutrifft, keine Sorge: Wir werden das Zeitproblem lösen.

Man muss zum Meditieren spirituell oder religiös sein, und so sehe ich mich einfach nicht.

Das ist das Freigeistproblem. Achtsamkeitsmeditation hat ihren Ursprung tatsächlich im Buddhismus. Nun scheint der Buddhismus zwar unter den Weltreligionen einen besonders guten Ruf zu genießen, aber alles, was mit Achtsamkeit und Meditation an spiritueller Ästhetik und sonstigem Beiwerk verbunden ist, stellt für viele Menschen ein echtes Hindernis dar. Auch das darf so sein. Wir werden das Freigeistproblem lösen.

Mein Leben ist sehr vernetzt, es ist einfach nicht praktikabel, mich zeitweilig auszustöpseln.

Das ist das digitale Problem. Achtsamkeit und Technik – im Allgemeinen werden sie als nicht kompatibel angesehen, sogar als Gegensatz. Heißt es nicht immer wieder, wir könnten nur wahrhaft präsent und »angeschlossen«

sein, wenn wir alles Äußere abschalten? Aber in einer Welt, in der unsere Arbeit, die Wirtschaft, ja unser ganzes Leben so weitgehend von Technik abhängig sind, können wir, wenn es um unser persönliches Wohlbefinden geht, nicht bei der Verteufelung alles Digitalen bleiben. Nun, keine Angst, auch das digitale Problem werden wir bald im Griff haben.

Sie halten ein Achtsamkeitsbuch der nächsten Generation in Händen. Es ist für die unzählig vielen gedacht, die nicht wissen, wie sie in ihren dichten Zeitplänen noch Freiräume finden sollen, die sich aber trotzdem mehr Bewusstheit, mehr Ruhe und mehr Freundlichkeit wünschen. Allen, die immer dachten, Achtsamkeit und Meditation seien irgendwie nichts für sie, rufe ich zu: Dieses Buch ist für euch!

Was für Gefühle lösen diese einleitenden Worte bei Ihnen aus? Drängen sich Gedanken auf, sind deutliche Reaktionen wahrzunehmen? Spüren Sie etwas Anregendes, oder überwiegen die Zweifel?

Spüren Sie einmal nach, ob klare Körperempfindungen auftreten. Können Sie wahrnehmen, wie Ihr Atem in diesem Moment fließt oder wie sich die kleinen Bewegungen anfühlen, die ein Blinzeln ausmachen? Oder spüren Sie einfach mal, wie sich dieses Buch in Ihren Händen anfühlt. Wirklich, das kann Spaß machen. Es ist das, was geschieht.

*

Sollten Sie zu den Leuten gehören, die einfach so Zeit für formelle Meditation im Sitzen erübrigen können, nichts gegen kahlköpfige Leute in wallenden Gewändern haben, die Ihnen sagen, was zu tun ist, und dazu auch noch in keiner Weise von ihren digitalen Gerätschaften abhängig sind, dann zählen Sie zu den Glücklichen, die sich einfach an eines der vielen bestehenden Systeme der Achtsamkeits- oder Meditationspraxis anschließen können. Nehmen wir aber an, Sie gehören nicht zu diesem Personenkreis. Dann stehen Sie vielleicht vor dem Dilemma, dass die drei oben erwähnten Probleme schulterzuckend hingenommen werden und man Ihnen sagt: Damit musst du zurechtkommen, so ist es nun mal.

Nein, so ist es nicht, und deshalb brauchen wir heute eine Achtsamkeitspraxis, die besser auf unsere moderne Lebenswirklichkeit abgestimmt ist. Der in diesem Buch vorgestellte Ansatz löst das Zeitproblem dadurch, dass er Meditation in erster Linie als Aktivität in Bewegung auffasst. Wir können überall meditieren, nicht nur an einem der Meditation auf dem Sitzkissen vorbehaltenen Platz. Mein Ansatz löst auch das Freigeistproblem, und zwar durch das Vorverständnis, dass die Achtsamkeitspraxis zwar religiösen Ursprungs ist, aber eine Evolution durchlaufen hat und heute ganz neuen Zwecken dient. Und er löst das digitale Problem einfach dadurch, dass er der Technik ihren Stellenwert in unserem Leben zugesteht, um anschließend zu fragen, wie wir sie für unser Wohlbefinden nutzen können, anstatt es durch sie bedroht zu sehen.

Sicher, wir könnten die Achtsamkeit auch weiterhin so sehen, wie sie bisher gesehen wurde, doch das würde bedeuten, dass sie eine Randerscheinung bleibt, ein Luxus, den sich die meisten Menschen nicht leisten können, weil so etwas in ihrem Alltag nicht unterzubringen ist. Das wäre schade, denn schließlich deutet ja inzwischen wirklich eine Menge darauf hin, dass Achtsamkeitspraxis alle möglichen positiven Wirkungen haben kann. Das ist so, als würde man sagen: »Ich habe hier eine ganz großartige Sache, aber für dich ist sie nicht geeignet, tut mir leid.«

Das wäre nicht nur schade, sondern würde schlichtweg an der Tatsache vorbeigehen, dass die Achtsamkeitspraxis im Laufe der Zeit erhebliche Veränderungen erlebt und neue Elemente aufgenommen hat. Wir werden uns die Evolution der Achtsamkeit im weiteren Verlauf genauer ansehen und uns auch fragen, wohin es von jetzt an gehen könnte. Bevor wir uns jedoch ins Abenteuer stürzen, sollten wir uns einen Kerngedanken ganz bewusst vor Augen führen, nämlich dass die Achtsamkeitspraxis immer schon flexibel gewesen ist und sich im Laufe ihrer langen Geschichte bei jeder Begegnung mit einer neuen Kultur immer wieder neu zu erfinden vermochte. Deshalb ist die derzeitige Neuformulierung der Achtsamkeit nur das folgerichtige nächste Kapitel dieser Geschichte: ihre Abwandlung im Licht neuerer Erkenntnisse der Neurowissenschaft und Psychologie und in Verbindung mit den neuen Entwicklungen der digitalen Technik.

Wenn wir von der Geschichte und Entwicklung der Achtsamkeit sprechen, fassen Sie das bitte nicht als ein akademisches Thema auf. Letztlich denken wir dabei ja an Einzelne wie Sie und mich, die beim bisher Üblichen ansetzen und sich überlegen, wie es in unserer heutigen Lebenswirklichkeit am besten angewendet werden kann. Für mich selbst war es ein Durchbruch, als ich herausfand, wie ich in dieser Welt der engen Zeitfenster meditieren kann. Dadurch hat sich nicht nur mein Verständnis von Achtsamkeit geändert, sondern mein ganzes Leben.

Die Zukunft der Achtsamkeit – auf dem Weg zur Arbeit entdeckt

Während meiner letzten Monate an der Universität fing ich an zu meditieren, und nach dem Examen zog ich nach London zurück, um eine Stelle bei einer großen Technologieberatungsfirma anzutreten. Das war eine aufregende Zeit, ich genoss die Energie dieses Berufslebens im großen Verbund, konnte den im Verlauf meines Studiums angehäuften Schuldenberg spürbar verkleinern, und mein Interesse an Achtsamkeit und Meditation nahm rasant zu. Ich sah mich nach Kursen und Gruppen in erreichbarer Nähe um und trug mich sogar mit dem Gedanken an ein Wochenend-Retreat.

Dummerweise hatte ich nicht genügend Zeit für so etwas. Während des Studiums war das kein Problem gewesen, ich hatte keine Mühe, hier und da eine halbe Stunde für die Meditation abzuzweigen. Jetzt, so abrupt in die Arbeitswelt versetzt, sah das alles ganz anders aus. Selbst wenn ich irgendwo noch eine halbe Stunde für die formelle Meditation im Sitzen fand, war es oft so, dass Aufmerksamkeit und Energie einfach nicht im erforderlichen Maße mitspielten. Die Lösung des Problems fand ich glücklicherweise eines Montagmorgens in der Northern Line der Londoner Underground.

Alle Linien der Underground haben ihre Tücken, aber die Northern Line ist wirklich zermürbend, besonders am Morgen. Großstädte sind ja überhaupt als einsam und beziehungslos verschrien, und am deutlichsten spürt man das vielleicht, wenn man tief unter der Erde in dieser Enge unterwegs ist, umgeben von Menschen und doch so allein.

Eine halbe Stunde war ich vom südlichen London in die City unterwegs, und über die frustrierenden Unannehmlichkeiten dieser täglichen Pendelfahrten hinaus hegte ich einen besonderen Groll auf die Northern Line, weil sie mir meine Meditationszeit wegnahm. Denn am liebsten meditierte ich am Morgen. Da war nicht nur der gerade erst aufgewachte Kopf noch frisch, sondern der Morgen bot mir auch eine tröstliche Regelmäßigkeit, weil ich häufig Überstunden zu leisten hatte und nie wusste, wann ich zu Hause sein würde. Die Schwierigkeit bestand nun darin, dass ich in ein Projekt eingebunden war, für das ich jeden Tag sehr früh im Büro sein musste – auf Kosten meiner morgendlichen Meditationszeit.

Wunderbarerweise konnte ich an diesem Morgen einen Sitzplatz ergattern. Da saß ich nun zwar, aber es ging doch nichts anderes als Selbstmitleid über die verlorene Meditationszeit in meinem Kopf herum. Unser Gehirn weiß ja, wie es einen unbedeutenden kleinen Gedanken zu einer Katastrophe aufblähen kann, und ich war jetzt wahrhaftig überzeugt, dass mein Job, den ich liebte, mich zum endgültigen Abschied von der Meditation zwang. Ach, dahin, dahin!

Ich übte damals eine Form der Meditation, die Anfängern häufig zur Einführung beigebracht wird. Man achtet dabei auf die körperlichen Empfindungen des Atmens, und immer wenn die Aufmerksamkeit abwandert, holt man sie zum Atem zurück, wodurch sich mit der Zeit Bewusstheit und Stabilität entwickeln. Aber wenn ich das in der U-Bahn mit geschlossenen Augen versuchte, standen einfach viel zu viele andere Körperempfindungen im Vordergrund. Das Schütteln und Rattern, die Hitze, das ständige Rempeln – wie sollte ich da die Empfindung des Atmens verfolgen, geschweige denn bei ihr bleiben? Es war ein Riesenfrust. Ich hab's nicht drauf. Die U-Bahn ist Mist. Alles ist Mist.

Mitten in diesem wohligen Rausch von Selbstmitleid ging mir wie im Comic eine Glühbirne auf. Da ich mich zu ebenjener Zeit in der U-Bahn befand, die ich sonst zu Hause der Meditation widmete, und da ich zudem gerade saß, weshalb konnte ich dann nicht einfach hier meditieren? Die Fahrt dauerte auch ziemlich genauso lange wie meine übliche Meditation. Gut, die Umstände waren ein wenig gewöhnungsbedürftig, aber was soll's? Ich war wie elektrisiert, und tatsächlich stellten die nächsten etwa zwanzig Minuten mein Verständnis von Meditation völlig auf den Kopf.

Der ganze Frust war wie weggeblasen. Diese Eingebung, dass ich überall meditieren konnte, wenn ich es ernsthaft darauf anlegte, ist seitdem die Grundlage meines Verständnisses von Achtsamkeit. Wenn ich meine Aufmerksamkeit beim Atem halte, kommt es in erster Linie auf das geistige Vermögen dazu an, nicht auf den Atem. Sobald das klar war, machte ich mir keinen Kopf mehr wegen meiner Ausrichtung auf den Atem, sondern wandte meine Aufmerksamkeit einfach dem zu, was sich jeweils gerade bot. In dem beschriebenen Augenblick in der Londoner Underground richtete ich meine Aufmerksamkeit auf die Empfindungen des Sitzens. Ich spürte das Vibrieren und Rütteln unter mir und entdeckte Empfindungen und Nuancen, die mir noch nie aufgefallen waren. Ich nahm wahr, wie meine Muskulatur auf das Beschleunigen und Abbremsen reagierte. Es ging also jetzt mehr um die Bewusstheit selbst als um den Gegenstand meiner Achtsamkeit, und daraus ergab sich auf ganz organische Weise, dass es Ablenkungen und Störungen … nicht mehr gab!

Jetzt konnte sich meine Aufmerksamkeit frei entfalten, und ich horchte auf alles, was ringsum zu hören war. In dieser entspannten Aufnahmebereitschaft wurden mir die verschiedenen Geräusche einfach nur bewusst, und ich musste nichts mit ihnen tun. Wenn ich die Augen öffnete und die anderen Fahrgäste betrachtete, regte sich sogar ganz leise ein Gefühl von Dankbarkeit. Ich kannte dieses Gefühl, es war wie am Ende einer Gruppenmeditation. Die Zielvorstellungen sehen bei solchen Gruppenretreats anders aus, aber sie hatten offenbar doch eine vorbereitende Rolle gespielt.

Meine Auffassung von Meditation hat sich an diesem Tag grundlegend und dauerhaft gewandelt.

Achtsamkeit und Meditation – was ist das eigentlich?

Hier herrscht bei vielen Menschen einige Verwirrung. Sind Achtsamkeit und Meditation dasselbe? Sind sie verschieden? Oder beides? O je.

Sicher ist, dass die beiden Begriffe in allen möglichen Zusammenhängen, sogar in wissenschaftlichen Forschungsberichten, ohne die nötige Trennschärfe verwendet werden. Als jemand, der mit der Darstellung der Sache befasst ist, fällt mir hier eine gewisse Verantwortung zu. Klären wir die Angelegenheit also ein für alle Mal.

Meditation ist noch relativ einfach zu definieren. Unter Meditation verstehen wir die Anwendung bestimmter Techniken, mit denen wir unsere Aufmerksamkeit so ausrichten können, dass bestimmte positive Fähigkeiten und Qualitäten wie Konzentration, Klarheit und Bejahung ausgebildet werden. Alle möglichen geistigen Qualitäten sind trainierbar, und für eine bestimmte Qualität kann es viele verschiedene Techniken geben. Es gibt die klassische Form des Sitzens mit geschlossenen Augen für eine bestimmte Zeit, aber wir werden in diesem Buch eine andere, nämlich dynamische oder mobile Form in den Mittelpunkt stellen, eine Meditation, die parallel zu den Aktivitäten unseres Alltags verläuft. Meditation ist kurz gesagt ein übergreifender Begriff für eine breite Palette von Techniken aus den verschiedensten Traditionen und für die unterschiedlichsten Zwecke.

Achtsamkeit bedeutet grundsätzlich, dass wir uns dessen bewusst sind, was jeweils gerade in unserer Erfahrung geschieht. Wenn wir all das bewusst wahrnehmen, seien es Körperempfindungen, Gedanken oder Gefühlsregungen, sind wir achtsam. Achtsamkeit ist ein ganz zentraler Bestandteil der Meditation, vor allem der sogenannten Einsichtsmeditation, von der die moderne Achtsamkeitsbewegung deutlich geprägt ist.

Dass Achtsamkeit und Meditation nicht so leicht auseinanderzuhalten sind, geht vor allem auf die Zeit zurück, in der »Meditation« zu einem Modewort wurde. Erst seit den sechziger und siebziger Jahren hat Meditation überhaupt einen Stellenwert im öffentlichen Bewusstsein. Die Angehörigen der sogenannten Hippie-Generation entwickelten ein romantisches Faible für die spirituellen Traditionen Asiens und brachten von ihren Morgenlandfahrten all das mit, was sie an exotischem Gedankengut aufgeschnappt hatten. Bis heute leiden sie an Symptomen, die »Hippie-Kater« genannt werden.

Meditation ist ursprünglich eine spirituelle Praxis. Das hat sich jedoch in den letzten vierzig Jahren geändert. Heute wird Meditation, insbesondere Achtsamkeitsmeditation, in allen möglichen Zusammenhängen eingesetzt, von der Arbeitswelt bis zur Psychiatrie. Damit hat sich die Meditation teilweise von ihren spirituellen Wurzeln gelöst, wird aber trotzdem noch weitgehend als zur Eso- oder Alternativszene gehörig betrachtet. Und wie sich dann zeigte, waren Mittel für die medizinische Forschung und Aufträge für entsprechende Trainingsprogramme in Unternehmen leichter zu bekommen, wenn man dem Kind einen anderen Namen gab: Achtsamkeit. Dabei ist es geblieben.

Ich werde die beiden Begriffe in diesem Buch als annähernd gleichbedeutend und damit austauschbar verwenden, wie es heute weitgehend üblich ist. Es gibt etliche verschiedene Definitionen der Achtsamkeit, aber die möchte ich lieber der Fachliteratur überlassen. Wenn wir von Achtsamkeit oder Meditation sprechen, meinen wir letztlich den gezielten und aktiven Einsatz unserer geistigen Vermögen zur Verbesserung unserer geistigen Vermögen. Mehr brauchen wir eigentlich nicht zu wissen.

*

Ich studiere und übe Achtsamkeit jetzt seit gut zwölf Jahren. Neuerdings entwickle ich auch Apps und andere Produkte zu diesem Thema. Mein persönlicher und beruflicher Werdegang macht mir deutlich, dass ein neues Achtsamkeitsspiel mit neuen Regeln in der Luft liegt. Die erste dieser Regeln kennen wir bereits; sie ergab sich aus jener schicksalhaften Pendelfahrt auf der Londoner Northern Line.

Erste Regel: Achtsamkeit soll vor allem mobil sein

Wenn Leute sagen, sie hätten keine Zeit zum Meditieren, liegen sie nicht unbedingt falsch, sie wählen nur einen zu engen Blickwinkel. Hier ist es wichtig, den Unterschied zwischen formeller und informeller Praxis zu kennen.

Nach wie vor denken die meisten an formelle Praxis, wenn sie das Wort »Meditation« hören. Wir setzen uns an einen Platz, wo wir ungestört sein können, schließen die Augen und widmen eine bestimmte Zeit ausschließlich der von uns gewählten Meditationsform. So sieht Meditation in jeder populären Darstellung aus. Jemand sitzt mit verschränkten Beinen da, die Hände ruhen auf den Knien, und oft sind Daumen und Zeigefinger zu einem Ring geschlossen. Hier und da vielleicht ein »Om«, um das Bild abzurunden.

Diese Form der Praxis ist außerordentlich wichtig. Hier vertiefen wir unsere Achtsamkeit, und die vollkommene Stille, die wir hier anstreben, kann zu Einsichten führen, die sich in unserem Leben als wirklich tragfähig erweisen. Aber wir müssen eben Zeit dafür aufbringen, und Zeit, das ist Ihnen sicherlich schon aufgefallen, gehört zu den knappen Ressourcen unserer modernen Welt. Wie stehen die Chancen für ein stilles Meditationsstündchen an einem Wochentag?

Gern wird versucht, aus dieser Zeitnot eine Tugend zu machen, und das kann dann so klingen: »Zwanzig Minuten Meditation, mehr braucht man nicht. Ach was, zehn Minuten genügen auch, wirklich. Und wenn du keine zehn Minuten erübrigen kannst, keine Sorge, hier habe ich ein fünfminütiges Meditations-Powerpack für dich.« Es gibt inzwischen Apps für einminütige und sogar Moment-Meditationen.

Keine Frage, wenn wir es wirklich darauf anlegen, werden wir irgendwie ein wenig Zeit für formelle Meditation finden, es wird nur für die allermeisten immer schwieriger, echte Freiräume zu schaffen, in denen wir von nichts belagert sind. Kurz: Wenn Zeit der entscheidende Faktor wäre, stünden die Aussichten für Achtsamkeitspraxis nicht gut. Und genau hier kann uns die informelle Praxis helfen.

Es gibt glückliche Menschen, die regelmäßig zu acht Stunden Nachtschlaf kommen. Vielleicht bringen wir es dann auch noch auf zehn, zwanzig oder dreißig Minuten formeller Praxis pro Tag. Dann bleiben aber immer noch fast sechzehn Stunden, die in puncto Achtsamkeit ungenutzt bleiben, während wir uns mit der Hoffnung trösten müssen, dass sich das in der formellen Praxis Gewonnene auf den ganzen Tag auswirkt. Genau deshalb ist die informelle Praxis so wichtig. Sie nutzt die Zeit, die wir ohnehin haben; sie verlangt nicht, dass wir ein bestimmtes Zeitkontingent für sie reservieren.

Diese Unterscheidung ist aber nicht ganz unbedenklich. Sie könnte suggerieren, dass die formelle Praxis »eigentlich« wichtiger und wirksamer ist. Das verleitet Menschen dazu, sich hinter dem Zeitproblem zu verschanzen, und außerdem trifft es nicht zu. Beide Praxisformen sind gleich wichtig. Wenn ich zur informellen Praxis rate, dann einfach deshalb, weil uns dafür wesentlich mehr Zeit zur Verfügung steht, nämlich der ganze Tag! Nennen wir es also lieber nicht informelle Meditation, sondern mobile Meditation oder mobile Achtsamkeit. Nennen Sie es ruhig auch Unterwegs-Meditation oder Meditation to go, wenn Sie möchten.

Im Übrigen sind formelle und mobile Praxis seit jeher feste Bestandteile der Achtsamkeitstradition. Es wurde ursprünglich gar nicht zwischen ihnen unterschieden; es ging jederzeit und unter allen äußeren Bedingungen um Qualitäten wie Stetigkeit, Aufgeschlossenheit und Mitgefühl. Erst im Verlauf ihrer Entwicklung haben die verschiedenen meditativen Traditionen der mobilen Praxis einen unterschiedlichen Stellenwert zugeschrieben. Hier und da wurde sie sogar zum Hauptbestandteil der Praxis. Grundsätzlich ist also der Gedanke der Achtsamkeit in Bewegung oder eben der mobilen Achtsamkeit nicht neu und schon gar nicht meine Erfindung. Es scheint aber, dass die Zeit für ihr Comeback gekommen ist.

Der formellen Meditation wird von vielen eine Breiten- und Langzeitwirkung nachgesagt. Der Nutzen dieser Praxis, so heißt es, überträgt sich irgendwie auf unser gesamtes Leben. Das mag so sein, doch da der Rest unseres Lebens so viel mehr Raum und Zeit einnimmt, werden wir in diesem Buch nicht beim traditionellen Vorrang der formellen Meditation stehen bleiben. Es wird vielmehr darum gehen, unsere Achtsamkeitspraxis parallel zu allen sonstigen Verrichtungen des Tages zu üben. Die formelle Praxis wird ihren Platz behalten, aber sie wird künftig eher eine unterstützende und vertiefende Rolle spielen. Zeitmangel wird uns jedenfalls von jetzt an nicht mehr als Ausrede dienen können. Wir müssen nur noch klären, welche Techniken wir anwenden können – und wie sich verhindern lässt, dass wir vergessen, sie anzuwenden. Das sind jedoch lösbare Aufgaben, weniger schwierig, als in unserem ohnehin vollen Tagesplan noch Freiräume zu finden.

Zudem sind Sie mit diesem Wechsel vom Formellen zum Mobilen bereits durch die Veränderungen auf dem Gebiet der Computertechnik vertraut. Wenn Sie nicht mehr ganz blutjung sind, werden Sie sich daran erinnern, dass Sie früher ein bestimmtes Zimmer in Ihrer Wohnung aufsuchen mussten, wenn Sie arbeiten, spielen oder Ihre E-Mails checken wollten. Da stand dann eine umfangreiche beigefarbene oder hellgraue Maschinerie, vor der Sie Platz nahmen. Heute haben wir die gleiche Power und mehr in unseren Smartphones und Tablets, und das überall, wo wir gerade stehen oder gehen. Es gibt immer noch ein paar Dinge, für die ein stationärer Computer praktischer ist, aber die mobilen Geräte nehmen heute schon den ersten Platz ein.

Für Achtsamkeit und Meditation steht das jetzt auch an.

Räucherstäbchen sind entbehrlich

Ich hätte mir nie träumen lassen, dass ich meinen Lebensunterhalt einmal mit der Entwicklung von Dingen verdienen würde, die anderen Menschen einen leichteren Zugang zur Achtsamkeit eröffnen. Die Freude an der Herstellung von Achtsamkeitsutensilien liegt auch darin, dass ich mit Leuten Bekanntschaft schließe, die diese Hilfsmittel als nützlich empfinden und mir ihre Geschichte erzählen. Eine von ihnen ist Jennifer, eine aufstrebende Anwältin mit einem kleinen Sohn, deren Geschichte etwas sehr Typisches hat.

Wie kommen wir zur Meditation? Vor allem durch Krisen oder weil wir neugierig sind. Wenn es bei Ihnen Neugier war wie bei mir, besteht Ihr Hauptanliegen vermutlich darin, dass Sie wissen möchten, wie Ihr Geist funktioniert. Irgendwie ahnen Sie, dass Ihre Gedanken und Gefühle von erheblichem Einfluss auf Sie selbst und Ihre Umgebung sind und es Ihnen vermutlich guttun wird, sich Ihres Innenlebens ein wenig anzunehmen. Achtsamkeit erscheint Ihnen dafür geeignet.

Häufiger sind es jedoch Krisen, die unser Interesse wecken. Wer sich für Achtsamkeit interessiert, hat im Allgemeinen sehr schwierige Dinge erlebt und sucht jetzt etwas, das ihm hilft, damit fertig zu werden. Die Auswirkungen solcher Krisen können ganz unterschiedlich sein: Manche Menschen werden depressiv, andere entwickeln Angststörungen oder chronische Schmerzen. Oftmals liegen gar keine handfesten Diagnosen dieser Art vor, aber die Beeinträchtigung kann dennoch groß sein; denken wir an Arbeitsstress, Schlafstörungen oder den Bruch von Beziehungen. Manchmal ist es auch schlicht das Gefühl, dass alles zu viel ist und wir es einfach nicht mehr schaffen.

Genau dieses Gefühl, es nicht mehr zu schaffen, führte Jennifer zu mir. Sie erzählte mir, sie fühle sich vollkommen erdrückt von allem, was Arbeit, Heim und Familie ihr abverlangten. Wörtlich sagte sie: »Es war wie ein Sturm, in dem ich mich nicht mehr zurechtfand. Es ging einfach nicht mehr. Irgendwas musste sich ändern.«
Sie hatte munkeln gehört, Achtsamkeit sei besonders gut zur Stressbewältigung geeignet, und so buchte sie den erstbesten Kurs, den sie in erreichbarer Nähe fand. Sie bat ihre Mutter, bei der Versorgung ihres Sohnes mitzuhelfen, damit sie nach der Arbeit diesen Kurs besuchen konnte, und sie freute sich sehr auf die erste Stunde. Sie würde etwas lernen, was ihr Rückhalt gab, sie würde sich fit machen, um es mit allen Herausforderungen aufzunehmen.
Was dann tatsächlich geschah, ist wirklich zum Weinen. Jennifer stieß auf das Freidenkerproblem, und das mit erheblicher Wucht. Der Kurs begann mit einer einfachen geführten Meditation, bei der es darum ging, dem Atem aufmerksam zu folgen. Es fiel Jennifer nicht leicht, sich zwischen den vielen Gedanken und Ablenkungen während der kurzen Meditation zurechtzufinden, aber sie bekam doch den Eindruck, dass an der Sache etwas dran war.
Aber das dicke Ende ließ nicht lange auf sich warten. Der Kurs war als nicht religiös gebunden ausgeschrieben, aber die Lehrerin brachte doch Dinge ins Spiel, die einfach religiös geprägt waren – Statuen, Räucherstäbchen, Ritualglocken. Dann wurde auch noch rezitiert. Jennifer ließ das alles irgendwie über sich ergehen, aber

in der Teepause verdrückte sie sich. Die Meditation als solche sprach sie durchaus an, aber ihre ganze Biographie und alle ihre Wertvorstellungen hatten in ihr eine regelrechte Aversion gegen alles äußerlich Religiöse hervorgebracht. Es war ihr einfach nicht möglich, sich darüber hinwegzusetzen. »Wenn das Meditation ist, dann ohne mich«, lautete ihre Schlussfolgerung. Danach wandte sie sich von dem Thema Achtsamkeit ab, strich es einfach aus ihrem Bewusstsein und wurstelte irgendwie weiter. Zwei Jahre später bekam sie ihr zweites Kind, und sie liebte ihre Mutterrolle, aber die Anforderungen wurden dadurch natürlich noch einmal höher. Da fiel ihr die Achtsamkeit wieder ein, und obwohl sie keine guten Erinnerungen damit verband, entschloss sie sich zu einem zweiten Anlauf. Diesmal fing sie mit einer App an, die ihr von einer Freundin empfohlen worden war, und so fand sie schließlich den Weg zu mir. Endlich hatte sie etwas, das keine spirituellen Klimmzüge von ihr verlangte, und dieser einfache Zugang erlaubte ihr jetzt, sich ernsthaft auf die Achtsamkeit einzulassen und in den Genuss der positiven Wirkungen zu kommen.

Solche Geschichten kommen leider häufig vor. Man muss schon allen Mut zusammennehmen, um zum ersten Mal zu einem Meditationskurs zu gehen. Uns dämmert, dass wir vielleicht doch noch nicht alles wissen und ein bisschen Unterstützung durch neue Ansätze durchaus vertragen würden. Wir müssen uns also ein bisschen aus dem Fenster hängen, und das verlangt Mut. Das finde ich an Jennifers Geschichte, die sie mit vielen anderen teilt, so besonders bedauerlich. Wer anfangs schlechte Erfahrungen macht, wird oft so sehr davon geprägt, dass er vielleicht jahrelang keine neuen Versuche unternimmt, mag der Wunsch, mit dem eigenen Innenleben ins Reine zu kommen und die eigenen Probleme zu bewältigen, auch noch so groß sein. Und für manche ist es leider so, dass sie durch den ersten Fehlversuch dauerhaft verprellt werden.

Inzwischen gibt es zum Glück viele Zugänge zur Achtsamkeit, die niemanden zwingen, einen spirituellen oder religiösen Standpunkt einzunehmen. Dennoch, das Erbe der Hippiezeit begleitet uns bis heute, weshalb Meditation weiterhin von den meisten als spirituelle Praxis wahrgenommen wird, die man größtenteils auf dem Kissen oder Holzbänkchen absolviert. Tatsächlich ist sie aber viel mehr, und das war schon immer so.

Das bringt uns zur zweiten Regel der mobilen Achtsamkeit.

Zweite Regel: Achtsamkeit muss den Wünschen der Menschen entsprechen, nicht der Tradition

Lange war es in der Geschichte der Achtsamkeit so, dass man nur über Religion und Spiritualität Zugang zu ihr bekam. Das hat sich geändert. Natürlich gibt es Meditation nach wie vor auch als spirituelle Praxis, aber das ist nur *ein* Ansatz unter anderen. Menschen haben heute andere Gründe, sich mit Achtsamkeit zu befassen – Arbeitsstress zum Beispiel oder Gesundheitsprobleme, Leistungsdruck und der ganz normale alltägliche Wahnsinn.

Das lässt sich nicht alles über einen Kamm scheren, doch leider wird trotzdem immer wieder versucht, den spirituellen oder religiösen Gesichtspunkt obenan zu stellen, anstatt zu fragen, worum es den Leuten eigentlich geht, wenn sie sich für Achtsamkeit interessieren. Und für gewöhnlich läuft es darauf hinaus, dass eine spirituell motivierte Meditationsform auf eine neue und andere Motivation hin umgeschneidert wird. Dummerweise sind die überlieferte Sprache, die Ästhetik, die rituellen Elemente und die Praxisformen so eng mit der traditionellen Darstellung der Meditation verbunden, dass sie einfach nicht zur Disposition stehen, obwohl sie für einen beträchtlichen Anteil der Interessierten unannehmbar sind. Die müssen sich dann auch noch sagen lassen: »So ist das eben mit der Meditation, und wenn es dir nicht passt, dann liegt das nicht an unserer Art der Vermittlung, sondern daran, dass du auf dem Holzweg bist.«

Das ist der Punkt, an dem gutes Design ins Spiel kommt. Wenn die Leute die Verpackung nicht mögen, wohl aber am Geschenk selbst – der Achtsamkeit – interessiert sind, was liegt dann näher, als hier etwas zu ändern? Verpacken wir das Geschenk doch so, dass der Empfänger Lust hat, es zu öffnen!

Darum geht es in der zweiten Regel der mobilen Achtsamkeit: Wir setzen da an, wo Sie gerade sind, und da soll die Meditation Sie abholen – nicht andersherum. Wenn Sie erst einmal umdenken müssen, um überhaupt Einlass zu bekommen, wird sehr wahrscheinlich nichts daraus. Sollte es für Sie beispielsweise vordringlich sein, Ruhe in eine stressige Situation zu bringen, dann muss Ihnen die Achtsamkeit für diesen Zweck sofort zur Verfügung stehen. Wenn Sie mit Angst und anderen seelischen Problemen zu kämpfen haben, sollten Sie auf spezifisch dafür geeignete Unterstützung zurückgreifen können. Und alles muss so dargestellt werden, dass es sich ganz natürlich in unsere Lebensrealität einfügt. Eigentlich liegt das auf der Hand, aber es scheint eben doch noch nicht selbstverständlich zu sein. Deshalb gibt es dieses Buch.

Von der Überwachung zur Achtsamkeit

Sollten Sie je Ihr Smartphone oder sonstige Gerätschaften zum sogenannten Self-Tracking verwendet haben, um Ihren Schlaf, die Kalorienaufnahme, Ihre Schritte oder Ihren Puls zu überwachen beziehungsweise zu zählen, also zu »tracken«, dann gehören Sie, ob es Ihnen bewusst ist oder nicht, zu einer weltumspannenden Bewegung, die sich »Quantified Self« (QS) nennt. Hier sind Leute gemeint, die mit irgendwelchen technischen Mitteln ihr Leben vermessen und die so gewonnenen Informationen dann verarbeiten. Man geht davon aus, dass diese Informationen insofern sinnvoll sind, als sie uns zu besseren Entscheidungen über unser Leben führen können.

Chris Dancy aus Tennessee ist eine der Galionsfiguren der Quantified-Self-Bewegung. Chris ist Extremtracker, die Presse hat ihn schon mal als den angeklemmtesten Bewohner dieser Erde bezeichnet. Er hat Systeme ersonnen, die Zehntausende verschiedene Parameter aus allen Bereichen seines Lebens abgreifen und tracken können, und man darf davon ausgehen, dass er jederzeit mindestens fünfzehnhundert dieser Parameter messen und analysieren lässt. Und Sie klagen über Informationsflut?

Schon bald nach der Aufnahme seines Voll-Trackings verzeichnete Chris die ersten Nutzeffekte seiner umfassenden Selbstüberwachung. Er sah die Verbindungen zwischen seinem Verhalten und dem Grad seines Wohlbefindens und konnte auf diesem Wege nicht nur abnehmen, sondern auch seine Stimmungslage besser steuern. Nach drei Jahren beschlich ihn jedoch das Gefühl, dass das alles ein bisschen zu weit ging: »Deinen Namen zu googeln mag noch irgendwie hingehen. Aber wenn du dein ganzes Leben googeln kannst, hältst du irgendwann nicht mehr mit. Es kann nicht sinnvoll sein, dass man sein eigenes Leben ständig durchblättert und jede Gefühlsregung fixiert und markiert.« Es kam so weit, dass er an seinen Daten schon ablesen konnte, wann die nächste Depression anstand. Nein, so ging es nicht mehr. Er hörte aber nicht auf zu tracken. Er nahm die Achtsamkeit hinzu.

»Diese Stille. Im digitalen Bereich bedeutet Stille meist, dass etwas kaputt ist. Aber wir brauchen Stille, um überhaupt Menschen zu sein. Wir brauchen die Unterbrechungen, die Lücken. Wir haben diese Technologie erschaffen, aber sie fördert uns nicht in unserem Menschsein, sondern birgt die Gefahr, dass wir nur noch ihr dienen.«

Achtsamkeit, mit einiger Stetigkeit geübt, gibt uns die Klarheit, mit der wir Verbindungen erkennen können. Was Chris an Technik einsetzt, versorgt ihn mit Informationen, die er laufend analysieren kann, um daraus langfristig sinnvolle Veränderungen in seinem Leben abzuleiten. Er braucht aber, wie er selbst sagt, die durch seine Meditation aufgebaute Stabilität, um wirklich etwas mit dieser Informationsflut anfangen zu können. Inzwischen ist die Integration der Technik in sein Leben etwas so Natürliches für ihn geworden, dass er sich als »achtsamen Cyborg« bezeichnet.

Das mag alles ein bisschen weitab von der Norm liegen, aber Chris hält für uns alle, die wir ein ausgewogenes digitales Leben anstreben, einen Rat bereit: Meide den digitalen Dualismus. Mit dem von Nathan Jurgenson geprägten Begriff des digitalen Dualismus umschreiben wird das, was wir als den Unterschied oder Gegensatz zwischen online und offline sehen, zwischen der sogenannten virtuellen und der sogenannten realen Welt. Tatsächlich, so Chris Dancy, ist das alles »einfach Leben. Mit dieser dualistischen Betrachtungsweise lassen wir eine Kluft zwischen Mensch und Maschine entstehen, wo es doch eigentlich um immer mehr Ganzheit gehen sollte.«

Das sehe ich auch so. Strenge Grenzziehungen zwischen online und offline oder digital und real sind höchst problematisch. Zunächst einmal ist unser Leben einfach nicht so: Sobald wir unser Smartphone in die Tasche stecken, verschwindet der Unterschied zwischen online und offline. Überhaupt wird die Unterscheidung zunehmend bedeutungslos, da immer mehr alltägliche Gebrauchsgegenstände, vom Auto bis zum Kühlschrank, ans Internet angeschlossen sind.

Ein Beharren auf dem digitalen Dualismus hat aber noch eine andere und gefährlichere Konsequenz: Es schürt Konflikte. Ich habe aus meiner jahrelangen Erfahrung mit Meditation gelernt, dass jede Trennungslinie Konflikte nach sich zieht. Schon wenn wir »virtuell« und »real« gegeneinanderhalten, stellt das ein gewaltiges Werturteil dar. Millionen Menschen überall auf der Welt empfinden den Austausch über digitale Kanäle als sehr sinnvoll. Soll man ihnen sagen, das sei nicht real, nicht echt? Nein, das glaube ich nicht. Aber dieses Problem wird sich zum Glück mit der Zeit von selbst lösen. Vielen ist die digitale Welt heute noch fremd und unheimlich, doch das wird sich ändern.

Die Gefahren des digitalen Dualismus waren mir beim Schreiben dieses Buchs deutlich bewusst. Deshalb stelle ich die digitale Technik nicht als Sonderthema dar (auch wenn sie dem Charakter des Buchs entsprechend breiten Raum einnimmt), sondern als Bestandteil des modernen

Lebens. Der Umgang mit den verschiedenen Aspekten unseres vernetzten Lebens zieht sich wie ein roter Faden durch das Buch. In einem Buch über mobile Achtsamkeit wäre es ein Fehler, unser digitales Leben als Sonderthema abzuhandeln. Dadurch würden wir nur weitere Grenzen ziehen, und die haben wir wahrlich schon genug.

Im Gespräch mit Chris Dancy fand ich es besonders spannend, einmal der Frage nachzugehen, wie wir aus unserem täglichen Umgang mit der Technik verlässlichen Nutzen ziehen können. Für ihn ist klar, dass sich uns jetzt die Chance bietet, Information und Technik so in den Dienst unseres Wohlergehens zu stellen, dass sie uns als Menschen weiterbringen. In seinen Augen ist die Verwandlung der Technik von etwas Fremdem in etwas Förderndes so etwas wie die Ablösung von Big Brother durch Big Mother, und das führt uns zu dritten Regel der mobilen Achtsamkeit.

Dritte Regel: Technik soll zur Lösung beitragen, nicht das Problem verschärfen

Meditationslehrer lehren das, was sie wissen. Wenn Achtsamkeit und Technik vielfach noch als Gegensatz gesehen werden, liegt das auch daran, dass die Generation von Lehrern, der wir die Einführung der Achtsamkeitspraxis im Westen und auch ihre rasante Entwicklung verdanken, nicht digital aufgewachsen ist. Viele der einflussreichen Lehrer dieser Generation sind heute fünfzig, sechzig und älter und haben sich erst spät, falls überhaupt, mit der digitalen Kultur vertraut gemacht, die für die jetzige Jugend selbstverständlicher Mainstream ist. Zudem kommen viele von ihnen aus der Hippie-Bewegung, die zwar nicht direkt technikfeindlich war, aber deutliche Vorbehalte hatte.

Da wir nun aber dieser Generation von Lehrern die Achtsamkeitspraxis verdanken, ist es nicht verwunderlich, dass ein Großteil der digitalen Revolution in den letzten fünfzehn Jahren mit all ihren technischen Neuerungen von manchen zum Feindbild aufgebaut wird, als liefe diese Entwicklung der natürlichen Ordnung der Dinge zuwider. Damit sind natürlich nicht die Steuerungssysteme für den Verkehrsfluss oder für den Warenfluss im Supermarkt gemeint, sondern die Technikkritik bezieht sich in erster Linie auf die Apparaturen zur persönlichen mobilen Vernetzung. Eine durchaus populäre Sicht der Dinge läuft darauf hinaus, dass wir uns der Informationsüberflutung am besten durch Flucht entziehen. Wenn Achtsamkeit angesagt ist, muss das Handy ausgeschaltet werden. Es gibt auch den Gedanken des digitalen Fastens, zu dem wir alle unsere Gerätschaften einen Tag oder eine Woche lang ausschalten. Vielleicht legen wir sogar ein Entschlackungswochenende ein, richtig hip: Zusammen mit anderen im Wald mit Sägen und anderen echten Werkzeugen werkeln. Handys vorher abgeben.

Dagegen ist nichts einzuwenden. Zeiten der Abstinenz können von großem Wert sein. Wir nehmen dadurch einen anderen Blickwinkel ein und beschäftigen uns mit Dingen, zu denen wir sonst vielleicht nicht kämen. Doch das ist natürlich nur *eine* Seite der Sache.

Die Ausdrücke »digitale Entschlackung« und »digital Detox« mag ich gar nicht, denn sie gehen davon aus, dass unsere digitale Technik giftig ist. Aber diese Technologie trägt unsere Wirtschaft und weite Bereiche des modernen Lebens, und wenn wir sie weiterhin als krankhaft hinstellen, werden wir uns als Einzelne und als Gesellschaft vermutlich sehr schwertun. Das ist eine ziemlich kurzsichtige Lösung.

Historisch hat der Retreat-Gedanke, also die Vorstellung, sich für eine gewisse Zeit zurückzuziehen, einen hohen Stellenwert für die Achtsamkeitspraxis. Daher ist es verständlich, dass angesichts der Herausforderungen des digitalen Lebens zu Verzicht, Flucht und Entschlackung geraten wird. Sicher, Urlaub ist schön, aber wir können nicht immer Urlaub haben. Und ist Ihnen schon aufgefallen, dass ein ausgeschaltetes Handy doch nicht ganz aus ist? Wir *wissen,* dass neue Nachrichten auflaufen, dass unsere Freunde Messages posten, die wir verpassen. Das setzt viele von uns unter Erwartungsspannung. Wir leben in einer Welt, die keine richtigen Aus-Schalter mehr hat. Stummschaltung ist nicht wirklich stumm.

Mobile Achtsamkeit gibt uns die Chance, dieses Gegensatzdenken hinter uns zu lassen, für das digitale Technik entweder an oder aus, entweder eine Kraft des Guten oder für alle Fehlentwicklungen in der Welt verantwortlich ist. Es ist die Chance, unsere Beziehung zum digitalen Leben von Grund auf zu ändern und die Kräfte der Technik für unser Innenleben zu nutzen. Seit etwa zehn Jahren erfreuen sich technische Hilfsmittel wie Workout-Apps und Activity-Tracker zur Förderung unserer Fitness und Gesundheit zunehmender Beliebtheit. Der nächste Schritt – und das ist das Anliegen dieses Buchs – wird in der Einbindung der Achtsamkeit in das moderne Leben bestehen, so dass unser geistiges Wohlbefinden, unsere seelische Gesundheit und unser gesamtes Innenleben auf die gleiche Weise gefördert werden können.

Die Alternative – unsere Beziehung zur Technik *nicht* zu ändern – macht mich schaudern. Wir müssten dann in einer Gesellschaft leben, die mit eben der Technik auf dem Kriegsfuß steht, von der sie abhängig ist. Das wünscht sich niemand, und es muss auch nicht so sein.

Keine Frage, dass Technik auch negative geistige Auswirkungen haben kann. Das meiste Geld wird heute im Web mit Werbung verdient, und manch einer macht mit der Manipulation unserer Aufmerksamkeit ein Vermögen. Das führt zu geistiger Zersplitterung, zur Ablenkung als Normalzustand. Aber kein Supertanker ist so groß, dass er nicht mehr gewendet werden könnte. Und Meditation hat schon immer dazu gedient, ungesunde Gewohnheiten aufzuheben. Sie macht die Schwierigkeiten des Lebens zu einem Trainingsplatz, auf dem wir bessere Menschen werden können.

Es kann manchmal so aussehen, als bekäme die digitale Welt eine so unwiderstehliche Eigendynamik, dass wir einfach von ihr mitgerissen werden. Aber mit der richtigen Haltung, mit etwas Einsatz und den richtigen Hilfsmitteln kann es uns doch gelingen, gegen den Strom zu schwimmen, um die wirklich wichtigen Ziele zu erreichen. Wir können diesen Tanker wenden. Ein Hilfsmittel dafür ist die Erkenntnis, dass Achtsamkeit und Technik eigentlich wie füreinander geschaffen sind und dicke Freunde werden könnten. Und wenn wir genauer hinschauen, sind sie es eigentlich schon.

Wo sich Achtsamkeit und Technik begegnen

Es ist ein klarer Februartag in San Francisco, und ich sitze beim späten Frühstück. Das Café ist voller junger Leute, die über ihren Laptops die Köpfe zusammenstecken. Von einer Gruppe bekomme ich mit, dass sie an einer Präsentation arbeitet, die sie in der nächsten Woche möglichen Geldgebern vorlegen will. Zwei Leute sitzen für sich allein am Fenster und programmieren irgendetwas. Diese Stadt ist ganz verrückt auf Start-ups, jeder bastelt am nächsten Uber oder Instagram oder was auch immer man sich erträumt.

Als ich wieder einmal den Blick von Toast und Kaffee hebe, hat einer der beiden Programmierer seine Arbeit unterbrochen und meditiert. Eindeutig, er meditiert! Er hält den Rücken gerade, die Schultern fallen entspannt, die Augen sind geschlossen, und die Hände hält er in der vom Zen bekannten Haltung, die alles sagt. Etwa zehn Minuten später gehen die Augen wieder auf, dann bestellt er einen Muffin und arbeitet weiter. Niemand hier findet das im Mindesten befremdlich.

Überall auf der Welt entstehen heute bedeutende Technologiezentren als Brutstätten für Start-ups, aber San Francisco und das Silicon Valley bleiben das globale Epizentrum. Und hip ist es auch noch.

Die vielleicht bekannteste Schnittstelle zwischen kontemplativer Praxis und Technologie finden wir in der Geschichte vom Einfluss des Zen-Buddhismus auf Steve Jobs – einem Einfluss, der seinen Niederschlag auch in der besonderen Ästhetik gefunden hat, für die Apple bekannt ist. Diese Episode war jedoch bereits in einen größeren

Rahmen eingebunden, geschaffen in den sechziger und siebziger Jahren von einer Generation führender Praktiker und Denker auf dem Gebiet der Technik, beispielsweise Stuart Brand und Kevin Kelly. Sie schufen nicht nur die Grundlagen dessen, was wir heute als digitale Welt sehen, sondern interessierten sich auch für asiatische Kultur und die damals noch exotischen meditativen Wege.

In der Zeit zwischen damals und heute sind Teile der Gegenkultur Mainstream geworden, aber manches hat sich auch in den Randbereichen gehalten. Lange blieb unklar, was die Arbeit an äußerer technischer Entwicklung mit den Techniken der inneren Entwicklung zu tun haben könnte, aber heute haben Achtsamkeit und Meditation auf breiter Front im Silicon Valley Einzug gehalten. Viele allgemein bekannte Firmen, aber auch kleine Start-ups, bieten Achtsamkeitskurse für ihre Beschäftigten an. Der Einfluss von San Francisco, Silicon Valley und dem übrigen Kalifornien auf die heutige globalisierte Welt ist enorm. Manches von dem, was uns heute ganz selbstverständlich ist, ging von zündenden Ideen in Garagen, Cafés und Büros in San Francisco aus. Das wird bei der modernen Achtsamkeitspraxis nicht anders sein.

Die Beziehung zwischen Meditation und Technik erschließt sich vielleicht ganz schnell, wenn wir uns klarmachen, dass Meditation eigentlich selbst eine Technik ist. Möglicherweise ist Ihnen aufgefallen, dass ich im vorigen Abschnitt von »Techniken der inneren Entwicklung« gesprochen habe. Das möchte ich jetzt erklären. Wenn wir unter Technik Werkzeuge und Methoden verstehen, mit deren Hilfe man bestimmte Ergebnisse erzielen oder Probleme lösen kann, trifft diese Definition auch auf die Meditation zu, nur dass Meditation nicht auf äußere, sondern auf innere Ziele ausgerichtet ist.

Dass unsere äußere Technik einen rasanten Beschleunigungskurs steuert, ist unschwer zu erkennen. Wohin wir auch blicken, überall vollziehen sich rasend schnelle Veränderungen. Heute gibt es auf der Welt mehr Mobiltelefone als Menschen. Mit Apps und anderen Softwarelösungen kann jeder eigenhändig Aufgaben bewältigen, die vor ein paar Jahren noch Spezialisten vorbehalten waren. Die Entwicklungen in Medizin, Home-Entertainment und Verkehr weisen in eine ziemlich nahe Zukunft, in der unser Leben und unsere Lebenserwartung nicht mehr mit dem zu vergleichen sein werden, was heute als normal angesehen wird.

Wie steht es da mit der inneren Technologie? Was können wir tun, damit sich unsere Innenwelt ebenso in diese Zukunft hinein entwickelt? Selbst wenn wir auf diesem Gebiet nicht die gleiche Geschwindigkeit entfalten können, gibt es nicht Mittel und Methoden, die uns erlauben, vom rapiden Wandel der äußeren Welt zumindest nicht abgehängt zu werden?

Achtsamkeitsmeditation ist eines dieser Mittel. Sie wird uns vielleicht nicht so weit »tunen«, dass wir es mit der Rechengeschwindigkeit von Computern aufnehmen können, aber sie stärkt unsere Selbstwahrnehmung, Geduld und Offenheit. Das nützt unserer Weiterentwicklung als Menschen und sorgt dafür, dass uns die Dinge nicht mehr so leicht über den Kopf wachsen. Es geht um Aufmerksamkeit.

Wir leben in einer Wirtschaft, die von unserer Aufmerksamkeit abhängt. Ist Ihnen das auch schon aufgefallen? Unsere Aufmerksamkeit ist bares Geld wert. Manche Firmen verdienen ihr Geld ganz direkt damit, andere nehmen viel Geld in die Hand, um sich Ihre Aufmerksamkeit zu sichern – ganze Industriezweige sind damit befasst.

Deshalb leben wir in einer von Reklame beherrschten Welt. Vom Bildschirm und auf der Straße dringen Werbebotschaften auf uns ein und versuchen, unsere Kaufbereitschaft herauszukitzeln. Über Mangel an Informationen können wir uns nicht mehr beklagen; die wirklich knappe Ressource ist inzwischen unsere Aufmerksamkeit. Dummerweise kennen die Konzerne den Wert unserer Aufmerksamkeit viel besser als wir selbst.

Im Internet verwandelt sich unsere Aufmerksamkeit praktisch direkt in Geld. Das geschieht vor allem durch Reklame, die uns mit schmackhaften Inhalten lockt, und den Raum um diese Reklame vermietet man an andere Firmen, damit sie dort gleich auch noch ihre Waren ausschreien können – was dank der ausgefuchsten Techniken der modernen Datenanalyse immer gezielter und effektiver geschieht. Der zweite Hauptweg der Verwandlung unserer Aufmerksamkeit in Geld lässt sich am Beispiel der kostenlosen Browserspiele verdeutlichen. Lassen wir uns darauf ein, heftet sich natürlich unsere Aufmerksamkeit an das Spielgeschehen, und wenn wir dann richtig angebissen haben und die noch fetzigere Version spielen möchten, wird die Fortsetzung der Sache kostenpflichtig. Schon klingelt wieder die Kasse.

Aufmerksamkeit ist sehr wichtig für unsere Achtsamkeitspraxis. In einer Wachstumswirtschaft, die unsere Aufmerksamkeit auf ihre Gewinnziele hinzulenken versucht, gehört Achtsamkeit zu den wenigen wirksamen Mitteln, die uns ein Gefühl von Handlungs- und Steuerungskompetenz zurückgeben können. Betrachten wir Meditation also als eine der besten Investitionen, die wir derzeit tätigen können. Anhaltendes Engagement für Achtsamkeit lässt nicht nur unser inneres Kapital wachsen, sondern es fallen auch noch stattliche Dividenden an.

Und im Unterschied zu der auf äußere Aufmerksamkeit angelegten Wirtschaft bestimmen wir über die Investitionen auf dem Gebiet der inneren Aufmerksamkeits-Ökonomie selbst.

Es gab eine Zeit, da konnte man Achtsamkeit nur lernen, wenn man nach Asien ging. Außerdem konnte man zu dieser Zeit Achtsamkeit nur als spirituell oder religiös gesinnter Mensch lernen – und mancherorts musste man zusätzlich auch noch ein Mann und Mönch sein. Aber die Achtsamkeitspraxis hat sich so gewandelt und entwickelt, dass diese Hindernisse nach und nach wegfielen und sich zeigte, dass sie einfach Zeitphänomene gewesen waren. Heute scheint das digitale Leben die letzte noch verbliebene Grenze zu sein, an der es heißt: »Du kannst Achtsamkeit nur lernen, wenn du alles abschaltest.« Auch das muss jetzt noch durchschaut werden.

Was Sie in diesem Buch erwartet

Buddhify your life ist ein Achtsamkeitsbuch der nächsten Generation. Es dreht sich um eine neue Darstellung der mobilen Achtsamkeit, die uns da abholt, wo wir sind, und keine der Realitäten des modernen Lebens ausschließt, auch nicht die Ladekabel und was sonst noch dazugehören mag. Am Ende werden Sie über die Ideen, Werkzeuge und Übungen verfügen, die es Ihnen erlauben, Achtsamkeit überall und bei allen Tätigkeiten zu praktizieren. Von da aus können Sie selbstständig weitergehen und Ihre eigenen Meditationen entwerfen. Zu gerne würde ich erleben, dass Achtsamkeit etwas ganz Natürliches für Sie wird, so vertraut und genussvoll, dass von Mühe keine Rede mehr sein kann.

Sie finden hier praktische Anleitungen zuhauf, mit denen Sie Ihre Achtsamkeitspraxis wirklich lebendig machen können. Es ist ein Buch, das mehr als eine Lesemethode erlaubt. Sollte Ihnen etwas ganz Bestimmtes vorschweben – Stressbewältigung oder der Umgang mit belastenden Emotionen beispielsweise –, können Sie gleich die entsprechenden Kapitel aufschlagen. Oder Sie lesen das Buch einfach von vorne bis hinten durch, um sich den natürlichen Aufbau der Ideen und Techniken zu vergegenwärtigen und das Ganze in seinem Zusammenhang zu verstehen. Sie können das Buch einmal durchlesen, um sich die gewünschten Anregungen zu holen, oder Sie halten es weiter bereit und ziehen sich jeweils das heraus, was Sie für Ihre Meditation benötigen. Sie werden selbst herausfinden, wie Ihnen das Buch am besten dient.

So viele Veränderungen die Achtsamkeit auch im Laufe der Zeit erlebt haben mag, der entscheidende Augenblick für Sie ist der, in dem Sie dazustoßen. Jeder, der sich je auf Meditation eingelassen hat, ist ein Neuerer. Jeder hat sein eigenes Leben, jeder hat andere Dinge zu bewältigen, und sobald wir die hier dargestellten »Basics« der Achtsamkeit gelernt haben, können wir das Gelernte an unsere persönlichen Lebensumstände anpassen. Achtsamkeit ist im Kern etwas sehr Kreatives.

Ich weiß noch, wie das war, als mir aufging, dass Meditation keine abgehobene Sache, sondern ein Satz von Werkzeugen ist, mit denen ich genau da etwas ausrichten konnte, wo ich war. Ich fand diese Entdeckung ungeheuer aufregend, und genauso freue ich mich jetzt für Sie. Ich wünsche Ihnen alles Gute, mindestens.

Was regt sich in Ihnen, wenn Sie das hören? Was tut sich im Körper? Welche Gedanken kommen Ihnen eben jetzt in den Sinn? Anschnallen, es geht los, jetzt.

2

Entspannung

Wir sprachen von der Informationsflut. Wissen Sie, was eine Trillion ist? Keine fiktive Zahl, die sich vielleicht ein Dreijähriger ausdenkt, sondern eine Eins mit achtzehn Nullen. Die Informationsströme unserer heutigen Welt bewegen jeden Tag mehr als drei Trillionen Bytes. Das sind wirklich eine Menge Selfies. Die Datenmenge hat explosionsartig zugenommen; die Forschungsabteilung von IBM geht davon aus, dass 90 Prozent der derzeit verfügbaren Information innerhalb der letzten beiden Jahre entstanden ist. Da kann man sich schon mal ein bisschen überfordert fühlen.

Auf dem Gebiet der Information hat jeder mit seinen ganz eigenen Schwierigkeiten oder auch Schwächen zu kämpfen. Für den einen sind es die E-Mails, für andere die sozialen Medien oder auch Nachrichtendienste. Wie vertrackt das alles sein kann, erkennen wir schon daran, dass der bloße Gedanke an den ganzen Stress des modernen digitalen Lebens neuen Stress erzeugt. Neben den Gedanken, die Ihnen dazu jetzt kommen, fallen Ihnen vielleicht auch körperliche Spannungen im Körper und andere Missempfindungen auf. Über Stress zu lesen ist stressig, nicht wahr?

*

Eine meiner Meditationsheldinnen erzählt, wie sich das Bild der Meditation in den dreißig Jahren ihrer Tätigkeit als Meditationslehrerin verändert hat. Sie ist viel auf Reisen, auch im Ausland, und dazwischen kehrt sie immer wieder in ihre Heimat USA zurück. In den frühen Jahren, wenn sie am Einreiseschalter auf die Frage nach ihrem Beruf Auskunft gab, musterten die Beamten sie mit misstrauischen Blicken, bevor sie sie durchließen. Die Reaktionen fallen heute ganz anders aus: »Was, Meditationslehrerin. Oh, das würde mir auch guttun. Ein bisschen mehr Zen wäre wirklich gut.« Oder auch: »Das wäre was für meinen Mann. Er hat immer so viel um die Ohren, er müsste unbedingt lernen, wie man sich entspannt.«

Das wünschen sich die Menschen, wenn sie entsprechende Bücher in die Hand nehmen, eine App herunterladen oder einen Kurs besuchen: Entspannung. Das Wirbeln lernen wir in dieser modernen Welt von selbst, aber wo können wir lernen, es einmal gut sein zu lassen? Wir haben ständig zu viel vor, wir sind überarbeitet, überfordert. Es ist geradezu ein Kult: Wir packen unser Leben so voll, wie es nur geht, und sind dann auch noch stolz darauf. Wenn ich Freunde frage, wie es so geht, kann ich die Standardantwort schon kaum noch hören: »Viel los, aber sonst gut.« Ich habe wenig Anlass, das zu glauben. Die Anspannung in den Gesichtern sagt etwas anderes.

1965 machte Gordon Moore, Mitbegründer von Intel und damals Leiter der Forschungs- und Entwicklungsabteilung, eine Entdeckung, die seither »Mooresches Gesetz« genannt wird. Es besagt, dass sich durch den rasanten Fortschritt in der Hardware-Technologie und -Fertigung die Anzahl der auf einem Chip unterzubringenden Komponenten und damit die Rechenleistung eines Computers alle achtzehn Monate verdoppeln. Das Mooresche

Gesetz ist eine Art Chiffre für die rasende Schnelligkeit des Wandels in der digitalen Welt geworden. Nicht nur die Rechenleistung unserer Computer verdoppelt sich alle eineinhalb bis zwei Jahre, sondern man hat das Gefühl, dass es auf allen anderen Gebieten auch so ist. Man schlägt die Zeitung auf, und schon gibt es wieder ein verwickeltes globales Problem, mit dem wir uns auseinanderzusetzen haben. Der Posteingang ist voll, der Terminplaner auch, und den Anrufbeantworter würden wir am liebsten gar nicht erst abhören.

Es gibt aber Leute, die sagen, nicht die Informationsflut sei das Problem, sondern das Versagen unserer Filter. Massen von Information, so die Argumentation, hat es schon immer gegeben, aber früher konnten wir mit dem Sortieren und Filtern Schritt halten, so dass alles irgendwie handhabbar blieb. Inzwischen gibt es aber keine gemeinsame Evolution der Informationszunahme und Filterabstimmung mehr, und da niemand die Informationsflut eindämmt, versinken wir darin. Das gibt uns Anlass, uns ganz direkt um unseren Geist zu kümmern und innere Abwehrmaßnahmen zu treffen, wo es keine äußeren gibt. Deshalb wenden sich immer mehr Menschen der Achtsamkeit zu.

Die schiere Menge dessen, was im modernen Leben zu bewältigen ist, und das zunehmende Interesse an der Achtsamkeit sind zwei Seiten einer Medaille. Der äußere Druck gibt uns das Gefühl, uns nach innen wenden zu müssen. Wenn wir die inneren Ressourcen nicht parallel zu den äußeren Anforderungen aufstocken, steht uns der totale Stress, wenn nicht der Burnout bevor.

Die Verbesserung unserer Lebensumstände steht seit über einem halben Jahrhundert überall im Vordergrund. In der Gesellschaft wie in der Wirtschaft ging und geht es zunehmend um die Anschaffung von Dingen und den makellosen Körper. Daran ist nichts grundsätzlich Schlechtes, aber was, wenn wir dann das Auto, das Haus, den Ruhm und den Waschbrettbauch haben? Die Promi-Kultur ist sicher nicht jedermanns Sache, aber ein Gutes hat sie: Sie macht unmissverständlich klar, dass der Besitz von einfach allem doch noch nicht alles ist. Das Leben mag noch so perfekt eingerichtet sein: Solange wir unser Innenleben nicht entwickeln, bleibt es doch nur eine halbe Sache.

Ein kraftvolles Innenleben bedeutet ja unter anderem, dass wir uns selbst wohlwollend begegnen, dass wir Ruhe, Konzentration und Freude finden können. So ausgerüstet, stehen wir rauhe Zeiten einfach durch. Im Allgemeinen wenden wir viel Zeit und Kraft für unser äußeres Leben auf, doch sobald wir anfangen, in unser Innenleben zu investieren, fällt uns auf, dass uns in diesem nach außen hin nicht sichtbaren Bereich einiges zur Verfügung steht und wir vielleicht gar nicht mehr so viele äußere Dinge brauchen. Sollten wir uns dann doch noch dieses Auto, diesen Partner, diesen Status und dieses Smartphone wünschen, werden wir dabei wenigstens nicht mehr so verbissen sein.

Wenn es also die letzten fünfzig Jahre in unserer Gesellschaft fast ausschließlich darum ging, unser äußeres Leben aufzumöbeln, dann muss es der Haupttrend der nächsten fünfzig Jahre sein, das Gleiche für unser Innenleben zu tun. Würden wir nämlich der maßlosen Weiterentwicklung der äußeren Technik einfach ihren Lauf lassen, dann könnten wir als Einzelne damit nicht mehr Schritt halten. Und genau das ist der Ansatzpunkt der Achtsamkeit. Durch die Achtsamkeitspraxis bekommen wir die Chance, auch geistig dem Mooreschen Gesetz näher zu kommen. Wir werden wohl unsere Gehirnkapazität nicht alle achtzehn Monate verdoppeln können, aber wenn wir regelmäßig üben, wird es uns doch immer besser gelingen, die Herausforderungen des modernen Lebens zu meistern. Am Anfang stehen Stressbewältigung und Entspannung.

*

Stellen Sie sich ein Leben ohne Stress vor. Wäre das nicht gut? Wir würden ohne Sorgen und Belastungen durch unsere Tage gleiten. Keine Reibungen in der Familie und im Kollegenkreis. Unsere Beziehungen sind die reine Wonne, und wenn wir in den Zug oder die U-Bahn einsteigen, findet sich immer ein Sitzplatz. Die Nachrichten haben keine Katastrophen zu vermelden, über die wir uns ereifern müssen. Und innerlich, ja, da würden wir uns an der ganz langen Leine führen.

Nur dass es dazu nicht kommen wird. Wenn ein Leben ohne Stress phantastisch klingt, dann, weil es tatsächlich eine Phantasie ist. Stress gehört zum Leben. Er gehört einfach zu diesem Deal, der mit der Geburt anfängt und mit wer weiß was aufhört. Wir haben Körper, die immer mal wieder wartungsbedürftig sind und irgendwann komplett versagen. Wir haben Geist und Gemüt mit ihren Gedanken, Stimmungen und Gefühlen – mit Erfahrungen, die das Großartige und das Elend und alles dazwischen abdecken. Und als wäre es nicht schon schwierig genug, mit uns selbst zurechtzukommen, haben wir dann auch noch all die anderen Leute. Kurz: Stress gehört zum Leben wie der Regen.

Wenn wir alles Stressige aus unserem Leben verbannen, wäre dann nicht alles gut? Nun, da kommt eigentlich nur der Gang ins Kloster in Frage. Den Job in den Sack hauen und die Beziehung gleich mit und zuletzt das Handy. Das mag verlockend klingen, aber es funktioniert eben nicht. Ich habe mich im Laufe der Jahre an exotischen und weniger exotischen Orten ziemlich viel in Klöstern aufgehalten und bin Mönchen und Nonnen begegnet, die mich darüber aufgeklärt haben, dass Stress keineswegs nur etwas mit dem Besitzstand zu tun hat. Ihre Vollzeit-Schulung, das räumen sie ein, tut ihnen sehr gut, aber weniger Konsum bedeutet nicht unbedingt, dass man keinen Stress hat. Ein Mönch erzählte mir, er sei ein großes Tier in der Werbebranche gewesen und habe einen Haufen Geld gehabt, und jetzt belaufe sich sein gesamter Besitz auf acht Dinge: seine Mönchskleidung, seinen Klingenrasierer, seine Schale und ein paar weitere Dinge dieser Art. Alles eigentlich nicht weiter erwähnenswert, aber der ganze mit materiellem Besitz verbundene Stress hing jetzt an diesen wenigen Gegenständen. Es fiel ihm auf, als ein anderer Mönch einmal versehentlich seinen Rasierer benutzte und er schier ausflippte. Da wurde ihm klar, dass äußerer Verzicht und innere Entsagung zweierlei sind.

Machen wir uns auch bewusst, dass Stress nicht *nur* schlecht ist. Stress mit seinen psychischen und physiologischen Reaktionen ist ein Produkt der Evolution und macht uns in bedrohlichen oder alarmierenden Situationen im Nu aktionsbereit. Geist und Körper tun dann einfach ihre Arbeit, und das ist sehr sinnvoll. Die Stressreaktion mit all ihren Begleiterscheinungen stammt aus einer Zeit, in der eine Pulsbeschleunigung sehr, sehr vorteilhaft sein konnte, wenn es galt, die Flucht zu ergreifen. Wir haben diesen Reflex geerbt, nur dient er heute nicht mehr unbedingt unserem Überleben, sondern untergräbt unser Wohlbefinden.

Die tatsächlichen Auswirkungen von Stress werden allerdings stark von unsere Einstellung bestimmt. Im Allgemeinen denken wir ja, Stress sei schädlich und müsse möglichst gemieden werden – wir fürchten ihn. Manches deutet nun aber darauf hin, dass eine solche Prophezeiung die Tendenz hat, sich selbst wahr zu machen: Wenn wir glauben, dass Stress krank macht, erhöht sich die Wahrscheinlichkeit, dass er es tatsächlich tut.

Wir müssen Stress nicht unbedingt meiden oder leugnen, wir können ihn auch einfach zur Kenntnis nehmen, wenn er sich einstellt, und uns fragen, was er uns sagen will. Nur dann kann er uns bei einer Veränderung zum Besseren unterstützen. Nicht dass wir uns mutwillig Stress aufhalsen sollten, aber es ist gut, zu wissen, dass wir auch die gute Seite sehen können. Das rückt die Dinge gleich in ein anderes Licht.

Wenn wir Stress also nicht ausschließen können und es nichts bringt, ihn schlechtzureden, welchen Nutzen haben wir dann in Bezug auf Stress von der Achtsamkeit? Wir werden uns in einem späteren Kapitel mit Bewältigungsstrategien bei Ängsten und anderen schwierigen Dingen befassen; jetzt soll es erst einmal nur um Stress und das wichtigste Mittel zur Stressbewältigung gehen: Entspannung.

Beim Einstieg in die Meditation geht es zunächst einmal darum, unseren Stress überhaupt wahrzunehmen und innerlich zu einer Ruhe zu finden, die uns Stabilität verleiht, so dass wir uns nicht mehr so sehr mitreißen lassen.

Bewusste Wahrnehmung erlaubt uns, die Dinge zu beobachten, die geistig und körperlich in uns vorgehen. Ist unser Blickwinkel breit genug, können wir ganz unterschiedliche Anteile der eigenen Erfahrung verfolgen, etwa

Geräusche, Körperempfindungen, Stimmungen und Gedanken. Und sobald die Wahrnehmung tiefer wird, erlaubt sie uns, die Dinge im Detail zu betrachten. Wenn es innerlich stiller wird, wenn sich die Aufregung legt und wir weniger denken, bemerken wir, dass Ruhe einkehrt. Von dieser Grundlage der Ruhe her wird der »Signalabstand« größer, und wir bekommen deutlicher mit, was in uns vorgeht. Darüber hinaus ist Ruhe auch einfach wohlig.

Diese innere Ruhe also gilt es so weit aufzubauen, dass sie praktisch zum Selbstläufer wird und uns erlaubt, immer dann entspannt zu bleiben, wenn die Umstände »normalerweise« eine Stressreaktion auslösen könnten. Wie wichtig das ist, erfuhr ich an einem strahlenden Samstagmorgen, unmittelbar vor dem großen Tag meines Lebens.

*

Ich rammte mich am Tag vor meiner Hochzeit mit meinem eigenen Wagen an die Wand. Es war nicht nur das Dämlichste, was ich je angestellt habe, sondern auch der echte Realitätscheck für meine Achtsamkeit.

Die Trauung sollte in einer besonders schönen Gegend Englands stattfinden, wo Lucy, meine zukünftige Frau, aufgewachsen ist. Vor der großen Feierlichkeit am Sonntag war ein Samstag mit Spielen und gemeinsamem Essen in der großen Runde alter und neuer Freunde vorgesehen. Da gab es einiges vorzubereiten, und meine Aufgabe war es, im Haus meiner künftigen Schwiegereltern dies und das abzuholen. Das tat ich, packte alles in den Wagen und warf die Hecktür zu. Das löste etwas aus, womit ich nicht gerechnet hatte: Der Wagen setzte sich auf der leicht abschüssigen Zufahrt in Richtung Haus in Bewegung.

In solch einer Lage lässt sich durchaus noch Sinnvolles unternehmen. Ich hätte den Wagen in der Hoffnung, er würde nicht zu schnell werden, an die Mauer fahren lassen können. Ich hätte hineinspringen und die Handbremse ziehen können (die ich offensichtlich in meiner Geschäftigkeit vergessen hatte). Ich hätte den Wagen vielleicht im ersten langsamen Anrollen noch ohne große Mühe festhalten können.

Tatsächlich lief ich um den Wagen herum und stemmte mich mit aller Kraft von vorn gegen den Kühler. Es ging ja alles so schnell, und da der Wagen anfangs noch langsam rollte, erschien mir dieses Vorgehen sinnvoll, zumal ich (wie manch anderer, dem die Hochzeit bevorsteht) regelmäßig die Muckibude besucht hatte und mein innerer Hulk sowieso auf Hochtouren war. Aber äußerlich bin ich einfach kein Supermann, und so kam es, wie es nach den Gesetzen der Physik kommen musste: Der Wagen holperte eine kleine Stufe hinunter, nahm Fahrt auf und nagelte mich schlicht und einfach an die Wand.

Dann wurde es sehr still. Ich bemerkte keine starken Schmerzen und konnte die Zehen bewegen, also ließ sich hoffen, dass die Beine noch einigermaßen ganz waren. Ziemlich schnell dämmerte mir die Lage, und ich erkannte, dass ich drei Hauptprobleme hatte: Erstens war niemand im Haus, der mir helfen konnte, zweitens lag das Haus etwas abseits einer Landstraße, so dass mich niemand sehen würde, und drittens handelte es sich bei dem Auto zwar nur um einen VW Golf, aber ob ich es als Fender zwischen Wand und Wagen lange aushalten würde, erschien mir zweifelhaft.

Der erste klare Gedanke besagte dann auch, dass ich ein Idiot war. Der zweite gab mir ein, ganz traditionell um Hilfe zu rufen, was ich tat. Die ersten zehn Minuten passierte nichts, aber nach anhaltendem Schreien wurde ich schließlich doch durch die Hecke von einer älteren Frau gehört, die zufällig vorbeikam. Sie behielt, wenn auch mit Mühe, die Nerven, als sie aufs Grundstück kam und mich sah, fischte mir das Handy aus der Tasche und drückte den Notruf.

In diesen zehn Minuten, bevor die Dame mir zu Hilfe eilte, nahm der Schmerz durch den Druck des Wagens stetig zu. Auch dass sich in meinem Kopf die Katastrophenszenarien überschlugen, nahm ich noch wahr. Wie sollte ich morgen mit einigermaßen würdiger Haltung den Mittelgang in der Kirche abschreiten? Würde ich überhaupt gehen können? Was würde Lucy sagen? Was ihre Eltern? Und heute sollte ich doch bis zum Nachmittag noch das Cricketfeld aufbauen. Ja, man darf die Situation wohl stressig nennen.

Dann sprang endlich meine Achtsamkeit an. Aus meiner langen Praxiserfahrung wusste ich, dass sich das Gedankenkarussell nur immer weiter drehen würde, also war es das Beste, meine Aufmerksamkeit in den Körper sinken zu lassen. Dort warteten zwar überaus unangenehme Empfindungen auf mich, aber ich konnte sie einfach so wahrnehmen, wie sie waren, anstatt mich in die zugehörigen Storys verwickeln zu lassen. Ich spürte also den Druck auf meinen Oberschenkeln, ohne mich auf die Frage einzulassen, ob der Wagen Schaden genommen hatte. Ich spürte die Härte der Ziegelmauer hinter mir, kein Gedanke an das möglicherweise ruinierte Wochenende. Ich plazierte meine Aufmerksamkeit also ganz bewusst, blieb bei den Körperempfindungen, und so brauchte ich mich nicht mit den denkbaren Folgen zu plagen oder mit dem Vorwurf, ich sei doch ein erbärmlicher Bräutigam.

All die Stunden, die ich mit Körpergewahrsein zugebracht hatte, zahlten sich jetzt aus. Ich hatte es mir zur Gewohnheit gemacht, und trotz der misslichen Lage fiel es mir einigermaßen leicht, mich in die Wahrnehmung der Körperempfindungen zu begeben und alle Urteile und Geschichten wegzulassen. Dieses Erlebnis machte mir ganz klar, weshalb wir von Meditationspraxis sprechen. Praxis gibt uns die Fähigkeiten, die wir im Ernstfall brauchen. Ich sah meine Dummheit deutlich, aber ich war noch nie so dankbar für meine Praxis gewesen wie in dieser Lage. Ich atmete mit dem Ganzen. Mir war bewusst, was der Atem ist. Ich ließ den Geist im Körper ruhen.

Es wurde auch dann noch richtig unangenehm. Ich befand mich ganze fünfundvierzig Minuten in dieser misslichen Lage, bevor der Wagen endlich weggezogen werden konnte, und der Druck wurde unerträglich. Als die bewusste Wahrnehmung der Empfindungen schließlich über meine Kräfte ging, schaltete ich um und ließ meine Aufmerksamkeit da ruhen, wo es nicht weh tat. Ich krallte mich geistig überall da fest, wo mir noch irgendetwas Halt bot, so wenig es auch sein mochte. Es war eine Feuerprobe, aber es gelang mir, ruhig zu bleiben. Mein Körper entspannte sich trotz des Drucks.

Ich glaube, ich habe den größten Aufmarsch an Rettungsdiensten ausgelöst, den dieses verschlafene Dorf in Dorset je erlebt hat. Zuerst rückte die schnelle Eingreiftruppe einer nahen Garnison an. Kurz darauf tauchte ein Polizist auf einem Motorrad auf, dann ein Polizeiwagen und wenig später noch einer. Es folgte eine Feuerwehr, dann eine zweite, die aber nach Inaugenscheinnahme der Lage wieder abrückte. Schließlich der Krankenwagen, dessen Besatzung eine medizinische Einschätzung vornehmen musste, bevor man mich aus der Klemme befreien konnte. Der absolute Knaller bestand in der Aussage der Sanitäter, die Sache liege nicht mehr in ihrer Kompetenz und man müsse einen Arzt hinzuziehen. Nur mit dessen Einverständnis könne man mir das Auto vom Schoß nehmen. Da landete aber auch schon der Rettungshubschrauber auf dem Feld nebenan, und der Arzt konnte die Genehmigung geben. Nach meiner Befreiung war ich wahrhaftig in der Lage, mich humpelnd fortzubewegen. Nichts war gebrochen, und am Nachmittag war ich sogar wieder einigermaßen in Form. Die Hochzeit wurde ganz wunderbar, nur meine Tanzschritte ließen etwas zu wünschen übrig.

Das ist vielleicht ein etwas extremes Beispiel, aber es macht deutlich, dass Meditation bei Hochstress wertvoll ist und dass wir durch beharrliches Üben in ruhigeren Zeiten Gewohnheiten und Fähigkeiten aufbauen können, um dann auf sie zurückzugreifen, wenn es wirklich darauf ankommt.

Natürlich brauchen wir keinen Unfall, um den Einstieg zu finden. Jede andere Tätigkeit ist ebenfalls geeignet. Ein Buch lesen zum Beispiel.

Kommen wir also zur Sache, nämlich zu einer Meditationsübung, die wir sozusagen aus dem Stegreif machen können. Weiter hinten in diesem Kapitel finden Sie dann noch zehn Entspannungsmeditationen, die Sie selbst im Laufe des Tages ausprobieren können. Zunächst befassen wir uns jetzt mit der ersten Kerntechnik dieses Buchs.

Sie müssen dazu keine spezielle Haltung einnehmen. Wie Sie jetzt gerade sind, so sind Sie richtig.

Den Kopf frei bekommen

Kerntechnik 1: Körperwahrnehmung

Stellen wir erst einmal fest, wie entspannt Sie sich gerade fühlen. Wenn Sie das auf einer Skala von eins bis zehn einzustufen hätten, wo wären Sie dann?
Achtsamkeit bedeutet, dass wir uns im unmittelbaren Erkennen üben. Wir nehmen bewusst wahr, was in diesem Augenblick geschieht, den wir gerade erleben. Achten wir auf etwas Ruheloses oder Aufgewühltes, werden wir mit hoher Wahrscheinlichkeit selbst ruhelos und aufgewühlt. Achten wir dagegen auf Ruhiges und Stilles, werden wir wahrscheinlich ebenfalls ruhig und still.
Wie ruhig sind Sie eben jetzt?
Gibt es in Ihrem augenblicklichen Erleben etwas fieberhaft Hektisches und anderswo ruhigere Ecken?
Woran erkennen Sie den Unterschied?
Ich weiß längst nicht mehr, wie vielen Meditierenden ich im Laufe der Jahre begegnet bin, die auf dem Meditationskissen wunderbar gesammelt sitzen, aber kaum stehen sie auf, gehen tausenderlei Dinge in ihnen vor. Statt weiterhin für eine ruhige Umgebung zu sorgen, sollten wir uns vielleicht um eine dynamische Stille bemühen, die uns auch in der Bewegung und im Alltag begleitet. Dann spielt es keine Rolle mehr, ob wir unterwegs sind oder still sitzen, wir bleiben innerlich ruhig und entspannt. Die Technik der bewussten Körperwahrnehmung verhilft uns dazu.
Es ist ja ein Segen, dass unsere Körpererfahrung, mag

das Leben ringsum noch so umtriebig sein, eher von Ruhe geprägt ist. Denken Sie nur, was in diesem Körper alles blitzschnell vor sich geht, und das ständig. Das Blut fließt, die Nervenzellen im Gehirn feuern, und in den Zellen laufen ununterbrochen Prozesse ab, die Energie erzeugen und aussenden. Unser Immunsystem geht überall im Körper seiner Abwehrtätigkeit nach. Würden wir das alles bewusst wahrnehmen, wäre es einfach viel zu viel.

Zum Glück nehmen wir nur einen ganz geringen Anteil von alldem wahr. Wir spüren Temperatur, beispielsweise Kühle oder Wärme im Gesicht. Wir fühlen Druck – das Gesäß auf dem Stuhl, die Füße auf dem Boden. Wir können uns Spannungen im Kieferbereich oder anderswo bewusst machen. Wir spüren das Weichwerden im Gesicht, wenn wir lächeln. Wir wissen um Schmerz und Lust und Energie und Bewegung.

Das ist die Praxis, der Grundkurs in Achtsamkeit: ganz einfaches Wahrnehmen der Dinge, die gerade sind.

Achten Sie auf die Empfindung in den Händen, die dieses Buch halten. Im Moment brauchen Sie diese Empfindung nicht zu benennen, fühlen Sie einfach, und nehmen Sie das Gefühl bewusst wahr.

Wenn Ihnen das allzu simpel oder alltäglich erscheint, dann weil es tatsächlich so ist. Die Empfindung des Haltens geschieht. Sie wissen um diese Empfindung, und das ist Bewusstheit. Nehmen Sie sie wahr, wie sie eben ist. Das schlichte Wissen um eine Empfindung ist sozusagen der Grundbaustein des Achtsamkeitsuniversums. Glückwunsch, Sie meditieren!

Die Grundanleitung für das Körpergewahrsein lautet:

Wählen Sie irgendeine Stelle am Körper aus und fragen Sie sich, was da gerade vor sich geht. Dann lassen wir die Wahrnehmung ihr Werk verrichten, wir achten so einfach wie nur eben möglich auf das, was in der gewählten Region passiert.

Wenn wir es auf Entspannung anlegen möchten, sehen wir uns nach angespannten Stellen um und nehmen uns bewusst vor, die Spannung in ihnen zu lösen. Geht es uns um Ruhe, achten wir vor allem auf Regionen des Körpers, in denen bereits eine gewisse Ruhe und Stetigkeit herrscht.

Da Sie jetzt im Moment vermutlich sitzen, fangen wir damit an.

Machen Sie sich einfach die Haltung Ihres Körpers beim Lesen bewusst.

Den Raum, den er einnimmt. Wie fühlt sich das an, ganz unmittelbar?

Einfach ein Wissen um Ihre körperliche Erfahrung eben jetzt.

Im Moment soll es keine Rolle spielen, ob Ihre Körperhaltung gut oder eher achtlos ist, Sie nehmen sie lediglich wahr, wie sie ist.

Nehmen Sie so unmittelbar, so geradlinig wahr, wie Sie nur eben können.

Lassen Sie sich die Zeit, die Sie brauchen.

Jetzt gehen wir von der Gesamtwahrnehmung Ihres Körpers zu der Stelle über, an der Sie den meisten Kontakt spüren.

Das ist, sofern Sie sitzen, der Kontakt mit der Sitzfläche Ihres Stuhls oder Sessels. Würden Sie stehen, wären es die Füße auf dem Boden.

Es handelt sich wahrscheinlich um eine ganz neutrale Empfindung. Sie ist weder schmerzhaft noch angenehm, eher nichtssagend.
Im Unterschied zu anderen Empfindungen dürfte diese kaum eine emotionale Ladung haben. Sie ist neutral, Sie haben keinen besonderen Wunsch, sie loszuwerden, und da Sie so neutral ist, möchten Sie auch nicht unbedingt an ihr festhalten. Sie ist also nichts Besonderes, aber sie hat etwas Erdendes.
Die bloße Empfindung des Kontakts mit der Sitzfläche oder dem Boden gibt uns Bodenhaftung. Wenn es uns zur Gewohnheit geworden ist, unsere Aufmerksamkeit auf dieser Empfindung ruhen zu lassen, können wir uns jederzeit erden, wenn es wirklich wichtig wird.
Spüren Sie den Kontakt noch oder sind Sie schon wieder anderswo?

Sollten Sie sich je schon mit Achtsamkeitspraxis befasst haben, wird es vermutlich auch um den Atem gegangen sein. Der Atem, vielmehr die Empfindung des Atmens, ist das am meisten verwendete Meditationsobjekt.
Wo bemerken Sie den Atem jetzt besonders deutlich?
Für die meisten ist der Bauch die Stelle, über die sie am leichtesten mit dem Atem in Kontakt kommen.
Es kann auch die Brust sein oder die Empfindung an den Nasenlöchern.
Legen Sie ruhig die Hand auf den Bauch, wenn Sie den Atem dort nicht so deutlich spüren. Diese empfindliche Kontaktzone gibt Ihnen einen leichteren Zugang.

Die dritte klassische Technik der Körperwahrnehmung nach Haltung und Atem ist der »Körper-Scan«.

Es ist genau das, was der Begriff sagt, ein Abtasten des ganzen Körpers mit unserer Aufmerksamkeit, von oben nach unten und zurück oder umgekehrt. Wir bemerken einfach, was wir da bemerken. Bei diesem Scan stoßen wir auf Zonen der Anspannung, auf wohlige Bereiche und auf Gegenden, die nichts Besonderes haben.

Sie können sich für einen Körper-Scan so viel Zeit lassen, wie Sie möchten, eine halbe Minute, eine halbe Stunde.

Probieren wir es doch gleich einmal aus. Fangen Sie beim Gefühl der Kontaktstelle Ihrer Füße mit dem Boden an, um dann die Aufmerksamkeit langsam nach oben wandern zu lassen. Achten Sie dabei auf alles, was in den Füßen zu fühlen ist.

Jetzt die Fußgelenke, die Unterschenkel.

Was tut sich da?

Bemerken Sie, was da zu bemerken ist. Anspannung? Ein Kribbeln? Wärme?

Lassen Sie Entspannung zu.

Jetzt geht es weiter aufwärts. Oberschenkel. Gesäß.

Vielleicht erscheinen Ihnen die Empfindungen kaum bemerkenswert. Das darf so sein. Das Fade ist schließlich auch eine Erfahrung. Es ist ja nicht nichts da, sondern eine neutrale oder nichtssagende Empfindung. Es geschieht immer irgendetwas, und alles ist willkommen.

Lassen Sie die Aufmerksamkeit weiter aufwärts wandern, um zu sehen, was weiter oben zu fühlen ist.

Der Bauch.
Die Brust.
Der Hals.
Achten Sie auf etwaige Anspannung und lassen Sie los.
Der untere Rücken.
Der obere Rücken.
Die Schultern.
Erkennen Sie Spannungen und lassen Sie zu, dass sie sich lösen.
Wo sich etwas entspannt, genießen Sie einfach die Erleichterung, die das mit sich bringt.
Hier oben ist wahrscheinlich ein bisschen mehr los als weiter unten. Nehmen Sie es einfach wahr – Spannung, Kribbeln oder nichts Bemerkenswertes.
Jetzt der Kopf.
Lassen Sie sich Zeit, um Mund, Kiefer und Gesicht zu fühlen.
Mund und Gesicht sind die klassischen Brennpunkte der Anspannung.
Achten Sie also auf Spannung und lassen Sie los, so weit es geht. Beobachten und genießen Sie die Lösung.
Machen Sie das Gleiche mit den Augen und ihrer Umgebung.
Lassen Sie die Aufmerksamkeit rings um Ihren Kopf wandern, auch zu den Ohren und zur Nase. Nehmen Sie wahr, was da ist, auch wenn es nichts Aufregendes ist.
Dann kehren Sie über den ganzen Körper abwärts zu den Füßen zurück. Nehmen Sie sich die Zeit, die Sie brauchen.
Der Körper-Scan wird wohl ein wenig gehetzt gewesen

sein, weil Sie gleichzeitig diese Anleitung lesen mussten. Aber alles Körpergewahrsein ist gut, also auch dieses. Sie werden sehen, dass es mehr echte Tiefe bekommt, wenn Sie sich sehr interessiert alle Einzelheiten vergegenwärtigen, die Ihnen auf jeder Station Ihres Weges begegnen. Wer sich mehr Zeit lässt, bemerkt auch mehr Anspannung und erlebt folglich mehr Entspannung als bei einem Schnelldurchlauf.

Beim schnellen oder langsamen Körper-Scan stoßen wir auf Dinge, die uns auffallen. Es kann angenehm sein wie ein wohliges Prickeln oder Vibrieren oder unangenehm wie Anspannung und Schmerz.

Sollten Sie etwas bemerken, was im Moment zu schwierig erscheint, sollten Sie sich jederzeit zugestehen, solche Stellen erst einmal zu übergehen. Gerade bei unangenehmen Empfindungen ist es oft klüger, nicht dabei zu verharren, sondern weiterzugehen. In späteren Kapiteln sehen wir uns an, wie wir es auch mit schwierigeren Dingen aufnehmen können, aber im Moment geht es erst einmal nur um bewusste Wahrnehmung, um Ruhe und Entspannung.

Gehen wir also zum Abschluss dieser Übung noch einmal dorthin zurück.

Suchen Sie sich eine angenehme Empfindung, sei es die Haltung, der Kontakt mit dem Boden, Ihr Atem oder irgendeine Körperregion.

Das kann Wärme sein oder Entspannung, ein Prickeln, etwas Ruhiges, etwas Stabiles, sogar etwas Neutrales – irgendetwas.

Suchen Sie sich ganz in Ruhe etwas und richten Sie Ihre Aufmerksamkeit darauf.

Wenn Sie innerlich zu etwas anderem abschweifen, holen Sie Ihre Aufmerksamkeit einfach wieder zurück. Das ist eine äußerst wertvolle Fähigkeit: sich auf das Verweilen bei etwas Angenehmem zu trainieren.

*

Bewusste Körperwahrnehmung ist eine Grundtechnik, und vieles spricht dafür, gerade damit zu beginnen. Spannungen treten zwar im Körper auf, aber wir sind so oft in unserem Kopf, dass wir alles andere vom Hals abwärts kaum noch bemerken. Wenn wir jedoch nicht auf den Körper achten, haben wir kaum eine Chance, eventuelle Spannungen auch nur zu bemerken. Spannungen bauen sich still und heimlich auf und drängen sich unserem Bewusstsein erst dann auf, wenn sie nicht mehr übergangen werden können. Bei guter Körperwahrnehmung bemerken wir Spannungen schon im Ansatz, wenn wir sie noch beeinflussen können. Das erlaubt uns, sie gezielt wieder zu lösen. Es geht also darum, Spannungen bereits im Entstehen wieder zu lösen, damit sie sich nicht festsetzen können. Und da Körper und Geist vielfältig miteinander »verlinkt« sind, geraten wir weniger leicht in Stress, wenn unser Körper entspannt ist.

An der Entspannung des Körpers durch Meditation lassen sich drei Phasen unterscheiden. Die erste besteht darin, zu erkennen, dass Spannung vorhanden ist. Erst wenn uns Spannung bewusst ist, können wir zum zweiten Schritt übergehen und sie gezielt aufzulösen versuchen. Der dritte Schritt, meines Erachtens der wichtigste, wird oft übergangen und besteht darin, dass wir die Erleichterung wahrnehmen. Wenn wir eine bemerkte Spannung auch nur ein bisschen lockern können, bringt das Erleichterung. Aber wir müssen sie eben bemerken, und wenn das der Fall ist, hat es etwas Köstliches wie ein kühles Glas Wasser an einem heißen Sommertag. Nehmen wir also den ganzen Zusammenhang von Spannung, Entspannung und Erleichterung wahr, damit sich eine Gewohnheit bilden kann, bis wir schließlich so weit sind, dass wir uns bei aufkommender Anspannung *spontan* wieder entspannen, weil sich die Erleichterung so gut anfühlt. Gewohnheiten bilden sich, wenn einer bestimmten Verhaltensweise immer wieder Belohnungen folgen. Deshalb ist es wichtig, die erwünschten Wirkungen unserer Entspannung und der Achtsamkeitspraxis insgesamt wirklich zu fühlen. So kann eine Gewohnheit daraus werden, etwas Natürliches.

Bewusste Körperwahrnehmung ist auch deshalb wertvoll, weil wir durch sie lernen, auf der Ebene der Empfindungen zu bleiben. Achtsamkeit bedeutet, dass wir wahrnehmen, was gerade vorgeht, was es auch sei. Wenn wir uns die körperlichen Grundempfindungen in ihrer Einfachheit bewusst halten können, verwickeln wir uns nicht in die Gedanken und Geschichten, die diese Empfindungen sonst überdecken könnten. Angenommen also, wir stehen unter Spannung. Jetzt können wir uns in die Geschichten hineinziehen lassen, die erzählen, was diese Anspannung bedeutet und weshalb sie immer da sein wird und was er sich wohl dabei denkt, so mit mir zu reden, und wie ich es einfach nicht draufhabe – und immer so weiter, Sie wissen schon. Lassen wir die Aufmerksamkeit dagegen in den Körper absinken, umgehen wir all diese zermürbenden Fragen und schaffen uns ein wenig Freiraum.

Am wenigsten deutlich ist vielleicht der dritte Grund, der für bewusste Körperwahrnehmung als Einstieg in die Achtsamkeitsmeditation spricht. Hier achten wir nämlich auf etwas, was uns relativ viel Zeit lässt, und das ist für Anfänger ganz wichtig. Wir können nur das bewusst wahrnehmen, worauf unsere Wahrnehmung bereits eingestellt ist. Ein feinfühliges, subtiles Bewusstsein kann subtile Dinge wahrnehmen, und solange unsere bewusste Wahrnehmung noch relativ grob ist, wäre sie mit feinen und flüchtigen Details überfordert. Wir stellen also an den Beginn unserer Achtsamkeitspraxis nicht die Betrachtung unserer Gedanken und Gefühlsregungen, denn mit denen kann unsere Wahrnehmung einfach noch nicht Schritt halten. Körperliche Veränderungen gehen dagegen langsam genug vor sich, und wir können sie verfolgen. Hier können wir unsere Aufmerksamkeit durch das Training immer feiner werden lassen, bis sie so schnell und stabil ist, dass wir uns auch mit Gedanken und Impulsen befassen können.

*

Sie haben jetzt eine Grundtechnik ausprobiert, die Sie als formelle Praxis verwenden oder zur Grundlage Ihrer Achtsamkeit in allen Lebenslagen machen können. Ich stelle Ihnen auf den folgenden Seiten zehn eigens gestaltete mobile Meditationen zum Experimentieren vor, die größtenteils auf dieser Grundpraxis der bewussten Körperwahrnehmung beruhen. Es handelt sich um Ansätze, die Sie auch an turbulenten Tagen in Ihrem Bemühen um Entspannung unterstützen.

Zehn Meditationen zur Entspannung rund um die Uhr

Smarte Achtsamkeit

In der Kognitionswissenschaft gibt es den Begriff des »erweiterten Geistes«, der beinhaltet, dass wir Anteile unserer Gehirnkapazität »outsourcen«, indem wir sie unseren technischen Gerätschaften überlassen. Wir können heute viele Informationen über unsere Smartphones und andere digitale Hilfsmittel genau dann abrufen, wenn wir sie brauchen, und brauchen unser Gedächtnis nicht mehr damit zu belasten. Schon Einstein sah nicht ein, weshalb er sich Telefonnummern merken sollte, die im Telefonbuch stehen. Spielen wird doch ein bisschen mit dieser Idee, stellen wir uns beim Training unserer Körperwahrnehmung vor, unser Handy oder Tablet sei ein Teil unseres Körpers. Smartphonebesitzer checken ihr Handy bis zu hundertmal am Tag. Das sind hundert Gelegenheiten zu bewusster Körperwahrnehmung. Wenn Sie Ihr Handy also das nächste Mal zur Hand nehmen, machen Sie sich die damit verbundenen Körperwahrnehmungen bewusst. Bemerken Sie die Oberflächenbeschaffenheit an verschiedenen Stellen des Geräts? Der glatte Touchscreen, die Rückseite, die Ränder, die Temperatur. Sehen Sie also bei jedem Check zu, dass Sie wieder in die Körperwahrnehmung kommen. Wenn wir bewusst wahrnehmen, wie es ist, unser Handy zu halten, wird jede App zur Achtsamkeits-App.

Geistvoll lesen

Wenn wir in diesem Buch lernen, uns bei allem, was wir tun, um Achtsamkeit zu bemühen, gilt das natürlich auch für das Lesen. Sie haben die ersten sechs Kerntechniken der Achtsamkeit kennengelernt, aber es gibt auch ganz »unauffällige« Formen der Meditation beim Lesen. Sie sind bereits ein paarmal auf das folgende kleine Zeichen gestoßen und werden es auch im weiteren Verlauf immer wieder vorfinden.

*

Es steht für das Ende eines Gedankengangs und den Beginn eines neuen. Nutzen Sie es bei jeder Begegnung, um mit der Aufmerksamkeit zurück in den Körper zu gehen und Ihrer Aufmerksamkeit noch ein bisschen mehr Bodenhaftung zu geben. Sie haben dann nicht nur mehr von der Lektüre, weil Sie geistig entspannter sind, sondern können sich dieses Merkzeichens für die Rückkehr zum meditativen Bewusstsein bei jedem Abschnittsende in anderen Büchern bedienen, die Sie von jetzt an lesen. Wie die bewusste Körperwahrnehmung beim Gebrauch Ihres mobilen Geräts jede App zur Achtsamkeits-App macht, kann diese Technik jedes Buch in ein Achtsamkeitsbuch verwandeln.

Morgen-Stimmung

Was wir morgens beim Aufwachen als Erstes tun, kann den ganzen Tag färben und verdient deshalb unsere besondere Beachtung. Mit dem richtigen Bein aufzustehen ist unsere eigene Entscheidung, aber wir müssen es dann auch wirklich tun. Merke: Der Blick aufs Smartphone ist *nicht* der beste Einstieg in den Tag.

Hier mein Vorschlag für einen sinnvollen Ablauf. Stimmen Sie sich, am besten noch im Liegen, darauf ein, dass Ihnen ein erfreulicher Tag bevorsteht. Sagen Sie sich einfach, dass es so sein wird. Dann gönnen Sie sich ein paar Minuten, um Ihr augenblickliches Erfahrungsfeld nach etwas besonders Angenehmem abzutasten. Das kann ein wohlig warmer und entspannter Körperteil sein oder die schlichte Freude an den Lauten der Natur draußen vor dem Fenster. Bleiben Sie ein, zwei Minuten ganz bei dieser Sache. Wenn nichts besonders Erfreuliches vorliegt, dann lächeln Sie einfach, auch wenn es vielleicht künstlich wirkt, und achten Sie auf das damit verbundene frohe und entspannte Gefühl. Dann stehen Sie auf und beobachten, wie lange diese schöne Stimmung noch anhält und wodurch sie verblasst.

Gut zu Fuß

Manche überrascht es, wenn sie erfahren, dass die Meditation im Gehen in früheren Zeiten genauso hoch angesehen war wie die Meditation im Sitzen. Bei den meisten Formen der traditionellen Meditationspraxis wechseln sich Sitzen und Gehen ab, aber in der neueren Zeit hat sich das Bild gewandelt, und die meisten verbinden mit Meditation das Sitzen auf einem Kissen oder Holzbänkchen. Man könnte deshalb sagen, dass wir mit unserer Achtsamkeitspraxis im Gehen sowohl traditionell als auch modern sind. Und da wir ohnehin viele kleinere und größere Fußwege zurücklegen, können wir diese Wege für unauffällige Meditationen nutzen.

Wir legen so viel Aufmerksamkeit wie möglich in das

Gefühl beim Aufsetzen der Füße, und immer wenn unsere Aufmerksamkeit abschweift, führen wir sie dorthin zurück. Dadurch kommen wir nicht nur kurzzeitig aus unserem Kopf heraus, sondern nach einigen Minuten kann auch ein Gefühl von Versunkenheit entstehen. Wer das regelmäßig übt, wird erfreut feststellen, dass die Aufmerksamkeit zunehmend wie von selbst in die Empfindungen des Gehens absinkt, ohne dass man sich eigens darum bemühen müsste.

Einschlafhilfe

Wie wir dem Tag gleich beim Aufwachen seine Grundstimmung geben können, so ist unser Zubettgehen entscheidend für den Verlauf der Nacht. Wir finden erholsamen Schlaf oder eben auch nicht, und das bestimmt den Lauf des nächsten Tages mit – und immer so weiter. Erholsamen Schlaf finden wir am ehesten, wenn wir mit unserer Aufmerksamkeit möglichst weitgehend beim Körper bleiben. So verwickeln wir uns nicht in unsere Gedanken und finden leichter zu geistiger Entspannung. Schon das Hinlegen signalisiert unserem Gehirn, dass wir jetzt schlafen möchten, aber wenn wir dann nicht auf unseren ausgestreckten Körper achten, sondern uns auf allerlei Gedankengänge einlassen, wird dieses Signal nicht viel nützen. Nehmen Sie sich mindestens fünf Minuten, um den Körper von Kopf bis Fuß mit Ihrer Aufmerksamkeit abzutasten. Nehmen Sie alle Empfindungen wahr, ohne zu urteilen oder Geschichten daraus zu machen. Sie können Ihre Aufmerksamkeit abwärts und aufwärts wandern lassen, sooft Sie möchten, aber gehen Sie langsam vor, um an Stellen wie etwa dem Bauch zu verweilen, wo sich schon Ruhe ausbreitet.

Atemschule

Bei dieser Meditation nutzen wir den Zusammenhang, der zwischen dem Atem und unseren Gefühlsregungen besteht. Darüber wissen wir alle intuitiv Bescheid und atmen deshalb bei aufkommendem Ärger ein paarmal tief durch. Wenn es darum geht, sich zu beruhigen, besteht ein ganz einfaches Mittel in längeren oder tieferen Atemzügen. Achten Sie mal über einen längeren Zeitraum darauf, wie Sie in unterschiedlichen Situationen atmen. Vielleicht können Sie aufkommende Stimmungen und Gefühle dann bereits an Veränderungen des Atems erkennen, bevor sie sich voll entwickelt haben. Dann atmen Sie einfach länger und entspannter in der Hoffnung, dass sich Ihr Gemüt ebenfalls entspannt. Ermitteln Sie selbst, was bei Ihnen am besten wirkt.

Auf die Haltung achten

Unsere Haltung kann ebenso auf unsere Stimmungslage hindeuten wie unser Atem. Bei gerade gehaltenem Rücken sind wir eher wach und aufnahmebereit. Wenn der Bauch weich bleibt, sind wir insgesamt eher entspannt. Sind Brust und Schultern offen, tut das unserem Selbstbewusstsein gut. Vergewissern Sie sich immer wieder einmal Ihrer Haltung, auch um zu beobachten, wie Stimmung und Haltung einander entsprechen. Die Kenntnis des Zusammenhangs löst dann vielleicht Haltungsänderungen aus, die Ihren Tag ein wenig klarer und kraftvoller machen. Es gibt wissenschaftliche Untersuchungen, deren Ergebnisse besagen, dass eine Selbstbewusstsein ausdrückende Haltung auch dann den Testosteron- und Kortisolspiegel im Gehirn beeinflusst, wenn wir gerade nicht so viel Selbstbewusstsein fühlen. Wir tun einfach so, und es funktioniert.

Stress-Schwerpunkte

Diese Technik wende ich so gut wie täglich an, seit ich sie vor etwa zehn Jahren ausprobiert habe. Ich kam darauf, als mir auffiel, dass ich Stress, der sich prinzipiell überall im und am Körper manifestieren kann, immer an einer bestimmten Stelle spürte. Ich bezeichne diese Stelle als meinen Stress-Schwerpunkt, und es handelt sich um eine oder zwei bezeichnende Stellen, an denen sich Stress durch Anspannung bemerkbar macht. Wenn wir unsere Stellen kennen, hat das den Vorteil, dass wir sie als eine Art Frühwarnsystem nutzen können, um uns bei den ersten Anzeichen von Stress sofort gezielt um Entspannung dieser Hotspots zu bemühen. Sollten Sie Ihre Schwerpunkte noch nicht kennen, brauchen Sie nur beim nächsten Stress darauf zu achten, wie er sich körperlich anfühlt. Typische Kandidaten sind bestimmte Zonen in Gesicht, Kiefer, Schultern, Brust, Bauch und Händen. Es ist ratsam, diesen Stellen auch dann ein wenig Zuwendung zu geben, wenn wir uns gerade nicht gestresst fühlen. Bei mir sind Kiefer und Schultern die Schwerpunkte, deshalb vergewissere ich mich immer wieder, ob sie weich und entspannt sind. Damit verhindere ich, dass sich Spannungen hier ansammeln und aufbauen.

Ganzkörper-Atem

Alle Sammlungen von Meditationen, die Sie in diesem Buch finden, enden mit zwei formellen Meditationen. Es mag etwas Mühe kosten, dafür Zeit zu finden, aber wenn es gelingt, gibt es unserem Verständnis der Achtsamkeit einen echten Schub. Am Anfang bekommen Sie jeweils einen Tipp, wie Sie leichter in die Meditation im Sitzen hineinkommen. Diesmal ist es ein Tipp zur Körperhaltung.

Es gibt Leute, die sagen, man könne bei der formellen Meditation auch liegen. Ich gehöre nicht dazu. Von mir aus können Sie auf einem Stuhl, einem Kissen oder einem Stapel dankenswerterweise von Ihnen erworbener Exemplare dieses Buchs sitzen, aber in jedem Fall sollte Ihr Rücken aufrecht sein – das macht Sie wacher –, und Ihr Bauch sollte entspannt sein, damit Sie wirklich offen und aufnahmebereit sind. Die Offenheit erreicht man natürlich leicht auch im Liegen, die Wachheit dagegen nicht. Es ist einfach in uns so angelegt, dass im Liegen die Schlafbereitschaft zunimmt. Sie tun sich einen Gefallen, wenn Sie bei der formellen Praxis sitzen.

Diese Meditation eignet sich für Anfänger besonders gut, da sie ganz locker und einfach ist und zudem richtig erholsam und aufbauend wirken kann. Ich wende sie besonders gern zu Beginn einer Meditation im Sitzen an, vor allem wenn ich mich ein bisschen zerfahren fühle.

Machen Sie sich zunächst Ihre Haltung bewusst. Wie Sie da sitzen und wie sich das anfühlt. Wie fest und sicher Ihr Körper sitzt. Jetzt wenden Sie sich innerlich dem Atem zu, aber versuchen Sie nicht, den Atem an irgendeiner bestimmten Stelle wahrzunehmen, sondern lassen Sie ihn eine Ganzkörpererfahrung sein. Sie atmen mit dem ganzen Körper ein. Der ganze Körper atmet aus. Der Atem soll sich dabei so voll, entspannt und natürlich wie möglich anfühlen. Legen Sie es bewusst auf die Erfahrung des Atems mit dem ganzen Körper an. Die Dauer überlasse ich Ihnen, aber ich empfehle mindestens zehn bis zwölf

Minuten, damit Sie wirklich in den Genuss dieser Übung kommen. Mit der Zeit kann daraus eine tief entspannende und aufbauende Erfahrung werden. Ein Freund fürs Leben sogar.

Das süße Leben

Nach wie vor streiten sich die »Gelehrten«, ob man bei der formellen Praxis im Sitzen einen Timer benutzen soll oder nicht. Letztlich kommt es natürlich darauf an, was bei Ihnen am besten funktioniert. Für mich persönlich hat sich die Verwendung eines Timers manchmal als nützlich erwiesen, um meiner Praxis ein bisschen mehr Zug zu geben. Es kam aber auch vor, dass meine Meditation durch den Timer etwas von einer Leistung bekam, die zu erbringen war, und das fühlte sich dann irgendwie mechanisch an. Qualität ist wichtiger als Quantität; wenn Sie also einen Timer verwenden, sorgen Sie immer dafür, dass Sie mehr auf die Tiefe Ihrer Meditation als auf ihre Länge achten.

Die folgende Meditation ist eine Variante des klassischen Körper-Scans. Sie lassen Ihre Aufmerksamkeit wieder langsam durch den Körper wandern, achten jedoch diesmal nicht auf die Spannungen und unguten Empfindungen, sondern auf alles Angenehme, Wohlige. Das können Körperzonen sein, die sich warm oder prickelnd oder einfach gut anfühlen. Oder es ist ein Bereich, in dem nichts Besonderes los zu sein scheint, der aber bei näherer Betrachtung angenehm ruhig und still ist. Bleiben Sie mit Ihrer Wahrnehmung dort, um dieses Wohlige ganz in sich aufzunehmen. Sie können für die gesamte Dauer der Meditation dort verweilen oder sich umsehen, ob es noch andere Annehmlichkeiten gibt. Wenn das ein bisschen genusssüchtig klingt, dann nur in dem Sinne, wie man sich manchmal ein wonniges Schaumbad statt der gewohnten Dusche gönnt. Genuss heißt ja auch, dass man gut für sich sorgt.

3

Sammlung

Sie glauben gar nicht, wie abgelenkt ich beim Schreiben dieses Kapitels war. Ein Buch zu schreiben fällt mir nicht leicht. Es ist auch mein erstes. Das längste, was ich bis dahin geschrieben hatte, war ein Blog-Post von achthundert Wörtern. Wenn wir vor etwas Schwierigem stehen, würden wir uns am liebsten verdrücken. Alles andere erscheint besser, als vor diesem leeren Bildschirm zu sitzen, und so suchen wir ganz automatisch nach etwas Kurzweiligerem. Wir suchen nach Ablenkung, wir wären gern irgendwo anders, *bloß nicht hier.* Wenn ich dann am Schreibtisch sitzen bleibe und die Sache näher betrachte, erkenne ich, was hinter dem Fluchtimpuls steckt: Angst und Zweifel. Zuerst die Befürchtung, dass ich überhaupt nicht schreiben kann, dichtauf gefolgt von dem Zweifel, ob ich irgendetwas Lesenswertes zustande bringe. Wir möchten weg vom Unangenehmen, wir möchten es besser haben. Das ist Ablenkung, und es kommt sehr schnell dazu.

Ich bin wirklich bester Absicht, aber meine Finger zucken doch von der Tastatur weg zum Trackpad, über das so mühelos ein Browser zu öffnen ist. Die Gründe für die Notwendigkeit, nach dem Spielstand bei einem nicht einmal besonders interessanten Cricket-Match auf der anderen Seite des Globus zu schauen, werden immer überzeugender. Und was, wenn seit dem letzten Check vor zehn Minuten eine ganz sagenhaft wichtige E-Mail eingegangen ist? Meine Hand zuckt schon wie von selbst zum Smartphone. Dann scrolle ich auch schon durch meinen Twitter-Stream, obwohl mein Stundenplan eigentlich »Schreiben!!!« sagt. Kennen Sie das auch?

Man kann die Schuld an unserer Ablenkungssucht leicht auf unsere vielen technischen Geräte schieben. Wenn wir in der Geschichte zurückblicken, war Technik eigentlich immer dazu da, etwas bereits Bekanntes und Genutztes besser und effektiver zu machen. Wir waren schon lange mit Pferden und Karren unterwegs, aber mit dem Automobil ging es leichter und schneller voran. Wir hatten kühle Speisekammern, aber die Erfindung des Kühlschranks brachte hier deutliche Fortschritte. Wir waren immer schon neidisch auf erfolgreiche Studienfreunde, und Facebook hat die ganze Missgunst-Dynamik einfach noch ein bisschen effektiver gemacht.

Internet, SMS und mobile Geräte sind Alltag geworden, und sicherlich kann sich die Ablenkung keine besseren Freunde denken. Aber wenn die Technik wirklich schuld wäre, könnte ich mein Handy ja zu Hause lassen, mir das Internet mit einer schlauen App zeitweilig unzugänglich machen – und wäre immer voll konzentriert, oder? So läuft es bekanntlich nicht. Jetzt brauche ich nämlich unbedingt noch eine Tasse Tee. Dann rede ich mir ein, ich sollte diesen oder jenen Artikel lesen, davon kann nämlich mein Buch nur profitieren. Oder soll ich noch schnell in den Supermarkt, bevor er zumacht? Wer weiß, ob sie meine Lieblingsleckerei morgen noch haben! Erlebt habe ich den Fall allerdings noch nicht.

Ich habe mir ziemlich genau angesehen, wie das bei mir läuft, und inzwischen ist mir wirklich klar: Immer wenn ich bei etwas Anstehendem nach Ablenkungen Ausschau halte, steckt ein Unbehagen dahinter. Das ist mein Grundmuster. Gut zu wissen, denn durch diese Erkenntnis ändert sich alles.

Ich habe mit der leeren Seite Freundschaft geschlossen. Ich fühle mich entspannt und ruhig. Es gibt nur noch meine Recherche-Notizen und meinen Computer, ansonsten ist die Welt ringsum versunken. Die Worte kommen, die Absätze folgen einer dem anderen. Dann und wann pausiere ich kurz, schließe die Augen und lasse mein Bewusstsein wieder in den Körper absinken. Ich mache mir bewusst, wie mein Körper sich fühlt, ich interessiere mich für alle Bereiche, die Zuwendung brauchen, und entspanne sie gezielt. Solche Pausen benötigen kaum Zeit. Ich weiß, dass nicht alles, was ich schreibe, das Lektorat überleben wird, aber da ist ein stetiger Strom von Produktivität, es geht voran. Das meine ich mit Sammlung oder Ausrichtung. Ich bin auf eine einzige Sache ausgerichtet, und das ist so befriedigend, dass ich einen Ansporn habe, in dieser Weise fortzufahren.

Der Hang zu Ablenkungen ist dann immer noch da. Die Finger zucken immer noch zum Smartphone oder zum Browser. Aber jetzt habe ich innerlich so viel Stabilität gewonnen, dass ich es nur einfach bemerke und nicht darauf eingehe. Ich lasse zu, dass diese Impulse aufflackern, aber schnell wieder erlöschen, weil sie keinen Brennstoff bekommen. Am Ende dieses Abschnitts hier habe ich länger ununterbrochen geschrieben, als mir bewusst war.

Bei anderen Beschäftigungen kann es ganz in Ordnung sein, wenn meine Aufmerksamkeit sich hierhin und dorthin wendet, aber beim Schreiben taugt das nichts. Hier brauche ich wirklich meine gesammelte Aufmerksamkeit, und dazu gehört auch, dass ich engagiert, ja mit einer gewissen Leidenschaft arbeite. Öffne ich in einer Pause den Browser, dann kann ich zusehen, wie meine Aufmerksamkeit unstet wird, sich aufsplittert und von einem Artikel zum nächsten springen will. Dabei fällt mir auch auf, dass die Auflösung meiner Konzentration viel leichter ist als ihr Aufbau. Deshalb hüte ich die einmal erreichte Sammlung wie meinen Augapfel. Wenn ich mir ein Katzenvideo ansehe, muss es schon wirklich sehenswert sein.

*

Ich habe fasziniert verfolgt, wie die Achtsamkeit bei Spitzensportlern zu einem Instrument geworden ist, mit dem sie sich in die für Höchstleistungen erforderliche Konzentration versetzen. Das passt sehr gut zum üblichen Verständnis von Konzentration und Zielorientierung. Wir sehen da gleich den Golf-Crack vor uns, wie er den Put einleitet, der zum Turniergewinn führt; oder den Super-Basketballer unter seinen Kopfhörern vor einem Spiel; die Ausnahme-Sprinterin auf der Zielgeraden; oder auch Spitzen-Fußballer im alles entscheidenden Spiel.

Sportler sprechen in diesem Zusammenhang gern vom »Flow« und davon, wie das ist, »in der Zone« zu sein. Man geht so ganz und gar in etwas auf, dass alles wie von selbst geschieht, mühelos und mit atemberaubender Kreativität. Es ist etwas sehr Schönes, und sogar wir gewöhnlichen Sterblichen erleben es hin und wieder, am ehesten, wenn wir mit etwas beschäftigt sind, das eine gewisse Herausforderung darstellt und uns Freude macht, so dass wir ganz darin aufgehen. Wir erleben es beim Musizieren, beim Sport, an der Playstation, im künstlerischen Schaffen oder bei der Liebe.

Allerdings sieht es bei den allermeisten von uns nicht ganz so aus wie in einem Nike-Clip. Bei mir geht es jedenfalls, was Konzentration und Sammlung angeht, eher darum, dass ich irgendetwas fertigbekomme, ohne mich endlos zu quälen. Deshalb denke ich bei Sammlung weniger an etwas so Erhabenes wie Flow, sondern versuche ganz einfach, mich nicht ablenken zu lassen. Das hat auch mit der Aussage meiner Meditationslehrerin zu tun, Praxis müsse nicht unbedingt auf supertiefe Konzentration hinauslaufen, sondern vor allem auf einen nicht abgelenkten Geist. Sie hatte wie so oft recht.

Konzentration genießt den Ruf, etwas ganz besonders Kostbares zu sein. Das kann zum Problem werden, wenn Sie kein Anfänger der Meditation mehr sind und immer wieder von besonders tiefen meditativen Zuständen hören, die einem mit wachsender Erfahrung und Konzentration zugänglich werden. Ich war einer von denen, die Konzentration als etwas überaus Kostbares ansahen, das zugleich zerbrechlich war und Augenblick für Augenblick aufgebaut werden musste. Ich tat es mit Hingabe, musste aber feststellen, dass unerwartete kleine Schubser das Ganze immer wieder wie ein Kartenhaus einstürzen ließen. Deshalb habe ich meine Strategie geändert. Ich gehe jetzt nicht mehr davon aus, dass ich von Natur aus abgelenkt bin und mit diesem Spezialwerkzeug namens Konzentration dagegen angehen muss, sondern sage mir, dass ich von Natur aus über Konzentration verfüge. Seitdem muss ich nicht mehr meine Konzentration aufbauen, sondern brauche nur noch eventuelle Ablenkungen im Auge zu behalten, und auf diese Weise findet meine Aufmerksamkeit zu ihrer natürlichen Stetigkeit. Das ist vielleicht auf den ersten Blick kein sehr bedeutender Unterschied, aber in der Praxis ist er sehr folgenreich.

Konzentration gehört nicht zu meinen natürlichen Begabungen. Ich kenne Leute, die müssen sich nur hinsetzen und die Augen schließen, schon befinden sie sich in seliger meditativer Versenkung. Bei mir läuft das nicht so, aber wenn es für Sie normal sein sollte, können Sie das Folgende ruhig überblättern. Ich habe aber Grund zu der Annahme, dass Sie beim Lesen dieses Kapitels an alles Mögliche gedacht haben. Sogar innerhalb dieses Absatzes könnte sich irgendetwas anderes aufgedrängt haben. Wenn nicht sogar bei diesem einen Satz. Nehmen Sie es nicht so schwer. Ablenkung, darin sind wir wirklich gut trainiert.

Wir waren vorhin bei der Feststellung, durch die Technik würde es immer leichter, uns abzulenken. Das ist aber noch nicht alles. Die digitale Welt *enthält* nicht nur unzählige Ablenkungen, sondern *trainiert* uns auch noch darauf. Wir lesen zum Beispiel einen Artikel im Internet oder sehen uns ein Video an, und ringsherum locken, lauern und blinken »Clickbaits«, wie man heute sagt, Klick-Köder, die so gestaltet sind, dass wir meinen, wir müssten dieses Dinge unbedingt zur Kenntnis nehmen.

Als Tim Berners-Lee das erfand, woraus inzwischen das World Wide Web geworden ist, schwebte ihm ein dezentrales, aber hochvernetztes System vor. Dank der eminenten Bedeutung, die das Internet bekommen hat, greifen seine Prinzipien – etwa die Vernetzung ohne eigentliches Zentrum – heute auf viele andere Bereiche des Lebens über. Das vorherrschende Organisationsmodell besteht heute in einer dezentralen Struktur, die nicht alle Entscheidungsgewalt an einer Stelle bündelt, sondern sie über ein ganzes System verteilt, ob es sich um das Management einer Firma oder um die Erfassung und Verteilung von Taxi-Aufträgen handelt. Aber unsere Konzentration – und das unterscheidet uns vom Web oder vom Taxigewerbe – funktioniert nur bei zentralisierter Aufmerksamkeit ohne Zerstreuung. Sammlung ist eben das: Orientierung auf einen Brennpunkt.

Nach meinem Eindruck spielt hier die Werbung eine wesentliche Rolle, die sich im Internet häuslich eingerichtet hat. Informationen, Spiele, und Kurznachrichtensysteme sowie Unterhaltung sind größtenteils frei zugänglich, und wer hier richtig Geld verdienen will, kann das mehr oder weniger nur mit Werbung erreichen. Deshalb ist unsere Aufmerksamkeit der wichtigste Rohstoff der digitalen Wirtschaft geworden, und der Wirtschaftszweig, der diese Ressource mit allen Mitteln zu binden und einzuspannen versucht, die Werbebranche, ist unzählige Milliarden schwer. Zeit, dass wir unsere Aufmerksamkeit wieder selbst in Besitz nehmen.

Neu ist das Problem allerdings nicht. Sicher hat die neue Technik unsere Zerfahrenheit verstärkt, aber Mangel an Ablenkung bestand auch vorher nicht. Texte des chinesischen Buddhismus aus dem fünften Jahrhundert sprechen vom »Affengeist«, der von hier nach da nach dort springt, und tausend Jahre früher berichtete der berühmte griechische Arzt Hippokrates von erhöhter Reaktionsbereitschaft bei manchen Patienten, deren Aufmerksamkeit ganz schnell von einem Ding zum nächsten sprang. Er deutete das nach den medizinischen Vorstellungen seiner Zeit als Übergewicht des Feuer-Elements bei gleichzeitiger Schwäche des Wasser-Elements. Heute hat sich dieser Zustand noch verschärft und einen neuen Namen bekommen.

*

Bei Patrick zeigte sich die Aufmerksamkeitsstörung vom Typ ADHS (Aufmerksamkeitsdefizit-/Hyperakti-

vitätsstörung) erstmals, als er acht Jahre alt war, aber zur Diagnose kam es erst viel später. Man sagte ihm, er habe einfach viel Energie, aber wie bei den meisten Kindern mit diesen Symptomen setzte sich die Störung im Erwachsenenalter fort. Heute studiert Patrick Computerwissenschaft, und es fällt ihm schwer, sich beim Lesen und Lernen zu konzentrieren. Er ist außerdem DJ und stellt fest, dass er sich sogar bei der Musik schlecht konzentrieren kann, obwohl sie seine große Leidenschaft ist.

ADHS ist eine relativ genau umschriebene Diagnose, weit über die alltägliche Zerfahrenheit hinaus, die wir alle so gut kennen. Ich jedenfalls war froh, Patrick kennenzulernen, denn als er mir seine Geschichte erzählt hatte, war mir klar, dass seine Erfahrungen mit der Achtsamkeit für uns Übrige mit unserer Allerweltszerfahrenheit ebenfalls sehr wertvoll sein würden.

»Ich kann mich nicht über längere Zeit konzentrieren«, erzählte er, »und das macht Prüfungen zu einer ganz besonderen Herausforderung für mich. Die Evaluierung meines Falls an meiner Universität führte dazu, dass mir mehr Zeit für Prüfungen eingeräumt wurde, und außerdem fand ich dadurch zur Achtsamkeit. Der Spezialist, der mich zu beurteilen hatte, empfahl mir unter anderem Meditation zur Verbesserung meiner Konzentrationsfähigkeit. Ich hatte als Teenager schon von Meditation gehört und fand es spannend, damit zu experimentieren.«

Aber formelle Meditation war für Patrick schier unmöglich, da es ihm extrem schwerfiel, für längere Zeit still zu sitzen. Eigentlich wurde alles nur noch schlimmer, bis er gar nicht mehr meditieren mochte. Dann erfuhr er jedoch von einer unserer Apps und machte sich mit dem Gedanken der mobilen Achtsamkeit vertraut: Achtsamkeit bei allem, was den ganzen Tag über zu tun ist. Sein Aufbaukurs an der Uni sollte bald beginnen, und da er jede nur erdenkliche Unterstützung nutzen wollte, entschloss er sich zu einem Versuch.

Er erzählte mir, seine Konzentration und Aufmerksamkeit hätten sich deutlich verbessert – jetzt steht er sogar zweistündige Vorlesungen durch. Andererseits ist ihm klar, dass er noch viel vor sich hat, also bleibt er dran. Sein neues Vorhaben ist die Verbesserung seiner Sammlung beim Lernen. Und außer der Konzentration, sagt er, sei noch manches andere in seinem Leben besser geworden. Zum Beispiel erzählt er: »Meine Freundin hat mich immer als nicht besonders aufmerksam ihr gegenüber empfunden, aber das hat sich jetzt geändert, findet sie.« Er ist durch seine Praxis, wie er selbst sagt, »rücksichtsvoller und fürsorglicher« geworden. Ich erkundigte mich, wie es ihm als DJ jetzt gehe, und er antwortete, er habe neuerdings viel mehr Sinn auch für andere Arten von Musik, das bringe seine Kreativität richtig in Fluss.

Da er Computerwissenschaft studierte, interessierte mich natürlich brennend, ob er eine Verbindung zwischen Technik und ADHS sah. Nach dem wissenschaftlichen Forschungsstand spricht nichts für die These, dass Technik zu den Ursachen von ADHS gehört, aber dass sie ganz sicher nicht bessernd wirkt, meint Patrick auch: »Was ich besonders ablenkend finde, sind Handynachrichten und etliche geöffnete Tabs im Browser.«

Er stimmte mir zu, dass es nicht damit getan ist, das alles abzuschalten; vielmehr müssten wir aktiv damit umgehen, um unsere Aufmerksamkeit aufzubauen und nicht immer weiter abnehmen zu lassen. Sein eigener

Umgang mit der Achtsamkeit jedenfalls gibt ihm das Selbstvertrauen, das er für seinen persönlichen Kampf gegen Ablenkungen braucht.

Sinnvolle Meditation hilft uns gegen Ablenkung und lässt uns auch den Wert einer gesammelten Aufmerksamkeit erkennen. Wenn wir uns darauf trainieren, bei dem zu bleiben, womit wir uns zu befassen haben, dann hat das eine ganze Reihe von sehr erwünschten Wirkungen. Zum Beispiel hören wir anderen besser zu, und es passiert uns nicht so leicht, dass wir nicht mitbekommen, was sie eigentlich sagen wollen. Wenn wir nicht abgelenkt sind, schaffen wir unsere Arbeit und andere Dinge besser und mit weniger Zeitaufwand. In diesem Zustand stehen die Chancen für Kreativität und Flow deutlich besser. Training in gesammelter Aufmerksamkeit ist eine Investition, die wir uns nicht entgehen lassen sollten. Aufmerksamkeit sollte *uns* viel wert sein, nicht nur der Onlinewerbung.

Nicht abgelenkt zu sein ist in vieler Hinsicht wertvoll, aber ganz entscheidend für die Vertiefung unserer Meditationspraxis. Eine gut entwickelte Wahrnehmung erhellt uns das Feld unserer eigenen Erfahrung, und wenn wir darüber hinaus nicht abgelenkt sind, können wir dieses Licht bündeln, um auch die Details zu erkennen.

Der Blick auf die Details weckt unser Interesse an der Funktionsweise der Konzentration; es wird uns bewusst, dass es nicht nur eine einzige Form der Konzentration gibt. Den meisten Menschen fällt zu »Konzentration« die ausschließliche Beschäftigung mit einer einzigen Sache ein; im Rahmen dieses Buchs können wir dabei an die ausschließliche und für einige Zeit aufrechterhaltene Ausrichtung auf die Empfindung des Atems denken. Diese Konzentration kommt uns bei der Bewältigung vieler Aufgaben zustatten, etwa wenn wir einen Bericht zu schreiben, das Schlafzimmer zu streichen oder eine Augenoperation vorzunehmen haben.

Die zweite Form der Konzentration ist weniger klar umrissen. Ich nenne sie gern »Feld-Konzentration«. Auch hier gibt es einen Gegenstand, also etwas, worauf wir achten, aber es ist kein Einzelobjekt, keine isolierte Tätigkeit, sondern ein ganzes Feld der Sinneswahrnehmung wie etwa alles ringsum Hörbare oder alle Körperempfindungen. Es ist eine entspanntere und offenere Konzentration, in der uns mehr Einzelheiten bewusst werden. Die Feld-Konzentration bezieht alles im Feld Gegebene ein, während die Konzentration auf einen einzigen Gegenstand definitionsgemäß von ausschließendem Charakter ist. Denken wir zur Verdeutlichung an die Wolken und den Himmel. In der ausschließenden Konzentration sind wir auf eine bestimmte Wolke ausgerichtet, während uns bei der Feld-Konzentration der ganze Himmel *mitsamt* den Wolken gegenwärtig ist. Oder ganz praktisch gedacht: Beim Autofahren dient uns die Feld-Konzentration besser, da sie uns alles ringsum wahrnehmen lässt.

Für beide Formen der Konzentration gilt, dass ihr Aufbau ein wenig Einsatz verlangt. Die Konzentration auf etwas, womit wir uns gern beschäftigen, fällt uns nicht schwer, aber oft müssen wir uns ja auf Dinge konzentrieren, die langweilig oder schwierig oder unangenehm sind. Bei so etwas entstehen schnell Lücken, durch die sich Ablenkungen einschleichen können. So könnte das Geheimrezept für Sammlung darin bestehen, dass wir über den Leerlauf hinwegkommen und uns das Langweilige oder Schwierige irgendwie genießbar machen. Unsere Konzentration lebt von unserem Interesse, und wenn wir die Mechanismen der Ablenkung einmal durchschaut haben, verlieren sie ihre Macht.

Denken wir auch daran, dass wir gesammelte Aufmerksamkeit nicht nur bei der Arbeit brauchen, sondern überall da, wo wir mit anderen zu tun haben oder wo es Schwierigkeiten zu bewältigen gibt. Die folgende Übung ist zu Hause so nützlich wie bei der Arbeit.

*

Immer wieder zum Gegenstand der Aufmerksamkeit zurückkehren

Kerntechnik 2: Atem-Konzentration

Wie gesammelt sind Sie gerade? Wie oft haben Sie beim Lesen der letzten Seiten den Faden verloren? Wie oft sind Sie in Ihre eigenen Gedankengänge abgeschweift?

Konzentrationstraining ist ein Tanz. Am Anfang steht die Arbeit: Wir müssen uns daran gewöhnen, mit unserer Aufmerksamkeit bei ein und derselben Sache zu bleiben. Dabei finden wir auch heraus, wie Ablenkung funktioniert, und beides brauchen wir, um schließlich mit einiger Sicherheit bei unserem gewählten Gegenstand bleiben zu können. Ablenkung ist dann nicht mehr der Feind der Konzentration, sondern der Ort, an dem wir sie einüben.

Bei dieser Meditation wird es vorkommen, dass Sie sich durch irgendetwas ablenken lassen. Es kann auch sein, dass Sie sich mit irgendetwas befassen

müssen, was nicht aufgeschoben werden kann. Beides darf ruhig so sein, nehmen Sie nur anschließend den Faden da wieder auf, wo Sie ihn haben fallen lassen.
Jetzt atmen Sie erst einmal tief ein und aus, dreimal, ganz nach Ihrem eigenen Rhythmus.
Eins.
Zwei.
Drei.
Diese einfache Maßnahme gibt Ihnen einen sicheren Stand für die Konzentrationspraxis.
Noch einmal. Sie halten einfach das Buch und atmen. Drei tiefe, lange Atemzüge.
Fühlen Sie, wie einfach das ist. Genießen Sie es.
Der Atem eignet sich aus drei Gründen so besonders gut für die Bewusstseinsschulung. Der erste Grund liegt auf der Hand: Sie atmen ständig. Solange wir bewusst und am Leben sind, bleiben Körper und Atem immer in Reichweite.
Zum zweiten kann der Atem ein Spiegel Ihrer Gemütsverfassung sein. Der Atem wird flacher und kürzer, wenn Sie angespannt sind, das wissen Sie bereits. Bei tiefer Entspannung wird auch der Atem lang und entspannt. Der Atem zeigt aber nicht nur unsere innere Verfassung an, sondern kann auch auf sie einwirken: Wenn wir bewusst tief atmen, steigen unsere Chancen, dass innerlich Ruhe einkehrt.
Und drittens sind es die Abstufungen und die Tiefe des Atems, die ihn zu einem so wertvollen Meditationsobjekt machen. Mit zunehmender Meditationserfahrung nehmen wir an unserem Atem immer mehr Feinheiten

wahr, und deshalb bleibt er stets ein wertvolles Meditationsobjekt, auch wenn wir schon jahrelang meditieren. Ihr Atem kann bei diesem Abenteuer der Achtsamkeit Ihr bester Freund sein. Er gibt Ihnen auch die Möglichkeit, vollkommen unsichtbar zu meditieren, wenn Sie das möchten. Es könnte ja sein, dass Sie auch bei der Arbeit mal meditieren möchten, ohne für alle sichtbar betont meditativ wirken zu wollen. Kleine Meditationspausen sind gut, und das unerkannte Meditieren bereitet ein diebisches Vergnügen. Ich mache es oft so.

Wo haben Sie Ihren Atem eben bei den tiefen Atemzügen besonders deutlich gespürt? Wenn Sie nicht sicher sind, wiederholen Sie die drei Atemzüge jetzt. Wahrscheinlich sind es die Bauch- oder Brustbewegungen, oder Sie spüren, wenn Sie besonders genau aufpassen, die Luftströme an den Nasenöffnungen und auf der Oberlippe.
Alle Stellen sind gleich gut. Vergewissern Sie sich jetzt einfach, wo Sie den Atem besonders deutlich empfinden. Vielleicht hilft es Ihnen, die Augen während der nächsten drei Atemzüge zu schließen. Sollten Sie im Moment keinen rechten Zugang finden, können Sie eine Hand auf den Bauch legen, um die Bewegung zu spüren. Das also ist Ihr Meditationsobjekt bei dieser Übung. Halten Sie die Augen geöffnet, um mit Ihrer Aufmerksamkeit so intensiv wie möglich bei den Empfindungen des Atmens zu bleiben, wo Sie sie deutlich spüren.
Vielleicht kann Ihre Aufmerksamkeit sogar dort zur Ruhe kommen und muss nicht von Ihnen festgehalten werden.

Sie werden wahrscheinlich nach kurzer Zeit, vielleicht schon nach ein paar Sekunden »entführt«, das heißt abgelenkt, werden. Andere Empfindungen zerren an Ihrer Achtsamkeit, vielleicht auch Gedanken, Phantasien, Zweifel. Mache ich es gut, mache ich es richtig? Das sind Ablenkungen, gewöhnen Sie sich daran. Und sooft Ihnen auffällt, dass Sie mit Ihrer Aufmerksamkeit nicht mehr beim Atem sind, beim schlichten Atmen, holen Sie sie zurück.

Das ist der Einstieg ins Konzentrationstraining. Die Aufgabenstellung ist im Prinzip einfach: möglichst dauerhaft beim Atem bleiben, bemerken, wann sich die Aufmerksamkeit davonmacht, um sie dann schlicht und kommentarlos, vor allem aber ohne Entmutigung oder Selbstbeschuldigung, wieder zurückzuholen. Diese moderne Welt bietet so viele Ablenkungen – kein Wunder, dass wir so anfällig dafür sind. Aber von jetzt an wehren wir uns, wir strampeln uns frei. Es kann dauern, bis Sie da spürbar etwas erreichen, und sollte der erste Schritt zur Konzentration bei Ihnen in der Feststellung bestehen, dass Sie keine haben, dann seien Sie nachsichtig mit sich.

Nächster Versuch. Lenken Sie Ihre Sammlung auf den Atem. Da, wo Sie ihn deutlich spüren.

Bleiben Sie dort, nehmen Sie sich vor, auf diesen einen Punkt gesammelt zu bleiben.

Achten Sie auf Ablenkungen. Verpassen Sie den Moment nicht, in dem sich Ihre Gedanken mit etwas anderem davonmachen.

Holen Sie Ihre Aufmerksamkeit zurück, um sie gleich frisch auszurichten.

Und das Ganze noch einmal.
Vielleicht bekommen Sie den Eindruck, dass es Ihnen nicht gelingt. Kritisieren Sie sich bitte nicht dafür. Sie müssen auch nicht gleich ein rauschendes Fest planen, wenn es so aussieht, als würden Sie gute Fortschritte machen. Bleiben Sie einfach beim Atem, alles andere lassen Sie weg. Lassen Sie ihn das Wichtigste überhaupt sein.
Sie können die Augen auch schließen, wenn es Ihnen hilft oder sich gut anfühlt. Aber die Übung läuft wirklich genauso gut mit geöffneten Augen und diesem Buch in der Hand. Wenn ich es beim Schreiben kann, müsste es Ihnen auch beim Lesen gelingen.
Beachten Sie bei den Ablenkungen im Moment nicht, um was es sich genau handelt. Lassen Sie sich von ihnen immer wieder nur an den nächsten Versuch erinnern, so lange wie möglich beim Atem zu bleiben. Das ist mitunter eine ganze Weile, ein andermal hält der Entschluss nur ein paar Sekunden. Beides ist in Ordnung. Einstweilen ist es einfach so.
Sehen wir zu, ob Ihre Sammlung diesen kleinen Abschnitt übersteht. Sie stimmen sich auf den Atem ein und lassen Ihre bewusste Wahrnehmung dort verweilen. Sie fühlen das Einatmen, dann das Ausatmen. Ein sanfter Rhythmus. Nur noch ein paar Wörter lang. Nett, oder?
Manche gehen ziemlich verbissen an das Thema Konzentration heran. »Ich werde mich jetzt zum Donnerwetter konzentrieren.« Sicher, wir können auch auf die etwas brachiale Art Sammlung herbeiführen, unsere Aufmerksamkeit immer und immer wieder zurückpfeifen, bis endlich eine Gewohnheit entsteht. Das kann

durchaus seinen Wert haben und gibt uns am Beginn dieses Abenteuers »Konzentration« das Gefühl, dass wir die Dinge vorantreiben. Leider kann uns dieses Vorgehen wirklich ein wenig verbissen machen. Dann halten wir unsere Aufmerksamkeit zwar minuten- oder stundenlang mit eiserner Faust beim Atem, aber das Ganze ist so anstrengend, dass wir schließlich völlig verkrampft sind.

Soll die Vertiefung unserer Aufmerksamkeit weicher und offener ausfallen, richten wir uns besser auf etwas Schönes und Erfreuliches aus. Wir versenken uns nämlich viel leichter in etwas Angenehmes. Das ist auch das Geheimnis der Sammlung: Wir suchen uns an unserem Meditationsobjekt das, was wir besonders ansprechend finden, und nutzen es, um immer weniger ablenkbar zu werden.

Wenden Sie sich jetzt beim Lesen wieder dem Atem zu. Es wird sich vermutlich noch nicht gleich die reine Glückseligkeit in Ihnen ausbreiten, aber wenn Sie vielleicht schon ein wenig Stabilität durch die ersten Abschnitte dieser Übung gewonnen haben und jetzt ganz genau hinspüren, finden Sie sicher irgendetwas Gutes am Atem. Bemerken Sie die Ruhe, die den sanften Rhythmus des Atems begleitet? Oder das natürlich Entspannende des Ausatmens?

Vielleicht gibt Ihnen der Umstand, dass Sie sich bis hierher auf die Übung eingelassen haben, einer Art sicheren Halt oder sogar ein Gefühl von Wärme.

Sehen Sie zu, ob Sie irgendetwas als positiv Empfundenes einstellen können wie mit dem Senderwahlknopf bei einem alten Radio. Es kann auch ganz leise sein.

Falls Sie auf etwas stoßen, können Sie versuchen, es in Ihrer Wahrnehmung stärker werden zu lassen und zugleich die Verbindung zum Atem zu halten.
Das sieht ein bisschen nach einem Trick aus, aber es ist ein guter: Mit Hilfe des Atems ein bisschen Konzentration aufbauen und dann nach irgendetwas Erfreulichem am Atem Ausschau halten, um es für die Vertiefung der Konzentration zu nutzen.

Da wir uns jetzt schon ein wenig auf die Konzentration auf eine einzige Sache eingestellt haben, nämlich auf den Atem an einer bestimmten Stelle, gehen wir einen Schritt weiter und versuchen es mit einer anderen Form der Konzentration, der Feld-Konzentration.
Wir bleiben beim Atem, aber jetzt machen wir den ganzen Körper zum Gegenstand unserer Sammlung, also nicht irgendeinen Körperteil, sondern das gesamte Feld der Körperempfindungen. Man nennt es »Ganzkörper-Atem«.
Angefangen haben wir mit Bauch oder Brust und dem rhythmischen Heben und Senken beim Atmen. Den Platz soll jetzt der ganze Körper einnehmen. Da der Atem allen Körperzellen Sauerstoff zuführt, kann es hilfreich sein, sich vorzustellen, dass der ganze Körper atmet wie ein Ballon, der sich füllt und wieder leert.
Versuchen Sie jetzt beim Lesen zu fühlen, wie der Atem von der Körpermitte zu den Fingerspitzen strömt. Die Ganzkörper-Erfahrung des Atmens ist Ihr Meditationsobjekt. Suchen Sie das Schöne und Angenehme, lassen Sie zu, dass die Ruhe und Wohligkeit Ihre Konzentration weiter vertieft.

Sicher leiden nicht viele von uns an ausgesprochenen Aufmerksamkeitsstörungen, aber zumindest sind wir alle sehr ablenkbar. Da kann sich unser Bemühen um Sammlung erst einmal richtig anstrengend anfühlen, doch das ist normal und natürlich und soll Sie nicht beunruhigen. Bestimmte Nervenschaltkreise in unserem Gehirn müssen verstärkt oder neu angelegt werden, und das braucht seine Zeit. Es wird also Zeiten geben, in denen richtige Arbeit zu leisten ist, und wir dürfen auf dem Weg zum Erfolg auch mit Rückschlägen rechnen. Das ist bei der Achtsamkeit nicht anders als bei anderen Fähigkeiten, die wir erwerben, oder bei Spielen, die wir beherrschen möchten.

Krafteinsatz kann, wie wir gesehen haben, bei der Konzentration durchaus angemessen sein. Aber richtig interessant wird es erst, wenn wir ein wenig schlauer vorgehen. Ihr Weg zu weniger Ablenkung lässt sich auf zwei Arten abkürzen. Die erste besteht darin, dass Sie die Ablenkung abfangen, bevor sich Ihre Konzentration über zu viele Stufen zu weit entfernt. Dazu gehört, dass wir ganz besonders auf unsere Gefühle vor der eigentlichen Ablenkung achten. Die Ursache für eine Ablenkung liegt meist in irgendeinem Unbehagen, und wenn unsere Aufmerksamkeit dann zu etwas Erfreulicherem abwandern möchte, ist das eigentlich ein Akt des Mitgefühls mit uns selbst. Achten wir also darauf, was unsere Ablenkung jeweils auslöst, denn das verbessert unsere Chance, uns noch rechtzeitig zu besinnen. Es kann Langeweile oder ein irgendwie dumpfer Zustand sein, aber manchmal stecken auch starke Emotionen dahinter. Wir müssen unsere Achtsamkeit demnach so weit aufbauen, dass wir nicht nur einsetzende unangenehme Gefühle gleich bemerken, sondern sie auch einfach kommen und gehen lassen. Dann haben Ablenkungen kaum noch eine Chance.

Das zweite Geheimnis des Konzentrationstrainings besteht darin, dass es eine erfreuliche Seite haben muss: Es muss Spaß machen. Wenn wir das Verharren bei ein und derselben Sache als Schwerarbeit empfinden, wird es tatsächlich schwer – da ist nichts, was uns daran reizt. Das wird viel leichter, wenn wir etwas als angenehm Empfundenes zum Gegenstand unserer Aufmerksamkeit machen. Sehen wir uns also nach der angenehmen Seite etwa des Atems oder einer Körperempfindung um oder setzen wir gleich bei etwas Genussvollem ein, beispielsweise beim Gefühl von Wärme. Freude und Wohlbehagen sind zwei Geheimwaffen, wenn es gilt, Achtsamkeit zur Gewohnheit werden zu lassen.

*

Zehn Meditationen für ein Leben mit weniger Ablenkungen

Werbung ins Leere laufen lassen

Jiu-Jitsu ist eine japanische Kampfkunst, bei der es darum geht, den Gegner mit seiner eigenen Energie zu besiegen. Für diese Übung soll die Werbung unser Gegner sein, und unser Ansatz ist denkbar einfach: Wir nehmen jegliche Reklame als Signal, zu dem zurückzukehren, was wir gerade tun. Wenn wir dann im Zug oder vor dem Fernseher sitzen oder im Internet surfen, nehmen wir Reklame nicht zum Anlass, uns in die Produktbotschaft hineinziehen zu lassen, sondern als Merkzeichen, das uns in den gegenwärtigen Augenblick zurückkehren lässt. Das bedarf natürlich einiger Übung, vor allem im Internet, aber es hat auch etwas köstlich Subversives, denn schließlich stellen wir die Absicht der Werbung auf den Kopf und nutzen sie für das Gegenteil dessen, was sie eigentlich bewirken soll: uns in ihren Bann zu ziehen. Wer das ein wenig geübt hat, kann schließlich jede Form der Reklame – Namen von Geschäften, Bekleidungsmarken und so weiter – zur Schulung seiner Präsenz und Konzentration nutzen.

Mäusejagd

Mobile Achtsamkeit versetzt uns in die Lage, unauffällig zu meditieren. Wir wenden beim Essen, Gehen oder wie in dieser Übung bei der Arbeit unsere gelernten Techniken an, und niemand merkt, dass wir meditieren. Was ich

Ihnen jetzt vorschlage, können Sie spielerisch anwenden, wenn Sie eine kurze Pause machen. Und das Tolle daran: Es sieht aus, als würden Sie weiterarbeiten. Zumindest, wenn Sie am Computer arbeiten.

Bewegen Sie den Zeiger mit Maus oder Trackpad über den Bildschirm. Augen, Mund und Gesicht bleiben entspannt, während Sie mit der Aufmerksamkeit beim Mauszeiger bleiben und nichts weiter interessant ist, als dessen Bewegungen zu folgen. Jetzt weiten Sie Ihre Wahrnehmung über dieses Detail des Zeigers hinaus, um den gesamten Bildschirm zu erfassen. Betrachten Sie nichts im Besonderen, sondern bleiben Sie beim Eindruck des gesamten Bildschirms. Wechseln Sie zwischen dem punktuellen Fokus auf den Zeiger und der Feld-Wahrnehmung des Bildschirms hin und her. Sie können die Anforderungen noch erhöhen, indem Sie eine Internetseite wählen, auf der viel los ist, etwa einen Nachrichtendienst oder Ihre Facebook-Seite. Meditation will gelernt sein, und hier erfahren Sie, was Sie ablenkt und was nicht.

Handarbeit

Vielleicht ist Ihnen schon aufgefallen, dass Besprechungen im Büro richtig langweilig sein können. Ich kenne niemanden, der solche Sitzungen mag, aber wir bringen jeden Monat oder sogar jede Woche Stunde um Stunde damit zu. Diese Technik ist mir bei einer besonders langweiligen Sitzung eingefallen, bei der ich niemanden mit meinem Gähnen verprellen wollte; außerdem musste ich einfach mitbekommen, was da besprochen wurde.

Verschränken Sie Ihre Finger und achten Sie sehr aufmerksam auf die Gefühle in den Fingern und Händen. Damit verschließen Sie die Lücken in Ihrem Bewusstsein, durch die sich Ihre Aufmerksamkeit gern zu anderen Dingen aufmacht. Das Arbeitsumfeld bietet viele Gelegenheiten, solche netten kleinen Meditationen zu kreieren, einfach weil wir da so viel Zeit zubringen. Und seien wir ehrlich: Wo sonst warten so viel Langeweile, Stress und Frust auf ihre Transformation?

Ablenkung aussprechen

Wir üben, mit unserer Aufmerksamkeit bei einer Sache zu bleiben, aber genauso wichtig ist es, zu bemerken, *wann* wir abschweifen. Bei dieser Meditation geht es um das Bemerken, auf das wir in einem späteren Kapitel noch näher eingehen. Es ist eine schrecklich einfache Übung mit einem etwas sonderbaren Auftrag, aber lassen Sie sich nicht täuschen: Sie ist ausgesprochen effektiv.

Immer wenn Sie merken, dass Sie abschweifen, sagen Sie: »Abgelenkt.« Ja, am besten richtig laut aussprechen. In einem Großraumbüro sagen Sie das natürlich besser innerlich, aber es wirkt besser, wenn Sie es aussprechen. Hier wird uns nicht nur sehr bewusst, wie oft wir abschweifen, sondern wir lernen auch Muster kennen, die wir dann besonders im Auge behalten können. So könnte sich beispielsweise herausstellen, dass wir primär zu Ablenkungen neigen, wenn wir müde oder frustriert sind.

Blinzelbewusstsein

Wenn es um normale Körpervorgänge als Meditationsobjekte geht, läuft das meist auf den Atem hinaus. Oder haben Sie schon mal von der »Blinzelwahrnehmung« gehört? Ich selbst beschäftige mich jetzt seit einigen Jahren mit dem Blinzeln. Da kommen einfach viele Dinge zusammen, die man sich bei einem guten Meditationsobjekt wünscht: Es ist ganz normal, immer verfügbar und so gut wie unsichtbar. Es ist eine Übung, die Sie sehr gut machen können, wenn Sie aktiv am Schreibtisch beschäftigt sind oder passiv in der Bahn sitzen. Sehen Sie zu, wie viele Blinzelbewegungen Sie am Stück bewusst wahrnehmen können; zählen Sie mit, falls es nicht stört. Beeinflussen Sie Ihr Blinzeln nicht, lassen Sie es geschehen, wie es von selbst geschieht. Achten Sie nur darauf, wie es ist. Es wird ein bisschen anders, wenn Sie sonst noch etwas tun und nicht ausschließlich auf das Blinzeln achten. Spielen Sie mit den Möglichkeiten. Es kann eine regelrechte Faszination werden, und wenn Sie Ihr Augenmerk auf die Gegend um die Augen richten, erfahren Sie möglicherweise auch, wie müde Sie gerade sind.

Natürliches Schlaflied

Aufmerksamkeit und Sammlung verbinden wir eher mit dem aktiven Teil des Tages, aber unsere Techniken nützen uns auch bei etwas besonders Passivem: dem Einschlafen. Viele Menschen leiden an Einschlafstörungen, und es liegt meist daran, dass ihnen noch so viel durch den Kopf geht, wenn sie sich hinlegen. Wir können unsere Konzentrationspraxis einsetzen, um innerlich Ruhe zu finden und unsere Schlafbereitschaft zu fördern.

Lassen wir uns doch vom Atem in den Schlaf wiegen. Seit frühester Kindheit sind wir damit vertraut, dass uns ein stetiger Wiegerhythmus in Schlaf versetzt. Jetzt können wir das bisher über die Atemmeditation Gelernte für eine Wiege-Simulation nutzen. Wir legen eine Hand auf den Bauch, wie wir eine Kinderwiege anfassen würden, und bleiben mit der Wahrnehmung bei dem, was wir da fühlen. Das ist eine wunderbar einfache Übung, und wenn es gelingt, unser abschweifendes Denken immer wieder zurückzuholen, funktioniert sie auch.

Parkbank

Diese Übung gehört zu meinen Lieblingen. Eine Parkbank eignet sich dazu, aber auch jeder andere Moment, in dem Sie nichts zu tun haben und der Ausblick zum Genießen einlädt.

Sie vergewissern sich Ihrer Haltung, der Rücken soll entspannt und gerade sein, die Augen bleiben geöffnet. Richten Sie Ihre bewusste Wahrnehmung auf den gesamten Inhalt Ihres Blickfelds. Achten Sie darauf, dass Augen und Gesicht entspannt bleiben und Sie nichts Bestimmtes betrachten, sondern das Gesamtbild im Blick haben. Wir haben es wieder einmal mit dem Feld-Bewusstsein zu tun, und diesmal geht es um das Gesichtsfeld. Ihre Aufmerksamkeit wird hin und wieder an etwas hängen bleiben wollen, vielleicht an den Bewegungen eines Vogels oder an Gedanken zu den weiteren Vorhaben des Tages. Wenn Sie das bemerken, lehnen Sie sich bequem an und lassen Ihre Aufmerksamkeit zur Wahrnehmung des Gesamtbilds zurückkehren. Diese Meditation verdanken wir finster entschlossenen Meditierenden im Himalaja, aber sie taugt durchaus auch für die Mittagspause.

Schritt-Mantra

Hier eine Übung, die von der guten alten Meditation im Gehen abgeleitet ist. Ich finde, das Gehen lässt sich besonders gut zur Meditation ausbauen. Es befreit uns für eine Weile von der Vorstellung, irgendetwas produzieren zu müssen. Probieren Sie zwei einfache Wörter wie »viel Glück«, »rechts, links« oder »eins, zwei« aus, die Sie innerlich zu Ihren Schritten sprechen. Die Abstimmung von Wörtern und Schritten hat etwas von einem Bewegungs-Mantra und erzeugt eine dynamische, manchmal besonders lebendige Form der Konzentration. Leute, die mit der Smart-Watch oder anderen Gerätschaften ihre Schritte zählen, setzen sich vielfach ein Tagesziel von zehntausend Schritten. Wenn wir auch nur einen kleinen Teil dieser vielen Schritte bewusst wahrnehmen, kann das den Aufbau unserer Achtsamkeit enorm beschleunigen.

Atemzählung

Wenn ich nach der besten Tageszeit für die formelle Praxis gefragt werde, antworte ich: Wann immer Sie dazu kommen. Nicht alle finden tagsüber Zeit dafür, also nehmen Sie das, was sich Ihnen bietet. Grundsätzlich gibt es aber vier Tagesabschnitte, die sich nach meiner Erfahrung besonders gut eignen. Da haben wir zunächst den frühen Morgen vor dem Beginn des eigentlichen Tagesgeschäfts. Da sind wir geistig noch frisch (was natürlich davon abhängt, was wir am Vorabend gemacht haben). Die Praxis im Sitzen kann im Verlauf des Tages eine schöne Pause sein, aber Sie haben nur dann etwas davon, wenn Sie irgendwo ungestört und bequem sitzen können. Dann haben wir noch die Übergangsphase zwischen Arbeitstag und Feierabend, ebenfalls sehr gut für die Meditation geeignet, aber für viele nicht nutzbar, weil da die Familie wartet. Das vierte und letzte Zeitfenster ist der späte Abend vor dem Zubettgehen – und zusammen mit dem frühen Morgen das am häufigsten genutzte. Abends kann sich natürlich bemerkbar machen, dass wir körperlich und geistig ermattet sind.

Bei dieser Praxisform geht es immer darum, die Atemzüge zu zählen: eine uralte Übung, die aktuell bleibt, weil sie gute Ergebnisse erbringt. Die einfachste Form des Zählens besteht darin, dass Sie beim Einatmen innerlich »eins« und beim Ausatmen »zwei« sagen, so lange, wie es sich für Sie gut anfühlt. Man kann es auch ein wenig anspruchsvoller gestalten, wenn man in dieser Weise bis zehn weiterzählt, wobei jedoch die Gefahr besteht, dass Sie unterwegs den Faden verlieren. In dem Fall fangen Sie einfach wieder bei eins an. Seien Sie sich selbst gegenüber ehrlich, übergehen Sie die Ablenkungslücke nicht. Wenn Sie etwa zehn Minuten in dieser Weise üben, wissen Sie, wie weit Sie mit Ihrer Zählung kommen. Schließlich wird Ihre Konzentration bis zehn reichen, und Sie können die Latte noch ein wenig höher legen. Zählen Sie von zehn aus abwärts bis eins, dann wieder aufwärts bis neun, zurück bis eins und so weiter, bis Sie zuletzt bei eins landen. Wer den vollen Durchlauf schafft, ohne abgelenkt zu werden, ist schon wirklich gut in Form.

Mithören

Formelle Praxis heißt, dass Sie still dasitzen und nichts außer sich selbst haben. Leicht ist das nicht. Da kann ein wenig Unterstützung nicht schaden, wie die Stützräder damals, als wir das Radfahren lernten. So kommen wir leichter in die Meditation hinein, so dass wir schließlich keine Hilfen mehr brauchen. Darum geht es bei der jetzt folgenden Übung, die ich selbst gern mache, wenn ich mich nicht stabil genug für die klassische Praxis der Stille fühle.

Laden Sie sich einen Podcast Ihrer Wahl herunter, fünfzehn bis zwanzig Minuten lang sollte er sein. Nehmen Sie Ihre Meditationshaltung auf einem Kissen oder Stuhl ein, um sich diesen Podcast anzuhören, am besten mit Kopfhörern, die eine intime Atmosphäre schaffen, in der wir weniger leicht abzulenken sind. Hören Sie einfach sehr aufmerksam und konzentriert zu. Der Podcast ist Ihr Meditationsobjekt, und es ist wichtig, dass Sie mitbekommen, was da gesagt wird. Sicher werden Sie trotzdem abschweifen, aber dann kehren Sie einfach wieder zum Podcast zurück. Sollte Ihnen ein Teil völlig entgehen, springen Sie an eine frühere Stelle zurück. Am Ende des Podcasts ist auch Ihre Meditation beendet. Wir trainieren hier unsere Aufmerksamkeit, aber auch die Fähigkeit, etwa zwanzig Minuten am Stück still zu sitzen. Sehr nützlich. Podcasts sind besser als Musik, weil unser Geist dabei wach und beweglich bleiben muss, um alles mitzubekommen. Außerdem bemerken wir Ablenkungen schneller. Mit einiger Übung können wir schließlich eine halbe oder Dreiviertelstunde lückenlos zuhören. Das ist eine wirklich gute Zwischenlösung, wenn Sie sich vom Sitzen in Stille noch überfordert fühlen. Eine weitere gute Annäherung an den klassischen Stil besteht darin, dass Sie sich einen Podcast von fünfzehn Minuten anhören und danach noch so lange still sitzen bleiben, wie es sich für Sie gut anfühlt.

4

Präsent sein

Nachrichten rund um die Uhr, Real Time Messaging, die Streams der sozialen Medien, alles liegt fast ständig auf unserem Handteller. Endlose Berieselung mit allem, was man unbedingt sofort wissen muss. Man könnte meinen, wir lebten ganz im Jetzt. Leider ist es das falsche Jetzt.

Das falsche Jetzt gibt uns ein, immer anderswo sein zu wollen und immer noch die nächste Sache haben zu wollen, die uns dann endlich glücklich macht. Dieses Gespräch müssen wir noch führen, dieses Gemunkel über Freunde noch durchkauen. Das falsche Jetzt heißt eigentlich Anderswo.

Wenn uns das falsche Jetzt besetzt hält, leben wir in ständiger Angst, etwas zu verpassen. Wir sind nicht bei dem, was wir tatsächlich gerade tun, sondern bei allem, was sein *könnte,* und das macht uns rastlos und unzufrieden. Wir hetzen im Hamsterrad und verpulvern unsere Kräfte, kommen aber an kein Ziel.

Anderswo sein zu wollen ist ein Spiel, das wir zwangsläufig verlieren. Man kann sich immer etwas Besseres vorstellen als das, was gerade ist. Statt dieses Buch hier zu lesen, wäre es vielleicht wesentlich unterhaltsamer, jetzt das nächste Level Ihres Lieblingsspiels zu spielen, bei Facebook reinzuschauen und sich noch ein paar von diesen süßen Welpenfotos anzusehen. Und vielleicht ist ja in der Welt gerade irgendetwas wahnsinnig Wichtiges los, über das man unbedingt Bescheid wissen muss. Oder was, wenn eine Nachricht auf dem Online-Dating-Portal bereitliegt und Ihnen die Begegnung mit der Liebe Ihres Lebens bevorsteht? Spüren Sie, wie das an Ihnen zerrt? So fühlt sich das falsche Jetzt an.

Das richtige Jetzt ist dieses hier. Es ist das Erlebnis, diesen Satz zu lesen. Oder wie sich Ihr Rücken gerade anfühlt. Es ist die Müdigkeit, die Sie um die Augen spüren. Es sind die Gedanken, die beim Lesen dieses Satzes in Ihnen aufsteigen. Manche nennen es den gegenwärtigen Augenblick. Da fängt der Zauber an.

Denken Sie an einen Moment der letzten Zeit zurück, in dem Sie sich besonders lebendig gefühlt haben. Das wird beim Spielen mit einem Kind gewesen sein oder draußen in der Natur oder beim Musikhören, beim Sex, beim Beobachten eines Sonnenuntergangs, beim Sport, im Konzert oder bei sonst irgendeinem besonderen Anlass. All diesen Dingen ist gemeinsam, dass wir, solange sie andauern, keinen Wunsch verspüren, irgendwo anders zu sein, so erfüllend oder mitreißend sind sie in ihrer Unmittelbarkeit und Energie. Da lockt kein falsches Jetzt, das gegenwärtige Jetzt ist vollauf genug: unmittelbares Erleben, simples Präsentsein in dem, was gerade vorgeht.

Mit »präsent« meinen wir also, dass wir im richtigen Jetzt bleiben. Das will gelernt sein. Unser Leben ist ja nicht ununterbrochen so fesselnd wie Ihre Lieblingsband mit Ihrem Lieblingssong auf der Hauptbühne von Glastonbury. Und physisch irgendwo zugegen zu sein heißt noch nicht, dass man wirklich präsent ist. Wir kennen das alle, dass unser Körper anwesend und unser Geist abwesend ist. Präsenz heißt, dass die beiden – Körper und Geist – zusammenkommen. Hier. Jetzt.

Ich habe mich immer gefragt, was an diesem gegenwärtigen Augenblick so ganz besonders wichtig sein soll. Als ich jedoch zu meditieren anfing, wurde mir klar, dass er der Schlüssel zu allem ist. Präsenz bedeutet, dass Ablenkungen kaum eine Chance bei uns haben. Präsenz heißt auch, dass wir uns mit unseren Gefühlen und Mustern besser auskennen. Das Alltägliche offenbart seine Schönheit, wenn wir hier und jetzt anwesend sind. Das Leben selbst bietet die besten Partys, und wer präsent ist, ist immer dabei.

Ich selbst habe auf diesem Weg der Präsenz als besonders wertvoll empfunden, dass die Selbstwahrnehmung zunimmt. Wer nicht präsent ist, kann nicht wissen, was in ihm selbst vorgeht. Mir geht es aber nun mal so, dass ich lieber weiß, was in mir vorgeht, auch wenn es nicht immer besonders ansehnlich ist. Präsenz bedeutet für mich auch eine bessere Beziehung zu meinem Körper. Ich höre zu, wenn er etwas möchte. Die Beziehung zu meinem Innenleben wird ebenfalls besser, ich nehme das Spiel der Gedanken, Stimmungen und Muster deutlicher wahr und erkenne sie schneller als das, was sie sind. Dass meine Beziehungen zu anderen davon profitieren, versteht sich eigentlich von selbst. Präsenz sorgt dafür, dass ich wirklich *bei ihnen* bin, wenn ich mit ihnen zusammen bin.

Unwissenheit, gar selige Unwissenheit bringt uns entgegen einer alten Weisheit keinen echten Gewinn. Unwissenheit ist nur eben das: Unwissenheit. Je weniger wir von unserem eigenen Innenleben wahrnehmen, desto größer wird die Gefahr, dass wir uns nicht von bewussten Entscheidungen, sondern von Gewohnheiten leiten lassen. Sicher, manchmal werden uns richtig negative Gedanken und Regungen bewusst, die wir kaum uns selbst, geschweige denn anderen eingestehen mögen. Aber was nützt das Leugnen, wenn sie doch da sind? Sie müssen gesehen und erkannt werden, erst dann können wir überlegen, wie wir mit ihnen umgehen. Solange diese Impulse unbewusst bleiben, schubsen sie uns herum, und wir können nichts dagegen tun. Präsenz ermöglicht uns die Auseinandersetzung mit alten Mustern und Gewohnheiten.

Früher habe ich auf die Frage, wie es mir geht, unweigerlich »Danke, gut« geantwortet. Das war nicht unbedingt unzutreffend, verschleierte aber die Tatsache, dass ich auf emotionalem Gebiet eher ein Analphabet war. Ich hatte mir nie die Zeit genommen, mein Innenleben einigermaßen detailliert zu verstehen, und sah so gut wie nichts davon. Damals dachte ich, emotional laufe bei mir im Grunde nicht viel, das sei halt so. Tatsächlich sah ich einfach nicht genau genug hin. Eigentlich gar nicht. Als ich zu meditieren begann und meine Selbstwahrnehmung zunahm, stieß ich auf ein ganzes Universum der inneren Erfahrung, in dem ich bis heute als Entdecker unterwegs bin. Und dafür brauche ich Präsenz.

Das Netzwerk unseres Gehirns, so hören wir von der Neurowissenschaft, ist von Natur aus auf Umherschweifen eingestellt, auf eine Art leerlaufendes Planen, Erinnern und Tagträumen. Es gibt aber auch einen aktiveren Modus, der aufgabenorientiert ist und für den ganz andere Hirnregionen zuständig sind, die aktiv werden, wenn wir konkret gefordert sind. Das Planen, Erinnern und Tagträumen ist durchaus wertvoll, doch der Forschung ist zu entnehmen, dass wir glücklicher sind, wenn sich unser Gehirn häufiger im Aufgaben-Modus befindet. Meditation durchbricht nun das allgemeine Gehirnrauschen und lässt uns präsenter sein. Diese Präsenz trägt zu unserem Wohlbefinden bei, auch wenn sie uns mitunter weniger angenehme Seiten unserer selbst offenbart.

*

Als Amy mir schrieb, war sie seit drei Jahren Verwaltungsangestellte einer großen Firma. Sie ging jeden Tag zur Arbeit, war aber kaum je wirklich dort. Mit den meisten Kollegen kam sie gut zurecht, aber sie entwickelte keine Beziehung zu ihrer Arbeit und dachte ständig an irgendetwas anderes.

Sie nannte mir Beispiele: »Welcher Kurs läuft heute Abend im Fitnessstudio? Habe ich dazu Lust? Was besorge ich meinem Neffen zum Geburtstag? Wann habe ich wohl Zeit, bei ihm vorbeizuschauen? Ich muss mich in der Mittagspause unbedingt darum kümmern, dass der Touchscreen meines Tablets repariert wird. Wohin könnte ich in den Urlaub fahren?« Es war ein bestens eintrainiertes Muster: irgendwo sein, bloß nicht hier.

Amys Arbeit hatte durchaus auch ihre erfreulichen Seiten, aber meist arbeitete sie lediglich das ab, was vor ihr lag. Sie wollte immer gern etwas wirklich Nützliches tun und hatte davon geträumt, Rettungssanitäterin zu werden, aber daraus war nichts geworden. Nach der Universität brauchte sie einen Job, um ihr Studiendarlehen abzahlen zu können, und auf ihre erste Bewerbung hin wurde sie gleich genommen. Da saß sie nun. Und das schon drei Jahre. »So ist das wohl mit der Arbeit«, resümierte sie. »Du tust, was du zu tun hast, um dein Gehalt zu bekommen, und das Leben fängt an, wenn du das Büro verlässt.«

Eine Freundin hatte ihr von der Achtsamkeit erzählt. Außerdem hatte ein guter Freund jüngst an einem Achtsamkeitskurs teilgenommen und berichtete ihr, er könne jetzt besser mit seinen Ängsten umgehen. »Er wollte gar nicht mehr davon aufhören, also habe ich schließlich eine von ihm empfohlene App heruntergeladen und bin in seine Gruppe mitgegangen. Ich hatte

schon etwas über Achtsamkeit gehört und fand es durchaus interessant, aber von mir aus habe ich nichts unternommen. Gut, dass er mir Anstöße gegeben hat.«
Damit änderte sich alles für Amy, wenn auch nicht sofort, sondern nach und nach. »Es hat mir wirklich die Augen geöffnet«, befand sie. Sie hatte immer gewusst, dass sie ihre Zeit im Büro nur absaß, aber ihr war entgangen, dass sie auch in anderen Bereichen ihres Lebens immer weniger präsent war. Etwas sehr Wichtiges wurde ihr bewusst, nämlich dass wir uns immer auf irgendetwas trainieren, aber meist nichts davon mitbekommen. Ihr jedenfalls gefiel ihr Selbsttraining gar nicht mehr, und sie beschloss, etwas zu unternehmen. Sie nahm sich vor, bei ihrer Arbeit ganz präsent zu sein und zu beobachten, was passieren würde.
Es passierte dreierlei. Zunächst wurde ihr bewusst, wie es um ihre Präsenz bestellt war. Sie kannte sich als Tagträumerin, aber wie abgelenkt sie war, erkannte sie erst, seit sie meditierte. Sie war entsetzt.
Dann fiel ihr auf, dass die Arbeit gar nicht so schlimm war, wenn sie ganz bewusst präsent blieb. Sicher, manches blieb einfach langweilig, aber es gab immer mehr Augenblicke, in denen sie sich wohl fühlte. Es war eindeutig nicht ihr Traumjob, aber jetzt würde sie das Beste daraus machen und sich zugleich nach neuen Möglichkeiten umsehen.
Drittens wurde ihr klar, dass sich ihre Haltung bei der Arbeit auf ihr gesamtes Leben übertrug. Ihre zunehmende Präsenz im Büro hatte zur Folge, dass sie besser zuhören konnte. Ihre Schwester lebt auf der anderen Seite des Globus, und die Telefonate mit ihr waren ihr wichtig, aber es war doch immer wieder vorgekommen, dass sie während der Gespräche mehr oder weniger ab-

schaltete. Neuerdings spürt sie, dass sie immer näher am tatsächlichen Geschehen dran ist, und das macht die Gespräche mit ihrer Schwester deutlich gehaltvoller.
In vielem erkannte ich mich in Amys Bericht wieder. Im Laufe der Jahre trainieren wir uns so gründlich in Abwesenheit, dass unsere ersten Versuche mit der Achtsamkeitspraxis ein wahrer Kampf sind. Man sollte doch denken, dass es kein Problem ist, im Umgang mit guten Freunden oder dem Partner ganz aufmerksam zu sein. Mir fiel etwas anderes auf: Im ersten Jahr der Beziehung zu meiner Frau driftete meine Aufmerksamkeit auch dann immer wieder ab, wenn wir zusammen waren. Es konnte sogar vorkommen, dass ich nach meinem Handy langte. Das kam nicht gut an.
Also nahm ich mir vor, Präsenz im Zusammensein mit anderen zu lernen. Ich stellte mir bei allen Begegnungen die Frage: Wie kann ich jetzt ganz präsent sein? Die Auseinandersetzung mit dieser Frage hat viel bewirkt. Meine Frau würde mich vielleicht auch heute nicht als perfekten Ehemann bezeichnen, aber dass ich mich gebessert habe, das wird sie wohl einräumen.

Achtsamkeit ist ein soziales Phänomen, darauf werden wir noch zurückkommen. Freunde, die ebenfalls Achtsamkeit üben, können eine große Hilfe sein. Sie geben uns den Ansporn, unsere Praxis frisch und lebendig zu halten. Ebenfalls wertvoll sind vertraute Menschen, die selbst keine Achtsamkeit üben, aber uns rückmelden können, wie präsent wir sind. Fragen Sie nach: »Hast du das Gefühl, dass ich wirklich hier bin, oder komme ich zerstreut oder abwesend rüber?« Das ist im vertrauten Umgang eine wunderbare Frage. Natürlich muss gewährleistet sein, dass der andere nicht nur eine höfliche Antwort gibt.

Es muss in Ordnung sein, wenn wir nicht das zu hören bekommen, was wir gern hören würden.

Wenn wir auf der Höhe dessen bleiben möchten, was gerade vorgeht, verlangt das einen gewissen Einsatz von uns. Wir neigen nicht von Natur aus zur Präsenz, sondern müssen uns darum bemühen. Dadurch gewinnt unser aktiver Modus an Kraft und kann schließlich unser neuer Naturzustand werden. Zu diesem Zweck mache ich Sie jetzt mit der Kerntechnik bekannt, die mir persönlich am meisten liegt und die mir geholfen hat, einige meiner besonders tief eingefleischten Gewohnheiten auszuhebeln. Übung und Lektüre laufen wieder parallel.

Die Dinge erfassen, während sie geschehen

Kerntechnik 3: Mit allen Sinnen aufmerken

Setzen wir bei der bewussten Körperwahrnehmung an, damit haben Sie schon ein wenig Erfahrung.
Nehmen Sie sich ein paar Sekunden, um Ihre Aufmerksamkeit auf einen im Moment besonders deutlichen Aspekt Ihrer Körperlichkeit zu sammeln.
Das kann der Atem sein.
Es können die Empfindungen beim Halten dieses Buchs sein.
Vielleicht auch der Gesamteindruck von Ihrer derzeitigen Körperhaltung.
Jedenfalls soll diese Meditation von der Verwurzelung Ihrer Aufmerksamkeit im Körper ausgehen.

Körperbewusstsein ist eine wunderbare Basis für Meditationen jeder Art. Die ganz einfachen Empfindungen so wahrnehmen, wie sie gerade sind.
Sehen Sie zu, ob Sie irgendwo am oder im Körper Spannungszonen bemerken.
Übergehen Sie diese Empfindungen nicht. Sie lassen sie zu und zeigen sich ein wenig interessiert.
Jetzt richten Sie Ihre Aufmerksamkeit auf den Körper insgesamt.
Das ist Berührung.
Berührungen und sonstige Körperempfindungen bilden zusammen einen der sechs Kanäle, über die wir Information aufnehmen. Bei dieser Meditation wird es um alle sechs Kanäle gehen, und am Schluss nehmen wir als unterstützende Technik das Bemerken hinzu, von dem schon im vorigen Kapitel kurz die Rede war. Darum wird es im Folgenden gehen. Jetzt im Moment nehmen Sie erst einmal nur wahr, wie das ist, einen Körper zu haben, diesen Körper, wie er gerade ist.

Der nächste Kanal, auf den wir unser Bewusstsein richten, ist das Hören.
Die Fähigkeit, auf Laute zu achten, ist der beste Freund des Meditierenden, weil wir geistig aufgeschlossen sein müssen, um hören zu können. Probieren wir es aus.
Sie sitzen oder stehen bequem und schalten innerlich auf den Hörkanal.
Welche Geräusche hören Sie?
Können Sie sie kommen und gehen lassen? Oder gibt es Laute oder Geräusche, auf die Sie sofort anspringen, um sie zu benennen oder Geschichten um sie zu spin-

nen? Sollte es so sein, dann darf es so sein. Wichtig ist nur, dass Sie einfach bemerken, was da vor sich geht.
Achten Sie jetzt mit offenen oder geschlossenen Augen ungefähr eine Minute lang nur auf die Geräusche.
Auch in dieser kurzen Zeit sind Ihre Gedanken möglicherweise abgeschweift. Vielleicht fällt Ihnen auch auf, dass Sie eher zu den Geräuschen hingehen, als sie zu sich herankommen zu lassen. Oder Ihre Gedanken umschwärmen ein Geräusch, um es mit Bedeutung oder einer Geschichte zu versehen.
Wiederholen wir es. Lauschen Sie noch einmal für ungefähr eine Minute allen Geräuschen, empfänglich und kommentarlos wie eine Satellitenschüssel.
Das ist Hören.

Als drittem Kanal der Sinneswahrnehmung wenden wir uns dem Sehen zu.
Die Augen und ihre Umgebung sollen ganz entspannt sein, wenn Sie sich jetzt das Wort in der nächsten Zeile ansehen.
Familie.
Ein Wort ist ein wunderliches Gebilde. Zunächst einmal ist ein geschriebenes Wort nicht mehr als eine Handvoll Zeichen auf Papier. Wenn wir die Sprache beherrschen, in der es geschrieben ist, hat es für uns auch eine Bedeutung. »Familie« löst sicher Gedanken und Bilder in Ihnen aus. Ein Wort, das wir kennen, können wir nicht ohne Weiteres als bloße Abfolge von Zeichen sehen.
Wiederholen wir den Versuch mit einem anderen Wort.
Halten Sie die Augen wieder entspannt und fassen Sie einfach das Wort in der nächsten Zeile in den Blick.

Eimalfi.
Erst fällt Ihr Blick auf ein sehr bedeutungsträchtiges Wort, dann auf ein anderes, das nichts oder fast nichts in Ihnen anklingen lässt. Wie empfinden Sie den Unterschied? Hat etwas in Ihnen versucht, die Bedeutung des zweiten Worts mittels einer kleinen bebilderten Geschichte zu klären? Ist es nicht interessant, wie das sofort einsetzt?
Wenn Sie diesen Satz hier zu Ende gelesen haben, heben Sie den Blick, um für einen Moment nur den Raum ringsum wahrzunehmen.
Manche Dinge reißen vielleicht Ihre Aufmerksamkeit an sich. Falls es so ist, bemerken Sie es einfach, um die Wahrnehmung dann gleich wieder auf das gesamte Gesichtsfeld auszuweiten. Nichts soll wichtiger sein als irgendetwas anderes.
Es gibt alte Traditionen, in denen schon immer mit offenen Augen meditiert wurde, während das heutige Klischee von Meditation uns fast immer Menschen mit geschlossenen Augen zeigt. Da wir hier auf mobile Achtsamkeit hinauswollen, halten wir die Augen lieber offen. Alles andere wäre nicht nur gefährlich, sondern würde auch bedeuten, dass wir uns eines Kanals der sinnlichen Erfahrung berauben.
Also: Lassen Sie Ihre Aufmerksamkeit mit offenen Augen und entspanntem Gesicht beim Gesamtbild verweilen. Alles genau so, wie es jetzt gerade ist.
Bleiben Sie beim gesamten Blickfeld. Alles soll gleich wichtig sein.
Das ist Sehen.

Der vierte und fünfte Kanal der Sinneswahrnehmung sind Schmecken und Riechen. Diese beiden Sinne werden überwiegend zu bestimmten Gelegenheiten aktiv, etwa bei den Mahlzeiten oder im Drogeriemarkt. In der übrigen Zeit fällt uns auf diesem Gebiet nicht viel auf, so als schliefen diese beiden Sinne. Aber natürlich sind Neutralität und Mangel an Eindrücken auch eine Erfahrung, nur eben keine besonders auffällige.
Sehen wir zu, was sich tut, wenn Sie auf den Riechkanal schalten und sich bewusst machen, was Sie gerade über die Nase wahrnehmen, auch wenn es nicht viel ist.
Das ist Riechen.
Jetzt das Gleiche für den Geschmackssinn, der eng mit dem Geruchssinn verwandt ist. Achten Sie auf alles, was Sie über diesen Sinneskanal gerade wahrnehmen können.
Das ist Schmecken.

Dies also sind die ersten fünf Kanäle der Erfahrung: das Berühren, Hören, Sehen, Riechen und Schmecken. Sie wissen schon aus dem Schulunterricht, dass wir sie als unsere fünf Sinne bezeichnen.
Probieren Sie mal aus, ob Sie mit Ihrer bewussten Wahrnehmung zwischen den Kanälen hin und her schalten können. Verweilen Sie jeweils für ein paar Sekunden.
Berühren.
Hören.
Sehen.
Riechen.

Schmecken.
Hören.
Berühren.
Sehen.
Berühren.
Hören.
Geht es? Nett, oder?
Kommen wir jetzt zum sechsten Sinn. Darunter verstehen wir nichts Esoterisches oder sonst irgendwie Besonderes. Es geht einfach darum, dass unsere Sinneswahrnehmungen immer von Gedanken und Gefühlsregungen begleitet sind. Und diese Gedanken und Gefühle sind genauso real wie die fünf Körpersinne.
Allerdings kann die Wahrnehmung der Inhalte unseres Bewusstseins ein wenig schwieriger sein als das Verfolgen unserer Sinneseindrücke. Wir müssen sie erst einmal aufbauen und unseren Geist so klar und beweglich machen, dass er mit der Schnelligkeit unserer Gedanken und Gefühle mithalten kann.
Bleiben wir also jetzt bei unserem Denken und Fühlen.
Sie achten darauf, dass Körper und Gesicht entspannt bleiben, und bemerken nur, was in Ihnen vorgeht.
Machen Sie sich klar, dass Sie wissen, wie das geht.
Behalten Sie im Auge, was sich einstellt.
Es können Gedanken sein, vielleicht auch eine Stimmung, ein Gefühl, ein Bewusstseinszustand. Oder ein Gefühl von Ruhe.
Nehmen Sie einfach wahr, was jetzt da ist. Sehen Sie es klar, ohne etwas daraus zu machen.
Das ist Denken.
So ist Ihr Geist eben jetzt.

Damit haben wir alles umrissen, was wir wahrnehmen können, Berühren, Hören, Sehen, Riechen, Schmecken und Denken.

Wir können diese »Sechs-Sinne-Wahrnehmung« nun auf zweierlei Weise üben. Erstens können wir das anwenden, was wir eben gelernt haben, nämlich zwischen den einzelnen Wahrnehmungskanälen hin und her zu schalten. Das können Sie jetzt gleich einmal ausprobieren und die Begriffe als Schaltsignale verwenden. Gehen Sie mit Ihrer Aufmerksamkeit von einem zum nächsten.

Berühren, hören, sehen, riechen, schmecken, denken.

Die zweite Übungsmethode ist einfacher. Sie nehmen sich vor, alles wahrzunehmen und jeweils zu vermerken, welcher Sinneskanal dabei involviert ist.

Auch wenn mehrere Sinne beteiligt sind: In den meisten Fällen ist einer dominant. Es geht darum, diesen dominanten Sinn zu bemerken und dann innerlich oder stimmlich zu benennen. Das kann man zum Zweck der Übung jede Sekunde oder alle zwei Sekunden machen.

Bei mir sieht es zum Beispiel so aus, während ich dies hier schreibe: Denken, berühren, berühren, sehen, denken, denken, hören, berühren, berühren.

Versuchen Sie es selbst einmal. Sprechen Sie alle zwei Sekunden das Wort aus, das Ihre augenblickliche Erfahrung am besten trifft. Und wenn Sie mal nicht erkennen, was das ist, sagen Sie »unklar«, um es gleich ein paar Sekunden danach, wenn sich etwas geändert hat, erneut zu versuchen.

Dieser Ansatz unterscheidet sich für viele ganz erheblich von dem, was sie bisher unter Meditation verstanden haben. Er beruht aber auf einer traditionellen Technik, und neu oder relativ neu ist nur das Aussprechen der Wörter. Man muss sich vielleicht erst einmal daran gewöhnen, doch dann zeigt sich ein klarer Vorteil: Diese Technik hält uns bei der Stange. Am Beginn unserer Achtsamkeitspraxis ist es oft so, dass wir meinen, wir folgten der Anweisung, während wir tatsächlich schon nicht mehr in der bewussten Wahrnehmung sind. Bemerken wir jedoch in einem regelmäßigen Rhythmus, was jeweils gerade der Fall ist, können wir ganz sicher sein, dass wir alles bewusst wahrnehmen, selbst wenn wir im Moment nichts weiter sehen, als dass wir nichts sehen. Da wir alle paar Sekunden ehrlich notieren, was wir gerade wahrnehmen, wird unser Bewusstsein scharf und klar, unsere geistige Flexibilität nimmt zu, denn wir springen ja von Erfahrung zu Erfahrung. Die Flexibilität erweist sich als besonders wertvoll, wenn wir die Achtsamkeit in alle Bereiche unseres Lebens hineinzutragen versuchen, einfach weil wir dann unter wechselnden Umständen präsent und bewusst bleiben können. Diese Technik ist auch dann wirksam, wenn Sie das Wort nur innerlich sprechen, aber das hörbare Aussprechen verstärkt die Wirkung. Das Aussprechen nimmt uns mehr in Anspruch, und dadurch schweifen wir weniger leicht ab. Unsere Meditation ist dann zwar nicht mehr unauffällig, aber der Nutzen kann so groß sein, dass der Verlust der Tarnung in Kauf zu nehmen ist.

*

Zehn Meditationen für mehr Präsenz in allen Lebenslagen

Urlaubsstimmung

Wenn ich zum ersten Mal in einer fremden Stadt oder einem fremden Land bin, ist meine Aufmerksamkeit hellwach, und alles ringsum interessiert mich. Die Gebäude sind sehenswert, die Eigenheiten der Menschen, die Atmosphäre der Geschäfte beeindrucken mich – es ist viel leichter, hier präsent zu sein, weil alles so anders und so lebendig wirkt. Leider können wir nicht ständig Urlaub machen, aber wir können unsere Phantasie einsetzen und alles in diesem Urlaubsbewusstsein betrachten. Da wird dann sogar unsere nicht weiter bemerkenswerte alltägliche Umgebung so interessant, ja spannend, dass es sich lohnt, präsent zu sein. Wir tun so, als wären wir da, wo wir uns bestens auskennen, Touristen. Sie müssen ja nicht unbedingt in Bermudas herumlaufen und eine Sonnenbrille tragen, aber nehmen Sie diese Urlaubsstimmung überallhin mit. Wenn Sie alles mit den Augen eines Touristen sehen, begegnen Sie den Dingen neu, und dann werden sie frisch und faszinierend. Zum Einstieg fassen Sie einfach etwas auf der Straße, an einem Gebäude oder im Bahnhof in den Blick, was Sie noch nie beachtet haben, und lassen Sie dieses Interesse wach werden, diese Freude am Neuen.

Stoppzeichen

Mobile Achtsamkeit kann, wie ich bereits erwähnt habe, nur unsere Wirklichkeit werden, wenn wir daran denken, zu üben. Da liegt das Problem, aber wir können uns in unserer vertrauten Umgebung Auslöser suchen, Zeichen, die uns daran erinnern, präsent zu sein. Zum Glück stellt uns die Welt bereits Zeichen aller Art bereit, wir brauchen sie nur für unseren Zweck, die Achtsamkeit, umzuwidmen. Wenn Sie viel unterwegs sind, zu Fuß oder in Autos und öffentlichen Verkehrsmitteln, werden Sie immer wieder aufgefordert anzuhalten, etwa durch Stoppschilder oder Ampeln. Auch jedes Haltestellenschild kann uns in diesem Sinne dienen. Sobald wir eins sehen, wenden wir uns nach innen, schalten auf bewusste Wahrnehmung um und vergewissern uns, was unsere Sinne wahrnehmen und wie unsere Stimmung ist. In der Stadt gibt es sicher mehr Ampeln und Haltestellen als auf dem Land, aber es schreibt uns ja niemand vor, welche Auslöser wir wählen. Auf der Autobahn können wir Ausfahrtschilder, in Gebäuden Ausgangsschilder als Aufforderung zum Beenden negativer Gedanken nehmen. Straßennamen können uns signalisieren, mit der Aufmerksamkeit in die Füße zu gehen. Finden Sie spielerisch heraus, welche alltäglichen Dinge Sie zu Ihren Auslösern machen können, und genießen Sie dieses Gefühl, ganz unspektakuläre Zeichen mit einer von Ihnen gewählten Achtsamkeitsaufgabe zu betrauen. Machen Sie Ihr gesamtes Lebensumfeld zum Spielplatz für Ihre bewusste Selbstwahrnehmung.

Wettergesicht

Unser Gesicht ist eine sehr feinfühlige Körperzone, wird aber als Meditationsobjekt kaum genutzt. Bei dieser Übung gehen wir nach draußen und verfolgen nur die Empfindungen im Gesicht, Luftbewegungen beispielsweise oder feine Temperaturschwankungen. Die Leute geben

Zigtausende für Cabriolets aus, um ihr Haar im Wind wehen zu lassen, dabei können wir dieses Gefühl kostenlos haben, wenn wir unsere bewusste Wahrnehmung auf Gesicht und Kopf ausrichten. An einem stressreichen Tag erfrischen uns schon ein paar Sekunden, in denen wir einfach das Wetter im Gesicht spüren. Es ist wie ein Kurzurlaub von allem, was uns gerade beschäftigt. Wir beschreiben ja auch unsere Stimmungen gern in Worten, die wir für das Wetter verwenden, und mit dieser Technik wird alles ein bisschen friedlicher und milder, weil wir nicht ständig gegen den Ansturm der Dinge gewappnet sein müssen. Darüber hinaus macht sie uns offener und empfänglicher. Im Unterschied beispielsweise zur Sammlung auf den Atem, wo wir unser Meditationsobjekt immer im Fokus behalten, können wir uns hier gleichsam zurücklehnen und alles einfach auf uns zukommen lassen. Unser Gesicht empfängt nur, was sich jeweils an Empfindungen bietet. Hier wird deutlich, dass wir alles ganz wach und klar wahrnehmen, dabei aber entspannt und offen bleiben können.

Einmal richtig frühstücken

Achtsamkeit und Essen – eigentlich sollten das gute Freunde sein, denn die Mahlzeiten sind sicherlich für viele von uns besonders sinnliche Zeiten des Tages. Leider ist es oft so, dass wir das Essen nur hineinschlingen und dabei etwas ganz anderes im Sinn haben. Dadurch entgeht uns die schöne Seite des Essens, und das ist schade, denn es gibt sonst nicht viele Gelegenheiten zu solchen schlichten Freuden. Wir fangen am besten mit dem Frühstück an, dann gelingt es vielleicht, uns für die weiteren Mahlzeiten und den ganzen Tag etwas Ähnliches vorzunehmen. Vielleicht frühstücken Sie gern unterwegs oder sehen sich dabei die Nachrichten an oder lassen es ganz weg, aber ab und zu sollten Sie sich das Erlebnis eines Frühstücks gönnen, bei dem Sie gemütlich sitzen und sonst nichts tun. Machen Sie kein Ritual daraus, aber sehen Sie zu, ob Sie ganz bei diesem Frühstück bleiben können – Geschmack, Gerüche, Konsistenz der Speisen, auch die Bewegungen des Mundes und des ganzen Gesichts. Vielleicht gelingt es Ihnen sogar, die subtilen inneren Regungen wie Wünsche und Vorgeschmack zu verfolgen. Bei den ersten Versuchen wird der Impuls, möglichst schnell zum Tagesgeschäft überzugehen, wahrscheinlich noch stark sein. Achten Sie auf diese Gewohnheit des Hetzens, vielleicht müssen Sie ihr dann nicht unbedingt nachgeben. Wenn Sie ein-, zweimal die Woche so frühstücken, wird das seine Wirkung habe, und da ich selbst gern koche, weiß ich, wie schön es für einen anderen ist, wenn Sie das von ihm oder ihr zubereitete Frühstück genüsslich auskosten.

Menschen sehen

Bei dieser Übung geht es einfach darum, die Leute zu sehen, wie sie sind. Das klingt furchtbar einfach, aber lassen Sie sich nicht täuschen. Wenn wir andere Leute betrachten, sei es in der U-Bahn oder auf der Straße, hängen wir ihnen oft ganz schnell Geschichten an. Wir beurteilen sie. Wir sehen sie als attraktiv oder unattraktiv. Von ganz oberflächlichen Eindrücken leiten wir blitzschnell etwas ab.

Bei dieser Übung wollen wir einmal anders vorgehen und die Leute einfach nur sehen, an den Filtern unserer Ansichten und Meinungen vorbei. Das gelingt, wenn wir die Menschen mit unvoreingenommener Aufmerksamkeit betrachten und uns vornehmen, sie wirklich wahrzunehmen, ohne Urteil. Sobald wir merken, dass sich in uns eine Geschichte zu der jeweiligen Person anbahnt, nehmen wir diesen Ansatz als ein Signal, zu dem zurückzukehren, was tatsächlich zu sehen ist. Da werden wir vielleicht Freude zu sehen bekommen, ein andermal Anspannung oder auch gar nichts Besonderes. Beobachten Sie diesen Hang, Geschichten zu spinnen, um Ihre Achtsamkeit dann gleich wieder auf das zu richten, was tatsächlich vorhanden ist. Natürlich sollten Sie andere Menschen nicht anstarren, das wirkt schnell verunsichernd.

Surf-Gefühle

Katzenbilder, doppelte Regenbogen, Nachrichten und Reportagen zu den Gemeinheiten des Tages, die es ringsum immer und reichlich gibt – das Internet ist voll von Dingen, die uns in Wallung bringen, das gesamte emotionale Spektrum wird bedient. Diese Übung der Surf-Gefühle soll bewirken, dass wir uns nicht mehr so sehr in das verwickeln, was der Bildschirm uns zeigt. Wir lernen, unsere Reaktionen auf die betrachteten Inhalte wahrzunehmen. Es gibt kaum eine bessere Gelegenheit, Aufschluss über unsere typischen Reaktionen zu bekommen.

Achten Sie einmal darauf, wie Sie äußerlich und innerlich reagieren, wenn Sie eine Ihrer Lieblingsseiten öffnen. Machen Sie sich bewusst, dass Sie auf manche Storys und Bilder anspringen, auf andere nicht. Übersehen Sie auch nicht, wie beim Lesen eines Artikels Langeweile aufkommt und Sie zu etwas anderem klicken. Spüren Sie nach, wie Ihnen bei einer aufbauenden Reportage das Herz aufgeht. Und wie, schließlich, reagieren Sie auf bedrückende Meldungen aus Konfliktzonen der Erde? Surfen Sie nicht einfach. Beobachten Sie Ihr Surfen, und beobachten Sie genau. Da gibt es viel zu lernen.

Posteingangssucht

Sucht ist vielleicht ein etwas zu starker Ausdruck, aber es gab Zeiten, in denen ich mich fast schon wie ein Junkie verhalten habe, wenn es um E-Mails und diverse News-Feeds aus den sozialen Netzwerken ging. Gleich am Morgen, noch halb schlafend, musste ich die Eingänge checken. Das wiederholte sich Dutzende Male jeden Tag, sogar beim Essen mit meiner Frau. Ich war so gut wie willenlos. Das änderte sich, als ich eine Meditation daraus machte.

Die besteht im ersten Teil einfach darin, dass man mitbekommt, was da läuft. Manchmal merkt man es erst, wenn man schon zum Handy gegriffen hat und wischt und scrollt. Manchmal ertappt man sich schon etwas früher, und wenn die Aufmerksamkeit stärker geworden ist, wacht man vielleicht schon beim Zucken der Hand auf. Sobald wir dort eine einigermaßen durchgängige Aufmerksamkeit erreicht haben, geht es im zweiten Teil darum, zu bemerken, was für Gefühle vor dem Einsetzen der Bewegung vorhanden sind. Bei mir stellte sich heraus, dass ich besonders zum Checken neigte, wenn mir langweilig war oder ich mich einsam fühlte. Wenn es gelingt, diese kleinen Regungen zu bemerken und einfach so sein zu lassen, kann schon dieses bisschen Bewusstsein das gewohnheitsmäßige Checken unterbrechen. Auf einmal müssen Sie nichts mehr gegen Langeweile und Einsamkeit unternehmen und können abwarten, bis sie von selbst vergehen.

Netzbalken

Kommunikation mit dem Handy oder über das Internet funktioniert umso besser, je stärker die drahtlose Verbindung ist. Wir stark unser Netz gerade ist, erkennen wir an der Anzahl der Balken oder Bogen im Display. Schwache Netzanbindung erkennen wir an nur einem Balken, und wenn es fünf sind, haben wir die bestmögliche Verbindung. Irgendwo tief unter der Erde oder hoch in den Bergen haben wir manchmal überhaupt kein Netz: Signalstärke null.

Bei dieser Übung nehmen wir die Netzbalken als Metapher für die Stärke unserer Verbindung zu anderen Menschen. Vergewissern Sie sich also beim nächsten Gespräch, wie gut die Verbindung zu Ihrem Gegenüber ist. Denken Sie an die fünf Netzbalken und stufen Sie sich danach ein. Nehmen Sie aber einfach nur die Stärke der Verbindung zur Kenntnis; wenn es weniger Balken sind, als Sie erhofft hatten, dann kreiden Sie sich das nicht auch noch an. Im Übrigen kann es ja vorkommen, dass wir einfach auf nichts und niemanden eingehen mögen, etwa auf einem Bahnsteig voller aufgedrehter Fußballfans. Auch das sollten wir uns zugestehen und einfach eine Weile ganz abschalten. Wichtig ist, dass Sie es ebenfalls bemerken. Und dass nicht jede Situation zum Abschalten geeignet ist, ein Abend mit Freunden beispielsweise, wissen Sie vermutlich bereits.

Ausgeglichenheit

Manchmal ist uns einfach nicht nach formeller Meditation zumute. Keine Sorge, das passiert jedem. Immer wieder. Plausible Ausreden sind nicht schwer zu finden. Regelmäßigkeit und Dranbleiben sind natürlich sehr wichtig, wenn die Achtsamkeitspraxis wirklich anschlagen soll, und wenn Sie sich drücken, dann auf eigenes Risiko. Aber machen Sie sich auf keinen Fall auch noch fertig, wenn es so ist, denn dadurch wird alles nur noch schlimmer. Selbstkritik haben wir wahrlich schon genug. Alternativ können wir uns natürlich trotzdem hinsetzen und meditieren. Das ist vielfach die beste Strategie, denn erstens sehen wir dann, dass unsere Ausflüchte so gegenstandslos sind wie irgendein anderer Gedanke, und zweitens ist es sehr unwahrscheinlich, dass Sie es bereuen, meditiert zu haben.

Innere Ausgeglichenheit fängt damit an, dass wir eine entspannte aufrechte Sitzhaltung einnehmen. Die Augen sind offen oder geschlossen, und es geht um nichts weiter, als zu beobachten, was geschieht. Wir werden auf Geräusche aufmerksam, auf Gedanken, Körperempfindungen und so weiter. Sehen Sie möglichst nur zu, wie die Dinge kommen und gehen. Sie nehmen alles ganz bewusst wahr, unterscheiden und gewichten aber nicht. Manchmal wird es nicht möglich sein, diese neutrale, ausgeglichene Haltung beizubehalten. Irgendetwas schlägt Sie in seinen Bann, Sie fangen an, Geschichten zu spinnen und sich Urteile zu bilden. Da hilft es, wenn Sie einfach Notiz davon nehmen und vielleicht ein Muster erkennen können. Welche Muster unterstützen die Ausgeglichenheit und welche nicht? Diese Übung wirkt am besten, wenn Sie ihr mindestens zwanzig Minuten widmen. Sollte Ihnen das zu lang erscheinen, wie wäre es dann, Ihre Ungeduld und Unlust einfach als Übungsmaterial einzubeziehen?

Zeitreise

Einen meiner besten Tricks zur Verlängerung meiner formellen Meditation habe ich »Bei drei ist Schluss« getauft. Das ist besonders nützlich, wenn man keinen Kurzzeitwecker benutzt. Wenn sich bei der formellen Meditation erstmals der Gedanke regt, dass es jetzt genug ist, zählt das als »eins«, und die Spielregel lautet, dass Sie erst aufhören, wenn es dreimal passiert ist. Rechnen Sie mit Überraschungen, es kann nämlich sein, dass ziemlich viel Zeit bis »zwei« und dann wieder bis »drei« vergeht. Das zeigt wohl, dass unsere Gedanken nicht immer gar so gewichtig sind.

Ich bezeichne die folgende Übung als Zeitreise; es handelt sich um eine Form des Bemerkens, das wir in diesem Kapitel thematisiert haben. Anfangs wendet man die Technik am besten bei der formellen Meditation an, aber sobald Sie den Bogen heraushaben, können Sie sie in die Tasche stecken und für die mobile Praxis bei sich haben.

Sie setzen sich bequem hin und nehmen sich vor, Ihre Gedanken zu beobachten. Richten Sie Ihre Aufmerksamkeit auf etwas aus, was Sie als förderlich empfinden, um Ihre Gedanken verfolgen zu können. Wenn jetzt Gedanken kommen, achten Sie darauf, ob sie von Vergangenheit, Gegenwart oder Zukunft handeln, und sprechen das Zutreffende innerlich oder stimmlich aus, zum Beispiel: »Zukunft.« Manchmal werden sich für eine Weile gar keine Gedanken melden; dann sind nur noch Ihre Intention und das damit verbundene klare Bewusstsein vorhanden. In dem Fall können Sie »Gegenwart« vermerken, da Sie gerade wirklich präsent sind. Üben Sie etwa zehn Minuten lang und resümieren Sie am Ende, in welche Zeitzone Ihr Bewusstsein am häufigsten abwandert.

5

Problembewältigung

Halten Sie sich fest, jetzt kommen wir zum Geheimnis der Achtsamkeit.

Kirsten Schultz ist ein Spoonie. Sie leidet an chronischen Schmerzen und hat dazu zwei Diagnosen bekommen: systemische juvenile rheumatoide Arthritis und Fibromyalgie. Deshalb hat sie ständig irgendwelche Gelenkschmerzen, und zusätzlich kommt es in regelmäßigen Abständen zu Entzündungsschüben mit noch heftigeren Schmerzen. Die Schmerzen setzten im Alter von fünf Jahren ein; Kirsten ist jetzt über zwanzig. Ich stieß auf sie, als ich bei Twitter nach Erwähnungen einer unserer Apps forschte. Es gab mehrere Posts von ihr, aus denen hervorging, dass sie die App als hilfreich empfand. Mit Google habe ich ihr schnell noch ein wenig nachspioniert und festgestellt, dass sie eine sehr aktive Bloggerin in der Spoonie-Community ist. Als Spoonies bezeichnen sich Leute, die an chronischen Schmerzen oder auch chronischer Müdigkeit leiden. (Dahinter steckt die von einer Betroffenen, Christine Miserandino, entwickelte Spoon theory oder »Löffeltheorie«, die beschreibt, wie sorgfältig die Betroffenen mit ihren Ressourcen – den »Löffeln« – haushalten müssen. Alles Wissenswerte zum Stichwort »Löffeltheorie« ist auf Google zu finden.)
Wenn man Apps entwickelt, kommt man nicht unbe-

dingt viel mit Leuten zusammen, die davon profitieren. Die Chance bot sich mir aber durch die Arbeit an diesem Buch: Dafür musste ich einfach mit Menschen sprechen, deren Geschichten ich einbeziehen wollte. Diese Kontakte waren ein reines Vergnügen, und das gilt insbesondere für Kirsten. Sie ist eine wirklich beeindruckende Frau, und ihre Geschichte fand ich ebenso aufschlussreich wie inspirierend.

Kirsten hatte, als sie noch zur Schule ging, in einer Zeitschrift über die positiven Wirkungen von Yoga und Meditation gelesen und beides ausprobiert, doch durch die Wendungen, die ihr Leben dann nahm, war sie wieder davon abgekommen. Vor einigen Jahren starb jedoch eine gute Freundin in der Spoonie-Community, und das erwies sich als ein schwerer Schlag für Kirsten. Sie hatte Schmerzen, und das machte sie wütend, und dazu kamen jetzt auch noch Trauer und Angst. Deshalb beschloss sie, ihre Beschäftigung mit Yoga und Meditation wieder aufzunehmen, und bediente sich zur Unterstützung einer App.

In ihren eigenen Worten: »Wenn man mit chronischen Schmerzen zurechtkommen will, muss man sich klarmachen, dass da zunächst der Schmerz selbst ist und dann meine Reaktion auf ihn. Vor der Achtsamkeit habe ich fast immer mit Verärgerung reagiert. Ich war böse auf den Schmerz und auch auf mich selbst. Dazu kamen Angst und Selbstkritik als Ergebnis meiner Versuche, diese Dinge zu verarbeiten. Schmerz tut weh, aber was dich wirklich runterzieht, das sind die Angst, der Ärger, die Verunsicherung und die bangen Erwartungen. In der Meditation finde ich meine Mitte wieder. Sie mildert meine negativen Reaktionen auf den Schmerz, und das ist wirklich der schwierigste Teil.

Ich nehme meine Medikamente, und die mildern den Schmerz ein wenig. Aber was den Ärger und die Reaktionen angeht, da sind die Meditation und meine Therapie die größten Hilfen. Ich kann mich jetzt auf die Empfindungen statt auf die Emotionen ausrichten. Wenn man die Befürchtungen und die Schmerzen auseinanderhalten kann, ändert das eine Menge. Manchmal weiß man, welche Seite gerade der Auslöser für die andere ist, aber mitunter ist das nicht so klar. Dann ist Achtsamkeit nicht unbedingt eine große Hilfe, aber die Therapie kann viel Unterstützung geben. Achtsamkeit hat mir gezeigt, dass selbst heftige Schmerzen und bedrückende Gefühle vorübergehen. Das ist eine sehr grundlegende Veränderung. Der Schmerz ist noch da, aber jetzt kann ich sogar dankbar dafür sein. Meine Selbstwahrnehmung erlaubt mir heute, das Unbehagen und den Juckreiz zu bemerken, bevor richtiger Schmerz daraus wird. Früher hatte ich keine anderen Möglichkeiten, als einfach wütend und verbittert zu sein.«

Auf meine Frage, ob sich die Achtsamkeitspraxis auch auf andere Bereiche ihres Lebens auswirke, berichtete sie strahlend: »Ich finde allgemein mehr Frieden, aber die wichtigste Auswirkung beobachte ich in meinen Beziehungen. Achtsamkeit ist mir eine echte Hilfe bei der Verbesserung von Beziehungen, die bis dahin eher schwierig waren. Mir scheint, wenn ich mir selbst mitfühlender begegne, kann ich auch für andere mehr Mitgefühl aufbringen. So sehe ich auch meine Blogging-Aktivitäten. Wenn ich andere auf diesem Weg und in den sozialen Medien an meiner Geschichte und meinen Kämpfen teilhaben lasse, ist auch das ein Ausdruck meines Mitgefühls. Es gehört zu meiner Praxis.«

Ich bin im Laufe der Zeit vielen Achtsamkeitsexperten

begegnet. Aber zu Kirsten, die ja viele Jahre mit Schmerzen gelebt hat, muss ich sagen, dass ich die transformierende Kraft der Achtsamkeit, auch unter erschwerten Bedingungen, noch nie so klar und echt ausgesprochen gefunden habe wie von ihr.

Manche von Ihnen werden Kirstens Geschichte zumindest in Teilen nachvollziehen können. So viele Menschen leiden an körperlichen Beschwerden oder auch an seelischen Störungen wie Ängsten und Depressionen. Wer das kennt, der weiß auch, dass der Umgang mit negativen Gedanken besonders schwierig sein kann. Körperliche Schmerzen belasten uns sehr, aber oft sind die daraus folgenden seelischen Schmerzen besonders schwer zu ertragen.

Es kann natürlich sein, dass Kirstens Geschichte eine ganz andere ist als Ihre und das Leben Ihnen nicht die tägliche Auseinandersetzung mit starken Schmerzen abverlangt. Vielleicht denken Sie auch, dass Sie im Vergleich eigentlich nicht zu klagen haben. Aber machen wir uns klar, dass Schmerzen – körperliche und seelische – uns allen nicht unbekannt sind. Während der Arbeit an diesem Kapitel habe ich schmerzhafte Spannungen im Nacken und oberen Rücken gespürt, wie ich sie in dieser Heftigkeit noch nicht kannte. Nach dem Gespräch mit Kirsten musste ich mir sagen, meine kleinen Wehwehchen seien eigentlich nichts gegen ihre Leiden. Nur besserte das meine Beschwerden nicht, sie blieben etwas, womit ich mich auseinanderzusetzen hatte.

Kurz, Schmerz kennen wir alle, und wir wissen auch alle, was Schwierigkeiten sind. Für manche mag es um körperliche Schmerzen oder Ängste und Depressionen gehen, bei anderen handelt es sich vielleicht um Trauer,

Krankheit, enttäuschte Liebe oder Einsamkeit. Körperlicher oder seelischer Schmerz, einsamer oder gemeinsamer Schmerz, alles kommt vor.

Dieses Kapitel ist für Sie, denn auch Sie durchleben Zeiten des Schmerzes. Vielleicht sogar jetzt, vielleicht erst in der Zukunft, wenn das Leben eine schlimme Wendung nimmt. Wir befassen uns nicht gern mit dieser Aussicht, aber ganz in der Tiefe wissen wir, dass es so kommen wird.

Rücken Sie noch ein bisschen näher und hören Sie gut zu. Ich verrate Ihnen jetzt das Geheimnis der Achtsamkeit. Kirsten kennt es schon, und Sie sollten es auch kennen. Sind Sie bereit?

Je persönlicher wir das Leben nehmen, desto schwerer haben wir es. Wenn wir lernen können, das Leben ein wenig leichter zu nehmen, werden wir glücklicher sein. Achtsamkeit befähigt uns dazu.

Das ist schon alles.

Fertig.

Nichts zu danken.

Na gut, vielleicht können wir doch noch ein paar erklärende Worte anfügen. Da Sie gerade dieses Buch in den Händen halten, lassen Sie jetzt Ihren Griff immer fester werden (aber nicht bis zur Schmerzgrenze), während Sie weiterlesen. Jetzt haben wir zweierlei: das Lesen und den sehr festen Griff. Die Anspannung dieses Griffs fängt nach kurzer Zeit an, unsere Lektüre zu stören. Wie fühlt sich das an? Sehen Sie genau hin.

Jetzt lassen Sie wieder los. Spüren Sie den Unterschied, die Erleichterung.

Sie lesen weiterhin, und jetzt halten Sie das Buch ganz locker. Das Buch ist noch da, das Leben ist noch da, aber jetzt ist die Beziehung von Freiheit und Leichtigkeit geprägt. Achten Sie darauf, wie sich das anfühlt.

Erinnern Sie sich an Kirstens Worte über den Nutzen, den die Achtsamkeit für sie hat? Sie sagte, zunächst sei der Schmerz als körperliche Empfindung da, aber dann komme es zu Reaktionen wie Ärger oder Bitterkeit, die den Schmerz überlagern. Wir können demnach zwei Schichten unterscheiden: die Grundschicht der bloßen Erfahrung und darüber die Schicht unserer Reaktionen. Kirstens Achtsamkeitstraining ermöglichte ihr, das zu sehen, und in diesem Sehen gelang es ihr, die Reaktion abzuwandeln. Wo sie früher wütend und frustriert gewesen war, konnte sie jetzt zulassen. Das ist eine drastische Veränderung. Ihr Schmerz verging dadurch nicht unbedingt, aber sie bekam eine andere Beziehung zu ihm, so anders, dass sie heute sogar von Dankbarkeit sprechen kann.

Andersherum können wir vielleicht sagen: Unsere Leiden in schweren Zeiten haben viel damit zu tun, dass wir gegen die Umstände ankämpfen. Wenn wir hier ein wenig nachgeben können, ändert sich alles. Das ist das Geheimnis. Das mag als Gedanke ganz nett klingen, aber wenn es Realität werden soll, müssen wir es selbst erlebt haben. Und da kommt unsere Praxis ins Spiel.

Was hat das nun mit der eben getroffenen Feststellung zu tun, dass es uns besser geht, wenn wir die Dinge weniger persönlich nehmen, wenn wir weniger mit ihnen identifiziert sind? Achtsamkeit besteht grundsätzlich darin, dass wir etwas, womit wir so identifiziert waren, dass wir es als Teil unserer selbst wahrnahmen, jetzt als Objekt betrachten. Als Objekt wahrgenommen, kann es nicht mehr das sein, was ich *bin*.

Das ist jetzt vielleicht ein bisschen abstrakt, also betrachten wir es an einem Beispiel.

Ich bin ärgerlich. Wenn ich das Geschehen achtsam verfolge, wird mir klar, dass mein Ärger eine Erfahrung ist, die sich vielleicht als Hitze und Anspannung zusammen mit einem Knäuel wütender Gedanken manifestiert. Es fühlt sich dann nicht mehr wie »Ich bin ärgerlich« an, sondern wie »Da ist Ärger«. Was wir eben noch ganz persönlich genommen haben, ist ein Objekt, das betrachtet und erkannt werden kann. Diese Verwandlung lässt einen kleinen, aber kostbaren Freiraum entstehen, in dem wir nicht mehr blind agieren, sondern uns fassen können, um die Dinge ein wenig klarer zu sehen.

Mit dem Ausdruck »das Leben weniger persönlich nehmen« meine ich dieses Umschwenken: Was eben noch ein Teil unserer selbst zu sein schien, ist jetzt ein Gegenstand der Betrachtung. Grundsätzlich ist es der gleiche Ablauf wie bei einer Therapie oder beim gemeinsamen Tee mit einem Freund oder beim Schreiben unseres Tagebuchs. Wir sprechen etwas durch oder schreiben es nieder, und dadurch stellen wir etwas aus uns heraus, was sich eben noch wie zu uns gehörig anfühlte. Auf diese Weise kann eine andere Beziehung dazu entstehen. So funktioniert Achtsamkeit ebenfalls: Unsere bewusste Wahrnehmung macht etwas Inneres zu etwas Äußerem, und wir spüren das als Erleichterung.

An den »Zumutungen« des Lebens ist nicht immer etwas zu ändern, aber wir haben Einfluss auf unsere Reaktionen. Jemand in der Familie stirbt, eine Freundin erkrankt ernsthaft, eine Beziehung geht zu Ende, der Arbeitsdruck ist so unerträglich, dass uns schon beim Eingang der E-Mail eines bestimmten Kollegen speiübel wird. Dergleichen geschieht. Ich kenne das, Sie kennen es. Achtsamkeit soll uns nicht zu einem Grinsen oder zu stoischer Ruhe überreden. Das wäre nur noch mehr Irrsinn. Vielmehr sind wir aufgefordert, dem Leben zu begegnen, wie es ist. Unsere Beziehung zum Leben soll von Leichtigkeit und Gelassenheit geprägt sein, nicht von Kampf und Krampf. Und da haben wir tatsächlich ein Wörtchen mitzureden.

Das muss auch für die Beziehung zu uns selbst gelten. In diesem Kapitel geht es um die Bewältigung schwieriger Erfahrungen, und wir müssen uns jetzt mit einer Schwierigkeit befassen, von der nicht allzu häufig die Rede ist. Ich spreche von den Stimmen in unserem Kopf.

»Das kriege ich nie im Leben fertig.«

»Kein Mensch wird dieses Buch kaufen, lesen schon gar nicht.«

»Es ist ja nicht einmal gut. Wie konntest du dir einbilden, dass du so etwas schreiben kannst?«

»Ich werde nicht die Zeit haben, es so auszuarbeiten, wie es mir vorschwebt.«

»Die anderen Achtsamkeitsbücher, die gleichzeitig mit diesem erscheinen, werden viel besser sein.«

»Versuchst du etwa, witzig zu sein?«

»Was reitet mich, dass ich so etwas mache?

»Und wieso noch einmal?«

»Es ist hoffnungslos. Ich bin hoffnungslos. Alles ist hoffnungslos.«

»Ich sollte mir einen richtigen Job suchen.«

Ich habe nur ein paar der Stimmen herausgepickt, die bei der Arbeit an diesem Kapitel auf mich einredeten. Ich könnte weitere Beispiele bringen, aber Sie wissen sicher bereits, was ich meine, auch wenn es unter vielen Namen bekannt ist: innerer Kommentar, innerer Kritiker, negatives Selbstgespräch. Gemeint sind die Stimmen in unserem Kopf, mit denen wir uns selbst mobben. Für viele von uns ist das Alltag, und das soll sich jetzt endlich ändern.

Es ist bekannt, dass unser Gehirn zum Negativen tendiert. Wenn eine Geschichte eine gute und eine schlechte Seite hat, beschäftigt uns die schlechte mehr, und das erklärt vielleicht, weshalb sich im Laufe der Jahre so viel schlechtes Gewissen, Reue, Selbstverurteilung, Zweifel und Ähnliches in uns ansammeln. Vielleicht hat der innere Kommentar ursprünglich auf unserer Seite gestanden, aber mit der Zeit ist dieser Teil unserer selbst offenbar immer mehr in die Irre gegangen und schadet jetzt eher, als dass er nützt.

Wenn Sie bei Amazon nach Büchern suchen, die das Wort »Glück« im Titel haben, bekommen Sie rund 31 500 Ergebnisse. Scheint ein wichtiges Thema zu sein. Sicherlich sind viele der Autoren dieser Bücher besser qualifiziert als ich, aber wenn man *mich* nach dem Geheimnis des Glücks fragte, würde ich sagen: Freunden Sie sich mit Ihrem inneren Kommentator an, und lassen Sie sich von ihm nicht diktieren, wie Sie zu leben haben.

Das gilt ebenso für alle negativen Kommentare im Umgang mit Schmerzen. Sie müssen gesehen und zur Kenntnis genommen werden, damit wir sie vorsichtig lockern und schließlich loslassen können. Bei dieser Praxis müssen wir ein Leben lang bleiben, aber gute Ergebnisse können schon sehr bald zu bemerken sein. Ich kenne viele Menschen, die in einem klinischen Umfeld Achtsamkeit gelernt haben, und sie hilft ihnen bei sehr unangenehmen Zuständen wie Angststörungen und chronischer Müdigkeit. Wenn ich sie auffordere, den Kern des Gelernten zu benennen, wird meist keine bestimmte Technik oder Übung genannt, sondern eine Erkenntnis, und die lautet: »Gedanken sind keine Fakten.« Viele von uns sind restlos davon überzeugt, dass unsere negativen Gedanken die Wirklichkeit abbilden – und sie merken es nicht einmal.

Achtsamkeit beleuchtet das, und dann erst geht uns auf, dass unsere Zweifel und unsere Selbstkritik keineswegs so selbstverständlich zutreffen, wie wir dachten.

Ich selbst finde es besonders hilfreich, mir die Auseinandersetzung mit Problemen anhand eines Schichtenmodells zu vergegenwärtigen. Die Grundschicht ist der körperliche oder seelische Schmerz selbst. Darüber lagern sich als zweite Schicht unsere Reaktionen auf den Inhalt der ersten. Dann jedoch reagieren wir auch auf diese zweite Schicht, und das kann so weitergehen, bis wir einen ganzen Turm von lauter Übeln gebaut haben.

Hier ein Beispiel: Ich stelle fest, dass ich Nacken- und Schulterschmerzen habe. Das ist die erste Schicht. Die zweite Schicht oder Etage, meine Reaktion darauf, lautet: »Ich will diesen Schmerz nicht haben.« Bei genauer Betrachtung erhöht das die Spannungen im schmerzhaften Bereich eher noch. Jetzt folgt als nächste Schicht: »Wie kann ich mich über solche Lappalien beklagen, wo sich so viele Menschen in der Welt mit echten Schmerzen herumquälen?« Hier wird es jetzt richtig emotional, da ich Gewissensbisse bekomme und anfange, mich selbst zu verurteilen: »Wie selbstbezogen ich doch bin! Das muss ich mir jetzt einmal ordentlich unter die Nase reiben. Ich schreibe alle früheren Anlässe auf, bei denen ich so selbstsüchtig war, und gehe sie dann innerlich immer wieder durch.« Inzwischen haben wir die vierte Etage erreicht, wo der innere Kommentator nicht mehr zu halten ist. Es geht jetzt ganz überwiegend um dieses Muster der Selbstverurteilung und der Seelenschmerzen, und der ursprüngliche Schmerz wird von diesen in sich selbst kreisenden Geschichten in den Hintergrund gedrückt.

Mit Emotionen kann das ganz ähnlich laufen. Zum

Beispiel: »Ich bin ein bisschen traurig und weiß nicht, warum.« Das muss gar keinen bestimmten Anlass haben, und trotzdem kann ich gleich darauf aufbauen: »Was bin ich doch für ein Trauerkloß!« Hier in der zweiten Schicht stelle ich eine Beziehung zu diesem Anflug von Traurigkeit her, und die besteht darin, dass ich mich voll mit ihm identifiziere. In der dritten Schicht kann es dann heißen: »Das wird immer so sein, ich werde immer traurig sein.« Hier habe ich einen Augenblick der Traurigkeit in ein unverrückbar feststehendes Schicksal umgedeutet, und deshalb folgt die vierte Schicht mit einer Selbstverurteilung: »Mit mir ist einfach nichts anzufangen.« Das kann alles in Sekundenschnelle ablaufen, aber die Achtsamkeit verschafft uns hier eine gewisse Verzögerung, in der wir einen Schritt zurücktreten und das Ganze in seinem Ablauf verfolgen können. Diese Verzögerung nimmt der Sache nicht nur ihre Überzeugungskraft, sondern da wir die ursprünglichen Empfindungen jetzt sehen, wie sie tatsächlich sind, können wir dem, was schwierig ist, von einem sicheren Stand aus mit Augenmaß begegnen, statt hilflos fuchtelnd zu leiden. Kurz, wir können die Dynamik unterbrechen, bevor sie sich verselbständigt.

Das ist auf lange Sicht eine dauerhaft wirksame Strategie des Umgangs mit Erfahrungen der unangenehmen Art, vor allem in ihrem Anfangsstadium. Oft wird als Achtsamkeitsübung in schweren Zeiten empfohlen, sich zu sagen: »Auch das geht vorüber.« Solche Affirmationen können durchaus nützlich sein, aber es genügt nicht, uns zu sagen, dass sich die Dinge ändern; wenn wir die Veränderungen tatsächlich sehen, ist das viel überzeugender. Wenn uns auffällt – und sei es auch nur für einen Moment –, dass etwas Unangenehmes zu Ende ist, erst dann wird die Tatsache für uns wirklich greifbar, dass auch die größten Unannehmlichkeiten irgendwann vorbei sind. Wir wissen dann wirklich, dass nichts bleibt, wie es ist, und unser »Es wird immer so sein« verliert an Überzeugungskraft.

Das ist jetzt vielleicht die richtige Stelle, um zwei Warnungen oder Einschränkungen auszusprechen. Die erste versteht sich eigentlich von selbst. Falls Sie an einer diagnostizierten Krankheit leiden oder der Verdacht einer Krankheit besteht, müssen Sie sich immer zuerst an Ihren Arzt wenden. Bei psychischen Erkrankungen, die über gewöhnliche Seelenkrisen hinausgehen, sollte man unbedingt Fachleute konsultieren. Mit Achtsamkeit lässt sich auf diesem Gebiet viel erreichen, aber sie ist kein Allheilmittel.

Die zweite Einschränkung ist nicht ganz so offensichtlich. Dieses Kapitel leitet uns an, schwierige Erfahrung direkt in den Blick zu fassen, denn das entkrampft unsere Beziehung zu ihnen und verschafft uns Erleichterung. Das ist aber nicht immer möglich, weil uns das Problem einfach überfordert und wir noch nicht über genügend Sicherheit und Stabilität verfügen, um so direkt vorzugehen. Zudem lässt unsere Aufmerksamkeit die Dinge natürlich deutlicher hervortreten, und dann stellt sich manchmal heraus, dass uns hier mehr Bedrückendes und mehr Schmerz erwarten, als wir dachten. Grundsätzlich ist die bewusste Wahrnehmung auch hier eine gute Sache, aber sie hilft uns nicht unbedingt, wenn die Dinge über unsere Kräfte gehen. Seien Sie also nachsichtig mit sich. Wenn die Auseinandersetzung mit dem Problem zu schwierig wird, ändern Sie die Taktik. Achtsamkeit bietet uns etliche Ansätze, und es ist gut zu wissen, wann welche Technik angebracht ist. Manche Schwierigkeiten können wir frontal angehen, und bei anderen kann es wichtiger sein, zunächst auf Entspannung und Abstand zu setzen und unsere Aufmerksamkeit auf etwas zu richten, was leichter zu ertragen ist. Das heißt aber nicht, dass wir klein beigeben; wir gehen lediglich klug vor. Kreiden Sie es sich nicht an, wenn Sie unter allzu schwierigen Bedingungen einmal kneifen müssen. Erschweren Sie sich Ihr Los nicht auch noch mit Selbstverurteilungen, davon haben wir wahrlich schon genug.

*

Wissen, was los ist, und die Gegenwehr in Stellung bringen

Kerntechnik 4: Wissen, wo Sie stehen

Der Umgang mit problematischen Anteilen unseres Innenlebens ist nicht immer einfach, denn wie wir festgestellt haben, können uns die Schwierigkeiten noch größer erscheinen, sobald wir ihnen unsere Aufmerksamkeit zuwenden. Deshalb sollten immer Entspannung und Sammlung am Beginn stehen.

Wie sie zu erreichen sind, wissen Sie inzwischen: Sie nehmen wahr, wie es sich anfühlt, dieses Buch zu halten, und Sie vergewissern sich Ihrer Haltung.

Entspannen Sie den Körper. Achten Sie besonders auf Gesicht, Mund und andere bekannte Problemzonen.

Wir haben festgehalten, dass ständig zweierlei vor sich geht: die Sinneswahrnehmung und unsere Beziehung dazu. Es kommt also darauf an, was wir aus unserer

Erfahrung machen. Oft genug ist uns leider nicht bewusst, wie wir zu den Dingen stehen, aber eine Wirkung hat unsere Haltung natürlich trotzdem. Wir wollen mit dieser Übung bewirken, dass uns das bewusst wird; dann sehen wir zu, was sich daraus ergibt.

Zwei Fragen stellen wir uns im Rahmen dieser Übung. Die erste lautet: »Was geht gerade vor sich?« Das macht uns wach und präsent, wie Sie bereits wissen. Für die zweite Frage sind verschiedene Formulierungen möglich. Wählen Sie einfach die, die Ihnen besonders treffend erscheint:

»Wie nehme ich das Geschehen auf?«

»Welche Haltung nehme ich ein?«

»Womit überlagere ich das Geschehen?«

»Was bringe ich selbst ein?«

Ich selbst verwende am liebsten die Formulierung: »Wie begegne ich dieser Sache?« Da gibt es etliche Möglichkeiten. Wenn wir das gerade Geschehende ablehnen, versuchen wir es loszuwerden oder wegzuschieben. Oder wir begrüßen es und möchten, dass es weitergeht oder bleibt; dann klammern wir uns daran, um es zu halten. Oder wir übergehen es ganz einfach, wir blicken in eine andere Richtung und tun so, als wäre nichts.

Und schließlich gibt es als vierte Möglichkeit die gelassene, ausgewogene Reaktion. Wenn uns etwas Unangenehmes oder Schwieriges begegnet, lassen wir es sein, wie es ist, und fügen ihm nichts hinzu. Das wollen wir jetzt einmal ausprobieren.

Bei eher neutralen Dingen – etwa dem Gefühl dieses Buchs in der Hand oder der Füße auf dem Boden – fällt es uns leicht, gelassen und im Gleichgewicht zu bleiben. Vergewissern Sie sich. Fragen Sie sich, wie es im Moment ist, dieses Buch zu halten; vergegenwärtigen Sie sich dieses schlichte Berührungserlebnis. Machen Sie sich anschließend klar, wie Sie dieser Erfahrung begegnen und ob Sie ihr etwas hinzufügen oder nicht. Da wird nicht viel zu bemerken sein, da die Empfindung so neutral ist.

Das sieht ganz anders aus, wenn etwas schwer zu ertragen ist. Manchmal ist es uns dann schon zu viel, die Sache einfach nur zu betrachten. Gestehen Sie sich das zu, nehmen Sie es einfach zur Kenntnis, um Ihre Aufmerksamkeit dann anderen Dingen zuzuwenden. Manchmal ist es wirklich besser, das Weite zu suchen. Flucht oder Abwehr, beides ist legitim, überfordern Sie sich nicht.

Wenden wir uns nach dieser Vorbemerkung jetzt dem Körper zu. Gibt es da Stellen, die sich nicht ganz wohlfühlen? Vielleicht gibt es deutliche Missempfindungen, aber sie können auch eher versteckt sein. Beides ist in Ordnung, lassen Sie sich Zeit. Bei mir ist es im Moment, während ich dies schreibe, ein Knoten im oberen linken Nackenbereich. Und bei Ihnen? Es muss kein klarer körperlicher Schmerz sein, vielleicht ist es ein Knoten, der eher auf der geistigen oder seelischen Ebene liegt. Was es auch sei, lassen Sie sich darauf ein.

Wie begegnen Sie dieser Sache?

Können Sie dieses Spannungsgebiet einfach so sein lassen, ohne Widerstand?

Bei mir sind es zwei Dinge, auf die ich aufmerksam werde: die Schmerzempfindung im Genick und das Gefühl, dass ich damit gar nicht einverstanden bin.

Daraus entstehen in der Folge weitere Spannungszonen. Der Atem, mein Gesicht, der gesamte Nackenbereich: All das spannt sich ebenfalls an, als könnte ich damit etwas gegen den Nackenschmerz ausrichten. Deshalb lasse ich an diesen Stellen jetzt ganz bewusst los.

Was fällt Ihnen an Widerstandsreaktionen auf? Können Sie da etwas loslassen?

Wenn es geht, achten Sie darauf, was weiterhin geschieht. Wird es Ihnen insgesamt leichter?

Dies könnte sich zeigen: Wenn Sie Spannungen gelassen und mit klarem Blick begegnen, drängen sie sich weniger auf.

Jetzt wenden Sie sich innerlich vom Bereich der unangenehmen Empfindung ab. Lassen Sie Ihre Wahrnehmung schweifen. Sie bleiben aber präsent und nehmen alles wahr, was geschieht.

Und stellen Sie sich ab und zu die entscheidende Frage: »Wie begegne ich dem jetzt?«

Erkennen, was ist.

Bemerken, wo Sie gegen etwas kämpfen.

Loslassen.

Achten Sie darauf, ob sich dadurch etwas ändert.

*

Achtsamkeit und Erwartung scheinen unvereinbar zu sein. Wir beginnen ja mit der Achtsamkeitspraxis, weil wir etwas bewältigen möchten oder lernen wollen, wie wir besser damit umgehen können. Sind wir dabei jedoch zu sehr auf schnelle Resultate aus, erzeugen wir eher noch mehr Spannung und verhindern damit, dass wir das Angestrebte erreichen. Der Ausweg aus diesem Dilemma heißt Vertrauen.

Wenn wir uns der Achtsamkeit zuwenden, ist das eine Freundlichkeit, die wir uns selbst erweisen. Wir bestätigen uns damit, dass Verbesserungen möglich sind und wir sie mit der richtigen inneren Ausrichtung erreichen können.

Vertrauen Sie darauf. Die Ergebnisse werden sich zu ihrer Zeit einstellen. Die Einstellung »Abwarten und Tee trinken« hat einiges für sich. Behalten Sie eventuelle Veränderungen im Auge. Beharrliche Praxis kann alle möglichen Nutzeffekte haben, und wenn sichergestellt ist, dass sie uns nicht entgehen, haben wir wirklich viel zu gewinnen. Führen Sie aber nicht krampfhaft Buch. Fortschritte bei der Meditation haben sehr viel mit Loslassen zu tun, und manchmal ist es so, dass sich die gewünschten Ergebnisse genau dann einstellen, wenn wir uns von unseren Erwartungen lösen.

*

Zehn Meditationen für den achtsamen Umgang mit Schwierigkeiten

Willkommen, Ungeheuer

Ich weiß nicht, ob Sie je Folgen der englischen Science-Fiction-Serie *Doctor Who* gesehen haben, aber sollte das der Fall sein, werden Sie wissen, dass es mit dem Benennen von Monstern eine besondere Bewandtnis hat. Der Doktor kann gegen das Monster, das in der jeweiligen fünfundvierzigminütigen Folge sein Unwesen treibt, nur etwas ausrichten, wenn er irgendwie seinen Namen herausfindet. Schließlich kommt der Moment, in dem er diesen Namen ausspricht, und allein dadurch verliert das Monster etwas von seiner Kraft.

So kann es auch laufen, wenn wir unseren inneren Ungeheuern begegnen. Wenn sich quälende Gedanken in Ihnen austoben, versuchen Sie es doch einmal mit einer Begrüßung: »Hallo, Angst. Hallo, Schuldgefühl. Ah, der Herr mangelndes Selbstwertgefühl, schön, Sie mal wieder zu sehen!« Damit stellen Sie das Bedrückende nicht nur aus sich heraus, sondern bei diesem humorvollen Ansatz zeigt sich auch, dass es nicht wirklich stark, sondern nur aufgebläht ist. Wenn Sie die Wirkung noch steigern möchten, begrüßen Sie die Quälgeister laut, falls Sie es über sich bringen. Einmal benannt, erkennen Sie die Ungeheuer sofort, wenn sie wieder einmal auftreten, und in dieser Leichtigkeit können wir ihnen irgendwann wirklich freundlich statt mit Widerwillen begegnen.

Fallen lassen!

Dies ist eine der ersten Meditationstechniken, die ich für mich selbst entwickelt habe. Ich wende sie nach zehn Jahren immer noch fast täglich an – was entweder bedeutet, dass sie wirklich gut ist oder dass ich keinerlei Fortschritte mache. Ich denke gern, Ersteres sei der Fall. Jedenfalls beruht sie auf einer alten Meditationsgeschichte, die so geht: Ein Schüler trägt für den Lehrer zwei große Töpfe. Auf einmal deutet der Meister auf einen der beiden Töpfe und ruft: »Fallen lassen!« Der Schüler tut es, und der Topf schlägt scheppernd auf dem Boden auf. Der Lehrer deutet auf den anderen Topf und ruft: »Fallen lassen!«, und auch der zweite Topf fällt mit Getöse hin. Jetzt deutet der Lehrer auf den Kopf des Schülers und ruft: »Fallen lassen!«

Das sprach mich an, und ich wollte es auch versuchen. Immer wenn ich mich bei negativen Gedanken über mich selbst erwische, sage ich mir: »Fallen lassen!«, oft sogar laut. Diese beiden simplen Wörter entziehen der Selbstkritik einfach die Energie, so dass ich dann nicht mehr auf die Story hereinfalle, die sich mir da aufzudrängen versucht. Schön ist auch, dass sich diese Technik verselbständigt, wenn sie Ihnen einmal zur Gewohnheit geworden ist, so dass ungute Regungen im Keim erstickt werden, bevor Sie sie auch nur bemerken.

Naturerlebnisse

Ein Ausflug aufs Land bewirkt manchmal, dass wir die Dinge in ihrem größeren Zusammenhang sehen. Bäume, Blumen, Tiere: Sie alle rufen uns andere Rhythmen in Erinnerung, und die Ausblicke, die sich hier bieten, geben unserem Bewusstsein natürliche Anstöße, sich zu weiten. Es hat etwas Entspannendes. Das alles erscheint uns in der Enge des Stadtlebens weit weg, und deshalb sollten wir jede Gelegenheit zu einer Begegnung mit der Natur nutzen. Natürlich bietet auch die Stadt Parks und Grünflächen, aber viele von uns haben wenig Gelegenheit, diese Freiräume zu nutzen. Dann können wir uns aber immer noch für ein paar Augenblicke einer Zimmerpflanze oder einem Baum zuwenden, wir können einen Vogel oder sogar ein Insekt beobachten und in ihnen der Natur begegnen. Jeder kann ab und zu den Blick heben und für einen Moment in den Himmel blicken. In seiner Weite und Tiefe verliert sich alles, was uns gerade beschäftigt, zumindest so weit, dass es uns nicht mehr beherrscht.

Ein achtsamer Troll

Wer über sich selbst milder urteilen möchte, fängt am besten damit an, dass er über andere milder urteilt. Das lässt sich lernen, und die Technik, die ich Ihnen dazu vorschlagen möchte, ist ungewöhnlich und kann darüber hinaus ein diebisches Vergnügen bereiten. Gehen Sie auf das Onlineportal einer Zeitung oder Zeitschrift, von dem Sie wissen, dass dort sehr kontrovers diskutiert wird. Sie können auch ganz gezielt ein Medium ansteuern, das Ihnen von seiner Ausrichtung und Tendenz her unsympathisch ist – zum Beispiel ein eher rechtes Organ, wenn Sie selbst links stehen, oder umgekehrt. Stöbern Sie hier nach Artikeln zu einem heißumstrittenen Thema, also nach Beiträgen, in denen wahrscheinlich genau die Meinung vertreten wird, die Sie auf die Palme bringt.

Lesen Sie also jetzt und beobachten sich dabei. Können Sie zwischen der Lektüre des Artikels und Ihrer Reaktion unterscheiden? Sollten sich jetzt starke negative Gedanken zeigen – was für ein Idiot der Autor doch ist und wie wütend Sie das macht –, können Sie diese Gedanken dann einfach betrachten, ohne sie mit zusätzlichen Geschichten zu befrachten? Lassen Sie Ihre Gedanken und Urteile einfach die natürliche Folge Ihrer Lektüre sein, nicht mehr und nicht weniger. Wenn Sie hier mit leichter Hand agieren, werden Sie viel Aufschluss über Ihre Reaktionsbereitschaft bekommen.

Regen

Ich stehe nicht so auf Akronym-Meditationen, die den einzelnen Buchstaben von Wörtern wie SPACE oder STOP oder BREATHE bestimmte Stadien einer Meditation zuordnen, vielfach auf eine etwas gewollt wirkende Art. Ich will Ihnen aber die Meditation RAIN vorstellen, die ich für die beste ihrer Art halte. Sie ist vielen Menschen eine Art Rettungsring, wenn ihnen alles über den Kopf wächst.

Sie gehen bei dieser Meditation nacheinander durch die vier von den Buchstaben repräsentierten Phasen und finden auf diese Art ein wenig Freiraum in dem, was Sie gerade so bedrängt. Der erste Teil dieser Meditation, *recognize* (»erkennen«), umschreibt das, was wir Achtsamkeit nennen: zur Kenntnis nehmen, was gerade geschieht, nicht was unserer Einschätzung nach los ist. Dann kommt *allow* (»zulassen«). Wenn es auch schwerfällt, bringen Sie es irgendwie fertig, die Dinge sein zu lassen, wie sie sind? Im dritten Stadium, *investigate* (»erforschen«), fragen wir uns, ob wir an dem, was wir gerade erleben, sonst noch etwas bemerken können. Sind Details zu erkennen? Gibt es weitere begleitende Empfindungen? Am Ende steht *not me* (»nicht ich«). Wenn Sie das Problem einfach betrachten, sehen Sie dann, dass es nicht zu Ihnen gehört?

Wenn es brennt, können Sie diese Meditation anwenden, entweder alle Stufen oder das, was Ihnen gerade möglich ist. Sie wissen ja, wie hilfreich Regen sein kann, wenn das Haus in Flammen steht.

Halt finden

In Augenblicken großer Not stehen uns zwei Grundstrategien der Achtsamkeit zur Verfügung. In diesem Kapitel geht es hauptsächlich darum, den Lauf der Dinge einfach zu sehen, wie er ist, und unsere Beziehung zu diesem Geschehen zu entkrampfen. Das ist letzten Endes die wirksamste und gründlichste Vorgehensweise, aber es gibt Augenblicke, in denen wir damit wirklich überfordert sind. Dann müssen wir eine Alternativroute wählen und uns gezielt ablenken. Das bedeutet nicht, dass wir uns drücken, sondern wir gehen ganz angemessen vor, weil wir wissen, was wir im Moment leisten können und was nicht. Wenn Sie also überfordert sind, können Sie diese Technik anwenden und nach dem erstbesten Halt greifen.

Suchen Sie sich irgendetwas, es kann ein Tisch sein oder die Wand oder Sie selbst. Umklammern Sie es mit den Händen und notfalls sogar mit den Armen. Achtsamkeit entsteht dann dadurch, dass Sie alles daransetzen, mit Ihrem Bewusstsein ganz bei den Empfindungen in Ihren Händen beziehungsweise Armen zu bleiben. Im ganzen Aufruhr dieses Augenblicks haben Sie etwas gefunden, was Halt bietet, und dabei bleiben Sie mit der ganzen Kraft Ihrer Aufmerksamkeit. Wenn Sie das auch nur für einen Moment tun können, sind Sie für diesen Moment dem Sturm entkommen. Mit der Zeit wird es Ihnen immer besser gelingen, und dann wird Ihre bewusste Körperwahrnehmung für Sie zum Rettungsfloß.

Schlagfertigkeit

Die Mühle endlos kreisender Gedanken kenne ich nur allzu gut, und ich weiß auch, wie das ist, wenn man ins Bett geht und schlafen möchte und dieses leere innere Plappern dann erst recht losbricht. Da mochte ich meine Taktiken ausspielen, wie ich wollte, die Gedanken kamen doch immer wieder hoch, als wollten sie mich auslachen und wach halten.

Dann fiel mir etwas Hochinteressantes auf. Wenn ich damit rechnete, dass diese Gedanken hochkommen würden, wenn ich geradezu auf sie wartete, war ich innerlich so vorgeprägt, dass sie deutlich weniger aufdringlich wurden. Setzten sie dann doch ein, merkte ich das so schnell, dass sie einen Großteil ihrer Überzeugungskraft einbüßten. Es erinnerte mich an diese frühen Automatenspiele, bei denen es darum ging, irgendwelche immer wieder aus ihren Löchern auftauchenden Tiere zurückzuschlagen. Genauso konnte ich jetzt mit wacher Bewusstheit den immer wieder auftauchenden Gedanken den Weg abschneiden.

Inzwischen weiß ich, dass das bei Gedanken aller Art funktioniert. Wenn Sie also ganz schnell zu innerer Ruhe finden möchten, bleiben Sie mit Ihrer Aufmerksamkeit ganz bei Ihrem Denkapparat. Lauern Sie den Gedanken regelrecht auf, um ihnen sofort den Wind aus den Segeln zu nehmen, sobald sie auftauchen. Sie werden staunen.

Handrücken

Dies ist noch eine Handmeditation. Wenn wir im englischen Sprachraum sagen, dass wir etwas wie unseren Handrücken kennen, meinen wir, dass wir es in- und auswendig kennen. Ich habe mir meinen Handrücken einmal ganz genau angesehen und musste feststellen, dass ich mich da überhaupt nicht auskenne.

In Augenblicken der Bedrängnis habe ich mir angewöhnt, nach etwas Ausschau zu halten, was ein Gefühl des Staunens in mir auslöst. Natürlich kann man versuchen, die Dinge von einer höheren Warte aus zu sehen, doch das kann schwierig werden, wenn wir unter unseren Sorgen und unguten Gefühlen ohnehin schon kaum noch Luft bekommen. Deshalb geht es bei der Technik, die ich Ihnen jetzt vorstellen möchte, um das genaue Gegenteil: Wir bleiben bei unserem engen Blickwinkel, benutzen ihn aber, um Eindrücke einer ganz anderen Art zu bekommen.

Wir betrachten unseren Handrücken aus größtmöglicher Nähe. Gehen Sie so sehr ins Detail, wie Sie nur eben können. Betrachten Sie die winzigen Dreiecke, aus denen die Haut besteht und die in verschiedenen Gebieten unterschiedlich groß sind. Sehen Sie sich die Härchen an, die an der Basis etwas dicker sind und sich dann verjüngen. Die Farbschattierungen der Hautzonen, die wechselnde Dichte der Behaarung. Bei dieser Betrachtung können Urteile über Ihre Hand und diese ganze Übung auftauchen. Beachten Sie den Unterschied zwischen dem Denken solcher Gedanken und dem schlichten Betrachten Ihrer Hand in allen Einzelheiten. So ein Handrücken ist wirklich allerhand; vielleicht regt sich jetzt sogar ein gewisses Staunen. Im Wirbel des Lebens bleibt uns nicht immer mühelos bewusst, dass wir trotz allem voller Schönheit und Geheimnis sind. Warum also nicht ein bisschen nachhelfen, damit wir uns darauf besinnen können?

Gedankenlücken

Rufen Sie sich zum Einstieg in die formelle Meditation in Erinnerung, weshalb Sie meditieren. Das muss nur ein paar Sekunden dauern, führt uns aber zurück zu unserer Absicht, uns selbst und andere gut zu behandeln. Und das gibt der anschließenden Meditation einen freundlichen Grundton. Ein klares Bewusstsein Ihrer Absicht ist besonders wichtig für die Technik, die ich Ihnen jetzt vorstellen möchte. Sie ist von der besonders subtilen und etwas kniffligen Sorte, aber wenn Sie den Bogen einmal heraushaben, kann sie Ihnen auch als mobile Übung dienen. Sie können Ihre ganze Meditation damit bestreiten, oder Sie lassen erst einmal mit einer anderen Übung wie etwa dem Körper-Scan Ruhe einkehren, um sie dann anzuschließen.

Diese Meditation besteht darin, dass Sie auf die Lücken zwischen Ihren Gedanken achten. Das ist schon alles. Selbst wenn sich die Gedanken in Ihnen tummeln, es gibt doch zumindest kleine Pausen. Nehmen Sie das so direkt und unmittelbar wie möglich wahr. Wir mögen ganz von den Inhalten unseres Denkens beherrscht sein, aber es gibt in unseren Gedankengängen eben doch kleine Lücken – wie zwischen den Buchstaben, Wörtern, Zeilen und Abschnitten der Seite, die Sie gerade lesen. Man kann es auch so sagen: Achten Sie mehr auf den Hintergrund, das »Papier«, als auf die Zeichen oder Gedanken, die den Vordergrund füllen. Haben wir die Lücken einmal wahrgenommen, verfallen wir nicht mehr dem Eindruck, unser Denken sei kontinuierlich. Schon wenn wir es das erste Mal sehen, spüren wir die Erleichterung, einen Augenblick Ruhe. Und wenn wir es oft genug erlebt haben, verfestigt sich der Eindruck, dass unser Geist unter diesem lückenlos wirkenden Geräuschteppich eigentlich ruhig und friedlich ist. Von da an wissen wir auch im größten Gedankenwirbel immer, dass die Probleme des Augenblicks nicht alles und nicht von Dauer sind. Für mich war diese Erkenntnis wirklich ein Segen.

Geräuschbad

Ein fester Platz für die formelle Meditation kann unterstützend wirken. Es hat etwas Rituelles, wenn Sie immer an derselben Stelle sitzen, und Sie finden dann leichter in Ihre Meditation hinein.

In Zeiten, in denen uns die Anforderungen des Lebens über den Kopf zu wachsen drohen, kann uns die Meditation im Sitzen echten Rückhalt bieten. Der bloße Entschluss, mit ein paar Minuten der Stille für uns selbst zu sorgen, ist eines der schönsten Geschenke, die wir uns machen können. Es kommt aber vor, dass wir keinen Freiraum finden, weil wir uns zu sehr bedrängt fühlen und die negativen Gedanken einfach nicht zu unterbrechen sind. Da hilft es dann, wenn sich unser Geist einmal in das Polster der Umgebungsgeräusche sinken lassen kann.

Diese Technik wirkt besonders gut bei der Meditation im Sitzen, eignet sich aber auch für eine Meditation im Liegen vor dem Einschlafen am Abend. Letztlich gilt, was ich für die meisten anderen Übungen in diesem Buch gesagt habe: Wenn Sie ein wenig Erfahrung gesammelt haben, können Sie sie überall machen. Ich kann Ihnen auch die Badewanne als Übungsplatz empfehlen. Schließen Sie die Augen und wenden Sie Ihre Aufmerksamkeit, so gut Sie gerade können, dem Gehör und damit den Umgebungsgeräuschen zu. Unser Gehör als besonders offener und zugänglicher Körpersinn fördert auch unsere innere Offenheit. Jetzt lauschen Sie einfach, ohne den Geräuschen eine Bedeutung beizumessen oder sie zu beurteilen. Lassen Sie alle Laute kommen und gehen, genießen Sie den dadurch entstehenden Raum. Sollte sich ein Gedanke in Ihnen festsetzen oder eine andere Sinnesempfindung in den Vordergrund treten, machen Sie sich den Unterschied zu der eben erlebten Weitung bewusst, um sich dann wieder ganz dem Hören zu öffnen. Sehen Sie zu, ob Sie mit Ihren Gedanken wie mit den Geräuschen umgehen können: Sie lassen sie kommen, Sie lassen sie ausschwingen und schließlich in die Stille zurücksinken. Sollten Sie bei dieser Übung im Schaumbad liegen, möchten Sie Ihre Gedanken vielleicht als Blasen sehen.

6

Gemeinsamkeit

Mit uns selbst zurechtzukommen ist schwer genug. Und dann haben wir ja noch all die anderen.

In den bisherigen Kapiteln hat uns Achtsamkeit überwiegend als Mittel der Kontaktaufnahme zu uns selbst gedient. Wir haben gesehen, wie wir unserem Körper näherkommen können, wie wir im Augenblick präsent bleiben und unseren Gedanken und Gefühlen Raum geben können. Jetzt wird es Zeit, uns Gedanken über das Miteinander mit anderen zu machen.

Mit der Entwicklung und Reifung unserer Achtsamkeit werden wir stabiler und ausgeglichener, und da ist es ganz natürlich, dass sich unsere fürsorgliche Aufmerksamkeit auch anderen Menschen zuwendet. Da wir unser eigenes Innenleben sensibler wahrnehmen, wird uns die Bedeutung der Menschen in unserer Umgebung für unser Wohlbefinden bewusst. Dann wird die Beziehung zwischen unserem Ich und den Menschen da draußen richtig interessant.

Das ist ein bedeutsamer Schritt: Achtsamkeit ist jetzt kein Spiel mehr, das wir für uns allein spielen, sondern es wird ein Spiel mit vielen Teilnehmern daraus. Ich bin normalerweise eher ein ruhiger Typ, aber die Standardfotos zum Thema »Meditation« können mich richtig aufregen, einfach weil sie Klischees verfestigen, die die Meditation unnötig bremsen. Wenn Sie bei Google eine Bildersuche mit dem Stichwort »Meditation« machen, werden Sie sehen, was ich meine. Die allermeisten Fotos zeigen Menschen in romantisch überhöhter Natur – nicht gerade die Umgebung, in der wir normalerweise meditieren –, und dazu sitzen sie zumeist auch noch ganz allein da. Ich nenne das »das Märchen vom meditierenden Einzelkämpfer«. Diese Vorstellung von menschenferner Meditation auf Berggipfeln und in der Waldeinsamkeit hat sich einfach in uns festgesetzt.

Zu dieser Vorstellung trägt auch bei, dass meist empfohlen wird, bei der Meditation die Augen geschlossen zu halten, und schließlich sind die neuen Achtsamkeits-Apps ebenfalls in der Regel auf den Einzelgebrauch zugeschnitten. Das war in der Vergangenheit ganz anders: Früher haben die Menschen das Meditieren in der Gruppe oder im direkten Kontakt mit einem Lehrer gelernt.

Sicher kann unsere Aufmerksamkeit, je besser wir darin werden, auf ganz natürliche Art eine Tendenz nach außen entwickeln, aber es ist gut, wenn wir dazu Anstöße bekommen. Wer es in der Einzelmeditation zu etwas gebracht hat, ist dadurch nicht automatisch für die Meditation mit anderen gerüstet. Ich kenne viele, die für sich allein großartig meditieren, aber nicht unbedingt ein überzeugendes Sozialverhalten an den Tag legen. Wenn wir zu einem Gefühl der Verbundenheit mit anderen finden können, weitet sich unser Blickwinkel, und wir kleben nicht mehr so an den Einzelheiten unserer eigenen Geschichte. Es mildert auch die Vereinzelung und Einsamkeit, die heute untergründig an so vielen Menschen nagt. Eine neuere Umfrage unter den Bewohnern Londons ergab, dass sich fast jeder Dritte in dieser riesigen Millionenstadt allein fühlt. Das sind viele, finden Sie nicht?

*

Mir wurden die Grenzen meiner Solo-Meditation unmissverständlich vor Augen geführt, als ich mich entschloss, die im Internet gebotenen Möglichkeiten der Partnersuche zu nutzen.

Das war 2008, als das Internet-Dating noch nicht so selbstverständlich war wie heute. Es war noch ein kleines bisschen peinlich, sich da rauszuwagen, und ich erinnere mich, dass manche meiner Freunde die Idee zwar faszinierend fanden, selbst aber vor solch einem Schritt zurückschreckten. Ich hatte keine Bedenken. Es sah nach Abenteuer aus, und was konnte schon passieren? Ich stieg also ein. Ich würde alles einfach auf mich zukommen lassen. Dachte ich.

Es gehört zu den schönen Seiten der Achtsamkeitspraxis, dass man viel mehr an sich selbst bemerkt als je zuvor. Ich hatte schon eine gute Weile ausdauernd und tief meditiert und sah mich als ausgeglichenen Typ, der ganz gut drauf war. Ganz sicher neigte ich nicht zu schnellen Urteilen.

Alles Einbildung. Es gehört zu den *schlimmsten* Seiten der Achtsamkeitspraxis, dass man viel mehr an sich selbst bemerkt als je zuvor. Es ist nämlich nicht alles gar so ansehnlich. Sicher, wir sind manchmal so etwas wie Engel, aber es ist kein Zufall, dass ein evolutionsgeschichtlich sehr alter Teil unseres Gehirns »Reptiliengehirn« heißt …

Beim Internet-Dating jedenfalls fiel mir bald auf, dass ich doch recht schnell urteile. »Ich muss alle rausfiltern, die größer sind als ich. Außerdem müssen sie natürlich eine gewisse Bildung haben.« Sicher habe ich noch andere Kriterien gehabt, die mir jetzt gerade nicht einfallen – oder nicht einfallen sollen, weil sie zu peinlich sind. Schon beim Einstellen der Suchkriterien jedenfalls fiel mir diese Stimme auf, die ganz genau wusste, was ich suchte. Dazu gesellte sich gleich eine zweite Stimme, die mich engstirnig fand. Es war schwer was los, fand ich. Tatsächlich ging es erst richtig los, als die Suchergebnisse kamen.

Beim Überfliegen der Fotos zeigte sich erneut, wie schnell ich urteilte. »Sieht nicht richtig gut aus.« –»Zu flippig.« –»Zu viel Make-up.« Und so weiter. Wenn man sich als Meditierender auf so etwas einlässt, darf man damit rechnen, dass die geschärfte Wahrnehmung einem sofort die eigenen Muster unter die Nase reibt. Man geht hier aber genauso vor wie bei allen sonstigen Schwierigkeiten des Lebens: Man schiebt es nicht weg, man macht sich nicht fertig, sondern man erkennt die inneren Reaktionsmuster einfach als das, was sie sind. Und das am besten mit Humor.

Bald nach dieser kurzen und erfolglosen Phase des Internet-Datings lernte ich durch einen Freund eine Frau namens Lucy kennen und heiratete sie wenige Jahre später. Ich hatte durch die Partnersuche im Internet eine Menge gelernt und sah mich auf dem besten Weg, ein liebevoller, einfühlsamer Ehemann zu sein. »Ich hab's wirklich kapiert.« Dachte ich.

Wieder kam mir die Achtsamkeit dazwischen und führte mir vor Augen, dass ich wohl noch ein gutes Stück des Weges vor mir hatte. Ich hatte mir eingeredet, ich sei ein ruhiger, gelassener Typ, doch tatsächlich hatte ich lediglich in einer Blase gelebt, in der ich tun und lassen konnte, was ich wollte und wann ich wollte. Jetzt lebte ich in einer Beziehung und musste Rücksicht auf jemanden nehmen, und wie sich herausstellte, gab es doch noch eine Menge Dinge, die mir entschieden gegen den Strich gingen. Es ist in einer Liebesbeziehung nicht anders als im Bus: Die Verhaltensweisen anderer zeigen uns ganz schnell auf, wie es um unsere Ideale wirklich bestellt ist.

Sicher, wir sind absolut in der Lage, und selbst verrückt zu machen, aber andere schaffen das mit links. Kurzum: Beziehungen halten uns einen Spiegel vor.

Die mobile Achtsamkeit, um die es in diesem Buch geht, trägt die bewusste Wahrnehmung in unsere Beziehungen hinein. Auch die formelle Meditation hat ihren Nutzen für unsere Beziehungen, aber die mobile »Echtzeit-Praxis« wirkt wie ein Turbo. Und ich hatte hier viel zu lernen.

Zum Beispiel, dass ich im Gespräch mit Lucy oder beim gemeinsamen Essen oft abwesend war. Mit mir allein konnte ich recht gut präsent bleiben, aber wenn ein anderer Mensch dabei war, versagten meine Künste. Lucy war nicht gerade begeistert davon, und mir wurde klar, dass ich meine Achtsamkeit auf den neuesten Stand bringen musste. Ich steckte so viel Energie in dieses Projekt, dass es bald ein fester und gleichwertiger Bestandteil meiner Praxis wurde. Die Strategie bestand einfach darin, in den Zeiten unseres Zusammenseins so aufmerksam zu sein, wie ich nur eben konnte. Ich beobachtete, wie sich Ablenkungen oder Langeweile einschlichen, und so konnte ich sie kommen und gehen lassen, wie ich es in anderen Zusammenhängen gewohnt war.

Wenn wir andere Menschen in unsere Achtsamkeitspraxis einbeziehen, stellt sich heraus, dass alles, was wir bei der Kontaktaufnahme mit uns selbst gelernt haben, hier ebenfalls von großem Nutzen ist. Das ist wunderbar und verringert die Gefahr, als Idiot abgestempelt zu werden. Wir müssen nicht abwarten, bis wir harte Worte an den Kopf geworfen bekommen. Zudem reden wir hier auch nicht ausschließlich von Liebesbeziehungen. Es gibt viele Fälle, in denen wir Unterstützung bei der Aufdeckung unserer Muster gut gebrauchen können, und wenn wir unsere Freunde zu Kaffee und Kuchen einladen, bekommen wir manchmal mehr zurück, als wir investiert haben.

*

Apps und soziale Netzwerke stehen nicht in dem Ruf, echte Verbundenheit zu fördern. Wer die Kommentare unter Nachrichten und Reportagen liest oder bei Twitter nachschaut, was die Leute über umstrittene Prominente schreiben, kann leicht an der Welt verzweifeln. An diesen Stellen wird anscheinend mit Vorliebe geätzt, und mir kommt es so vor, als kämen auf jedes herzige Katzenbild mindestens zwei üble Attacken gegen vielfach wohlmeinende Leute. In dieser Onlinewelt, in der jeder seine Meinung zum Besten geben und sich hinter einem Benutzernamen verstecken kann, scheint Zwietracht oft bessere Chancen zu haben als Eintracht. Tatsächlich sind die Inhalte aber so vielfältig, dass wir sowohl Himmel als auch Hölle finden können, je nachdem, wonach wir suchen. Wir haben das Internet gemacht und dann mit uns selbst angefüllt, und so enthält es zwangsläufig Schönes und weniger Schönes. Wie wir manchmal an uns selbst vorwiegend die Schwächen und Makel sehen, so wendet sich unsere Aufmerksamkeit im Internet gern den Trollen und Hass-Kommentatoren zu. Aber Kirstens Blog, von dem im vorigen Kapitel die Rede war, macht auch deutlich, dass die sozialen Netzwerke nicht einfach hoffnungslos sind. Was sie über ihr Leben mit chronischen Schmerzen schreibt, hilft Tausenden junger Menschen überall auf der Welt, und ihr Antrieb ist echtes Mitgefühl. Unser Gehirn gibt uns alle Möglichkeiten vom Unmenschlichen bis zum Engelhaften, und das ist im Internet nicht anders.

Wir alle können das Blatt wenden. Man darf wohl davon ausgehen, dass es in unserer digitalen Welt immer Unschönes geben wird. Wir alle sind zu Fehlgriffen und Entgleisungen fähig, und da es heute so viele Möglichkeiten gibt, unsere Meinung zu bekunden, kann es nicht ausbleiben, dass manches eher hässlich gerät. Wir wissen aber auch, dass über das Internet echte Verbindungen geknüpft werden können. Ich finde es ziemlich sinnlos, zu erörtern, ob Facebook-Freunde mit den Freundschaften, die wir in freier Wildbahn schließen, zu vergleichen sind. Viel interessanter erscheint mir die Frage, welche Möglichkeiten sich in dieser Welt eröffnen, in der weit über sieben Milliarden Menschen leben, von denen irgendwann die meisten über mobile Geräte verfügen werden. Was für Chancen der Vernetzung könnten sich in den nächsten Jahren abzeichnen! Meiner Meinung nach hat das Internet kaum auch nur seine Pubertät erreicht, und ich bin mir sicher, dass es mit der Zeit erwachsen wird.

*

Wenn Entspannung, Sammlung und Präsenz stabil geworden sind und wir gelernt haben, Schwierigkeiten zu bewältigen, schadet manchmal ein kleiner Anstoß nicht, der unser Bewusstsein zur Abwechslung auf etwas anderes als uns selbst ausrichtet. Darum geht es im Folgenden.

Allen Gutes wünschen

Kerntechnik 5: Die Praxis der Herzensgüte

Bei dieser Übung setzen wir das Denken wieder als ein Hilfsmittel ein, mit dem wir die angestrebten Eigenschaften besser erreichen. Anders als bisher geht es jedoch nicht allein um das reine Wahrnehmen und Verzeichnen dessen, was gerade geschieht, sondern wir setzen außerdem unsere Vorstellungskraft ein. Manchen Menschen fliegt diese Praxis einfach zu, und sie finden sie wunderbar, während andere nur mit etwas Mühe hineinfinden. Ich gehöre eindeutig zu den Letzteren, aber mit der Zeit ist mir diese Praxis trotzdem lieb geworden.

Jetzt steht Ihnen wieder ein Wechsel vom bloßen Lesen zum gleichzeitigen Lesen und Meditieren bevor. Nehmen Sie sich einen Moment, um ganz hier anzukommen. Sie fühlen Ihren Körper, das Buch in der Hand, die Füße auf dem Boden, den Po auf der Sitzfläche.
Fühlen Sie Ihren Atem, wie er gerade ist, nehmen Sie die Geräusche aus der Umgebung auf.
Prüfen Sie, ob Ihre Gedanken gerade ganz ruhig oder eher aktiv sind. Eins ist so gut wie das andere – wichtig ist nur, dass Sie es bemerken.
Lassen Sie sich noch mehr Zeit, um ganz anzukommen. Vergewissern Sie sich, wie präsent Sie gerade sind, und wenn damit eine stille Freude verbunden ist, kosten Sie sie aus.
Diese Meditation hat vier Phasen. In jeder Phase richten

wir uns innerlich auf einen Menschen aus und schicken ihm ganz bewusst freundliche Gedanken. Dann sehen wir zu, was sich daraus ergibt. Das ist schon alles.

Wir beginnen mit jemandem, dem wir ohnehin freundlich gesinnt sind. Das kann ein Familienmitglied, ein Freund, ein Liebespartner oder jeder andere sein, dem wir nur das Allerbeste wünschen. Dieser Mensch kann tot oder lebendig, nah oder fern sein, das alles spielt keine große Rolle. Wichtig ist nur, dass dieser Mensch Ihnen am Herzen liegt und der bloße Gedanke an ihn die Welt in ein besseres Licht rückt. Es gibt hier keine beste Wahl; der Mensch, der Ihnen zuerst einfällt, ist wahrscheinlich der richtige.

Denken Sie jetzt an diesen Menschen. Wie Sie das machen, bleibt Ihnen überlassen. Sie können die Person vor sich sehen oder sich an eine gemeinsame Zeit erinnern, die Ihnen viel bedeutet. Finden Sie heraus, wie Sie sich diesen Menschen am besten vergegenwärtigen.

Wenn das erreicht ist, wünschen Sie ihm oder ihr mit möglichst einfachen Worten alles Gute. Die traditionell verwendeten Sätze lauten »Möge es dir gutgehen« und »Mögest du glücklich sein«.

Probieren Sie es aus. Senden Sie dem Menschen, der Ihnen so viel bedeutet, diese freundlichen Gedanken.

»Möge es dir gutgehen.«

»Mögest du glücklich sein.«

Wiederholen Sie die Sätze alle paar Sekunden, wobei der Körper entspannt bleibt und Sie dem Empfänger Ihrer Freundlichkeit einfach diese guten Wünsche darbieten.

»Möge es dir gutgehen.«

»Mögest du glücklich sein.«

Die Worte sind nicht als eine Art Zauberformel gemeint, die irgendwie durch den Äther gesendet wird. Sie bewirken aber, dass wir selbst Richtung Freundlichkeit und Güte tendieren und uns in eine offene, großzügige und mitfühlende Haltung versetzen. Deshalb eignet sich zur Eingewöhnung am besten ein Mensch, bei dem uns die guten Wünsche ganz leichtfallen.

»Möge es dir gutgehen.«

»Mögest du glücklich sein.«

Sollte sich das für Sie ein wenig schwerfällig anfühlen, können Sie auch andere Worte einfügen, die Ihnen mehr sagen. Ich persönlich mag »Mögest du Frieden finden« und »Möge es gut sein, wo du jetzt bist«. Sie können auch direkter werden, aber vermeiden Sie, dass Geschichten aufkommen. Wichtig ist, dass die Freundlichkeit fühlbar vorhanden ist; wählen Sie Worte, die Ihnen das erleichtern. Kurz und einprägsam ist immer eine gute Wahl.

Nun, vielleicht klingen Ihnen alle Worte ein wenig bemüht. Mir ging es am Anfang so. Ich fand das alles ein bisschen künstlich, Achtsamkeit war für mich etwas anderes. Inzwischen weiß ich, dass das eine häufige und ganz normale Reaktion ist und wir uns am besten trotzdem darauf einlassen und den Widerstand einfach einbeziehen als etwas, das uns weitere Aufschlüsse über uns gibt.

»Möge es dir gutgehen.«

»Mögest du glücklich sein.«

Wiederholen Sie die Sätze so oft, wie es sich gut und notwendig für Sie anfühlt.

»Möge es dir gutgehen.«
»Mögest du glücklich sein.«
Jetzt sehen Sie nach, was sonst noch los ist. Wie fühlt sich der Körper, wie der Geist? Gibt es Gefühle von Wärme und Offenheit? Nehmen Sie sich Zeit, solche Gefühle zu genießen und auszukosten.
Sollte nicht viel Bemerkenswertes vorhanden sein, vermerken Sie auch das. Sie wissen inzwischen, dass nicht das Wahrgenommene zählt, sondern die Tatsache, dass wir wahrnehmen, was ist.
»Möge es dir gutgehen.«
»Mögest du glücklich sein.«
Lassen Sie sich Zeit. Die Übung muss nicht mit Tempo absolviert werden.
»Möge es dir gutgehen.«
»Mögest du glücklich sein.«

Jetzt machen Sie eine kleine Pause, um sich auf die zweite Phase einzustimmen. Hier werden Sie selbst zum Empfänger Ihrer freundlichen Gedanken.
Was fühlen Sie, wenn Sie das hören? Sollte sich Widerstand gegen diese Vorstellung regen, lassen Sie ihn gelten, nehmen Sie ihn nur zur Kenntnis.
Und jetzt widmen Sie die Worte, die eben einem anderen gegolten haben, sich selbst.
»Möge es mir gutgehen.«
»Möge ich glücklich sein.«
Vielleicht bemerken Sie eine Tendenz, diesen Teil schnell hinter sich zu bringen, weil mit guten Wünschen für uns selbst eine gewisse Befangenheit verbunden ist. Machen Sie sich das bewusst und gehen

Sie langsamer weiter. Nehmen Sie sich für diese Sätze so viel Zeit, wie es Ihrem Gefühl entspricht.

»Möge es mir gutgehen.«

»Möge ich glücklich sein.«

Sie können das auch abwandeln, wenn es sich für Sie besser anfühlt.

»Möge es mir gutgehen.«

»Möge ich glücklich sein.«

Interessanterweise beginnt die traditionelle Form dieser Übung mit guten Wünschen für sich selbst, und erst dann wendet man sich einem geliebten Menschen zu. Ich habe die Reihenfolge hier verändert, weil es vielen wirklich schwerfällt, sich selbst freundliche Worte zu widmen. Diese unnötige Schwierigkeit wird so vermieden. Viele Menschen leben in dem Glauben, das Gute im Leben sei nicht für sie bestimmt. Sie bekommen fast ein schlechtes Gewissen, wenn sie sich selbst freundlich begegnen.

Die segensreiche Wirkung dieser »Meditation der Herzensgüte« ist vielfältig. Sie stimmt uns innerlich auf Freundlichkeit ein. Außerdem stärkt sie unsere Konzentration, da wir geistig bei diesen Sätzen bleiben und unsere Sammlung auf eventuell davon ausgehende positive Gefühle ausrichten. Drittens erfahren wir hier etwas über unsere Reaktion auf die Übungsanleitung. Sollten Sie abwehrende oder zweifelnde Regungen bemerken – dass Ihnen so etwas nicht zusteht, dass die ganze Übung witzlos ist –, lassen Sie das alles einfach so stehen. Das ist noch wichtiger als das Wiederholen der Sätze.

»Möge es mir gutgehen.«

»Möge ich glücklich sein.«
Noch einmal: Lassen Sie sich Zeit.
»Möge es mir gutgehen.«
»Möge ich glücklich sein.«

In der dritten Phase weitet sich unsere Freundlichkeit auf andere aus, die uns nicht besonders viel bedeuten, gegen die wir aber auch nicht direkt etwas haben. Das kann verschiedene Formen annehmen. Eine traditionelle Form besteht darin, dass wir uns beim Sprechen der Sätze Menschen in den vier Grundrichtungen vorstellen.
»Mögen alle Menschen vor mir glücklich sein.«
»Möge es allen Menschen hinter mir gutgehen.«
»Mögen alle Menschen links von mir Frieden haben.«
»Mögen alle rechts von mir in der Liebe sein.«
Das ist sicherlich ein schöner Ansatz, aber ich selbst habe es gern ein bisschen persönlicher. Denken wir zum Beispiel an all die Menschen, die dazu beigetragen haben, dass Sie jetzt dieses Buch in den Händen halten. Wahrscheinlich haben Sie das Buch gekauft oder in einer Bücherei ausgeliehen. Denken wir also an die Menschen, von denen Sie dort bedient worden sind.
»Möge es dir gutgehen.«
»Mögest du glücklich sein.«
Wenn Sie das Buch online gekauft haben, werden Hunderte Menschen involviert sein, auch zum Beispiel die Gestalter der Website.
»Möge es euch gutgehen.«
»Möget ihr glücklich sein.«
Denken Sie an die Leute in den Postverteilungszen-

tren, an die Fahrer der Lastwagen, die das Buch zusammen mit vielen anderen vom Hersteller zum Großhändler transportieren und schließlich an die Buchläden ausliefern.

»Möge es euch gutgehen.«

»Möget ihr glücklich sein.«

Denken Sie an den Verlag und alle an der Produktion dieses Buchs Beteiligten – Lektorinnen und Lektoren, Lektoratsassistentinnen und -assistenten, die Mitarbeiter, die für die Gestaltung des Buchs und seine Vermarktung sorgen.

»Möge es euch gutgehen.«

»Möget ihr glücklich sein.«

Unzählige Menschen sind an der Bereitstellung des Papiers und schließlich an Druck und Bindung beteiligt.

»Möge es euch gutgehen.«

»Möget ihr glücklich sein.«

Denken Sie jetzt an alle Menschen, die dieses Buch gelesen haben oder lesen. Vielleicht hilft Ihnen die Vorstellung, dass sie eben jetzt mit Ihnen zusammen in diesem Buch lesen. Sie alle haben den Wunsch, besser für sich selbst und andere zu sorgen. Ein wirklich schönes Anliegen.

»Möge es uns gutgehen.«

»Mögen wir glücklich sein.«

Wahrscheinlich werden Sie keinem dieser anderen Leser je begegnen, und sollten Sie zufällig einen von ihnen auf der Straße treffen, wüssten Sie nichts davon. Wünschen Sie ihnen mit Worten, die Ihnen etwas sagen, alles Gute. Achten Sie darauf, wie Sie sich dabei fühlen.

Wir kommen jetzt zur vierten und abschließenden Phase dieser Übung, und natürlich haben wir uns das Beste für den Schluss aufgehoben.
Hier soll es um jemanden gehen, zu dem Sie eine belastete Beziehung haben. Sicher fällt Ihnen da gleich jemand ein. Denken Sie jetzt an diesen Menschen und wünschen Sie ihm alles Gute, auch wenn es schwerfällt.
»Möge es dir gutgehen.«
»Mögest du glücklich sein.«
Achten Sie darauf, ob sich Widerstände zeigen.
»Möge es dir gutgehen.«
»Mögest du glücklich sein.«
Gehen Sie behutsam mit sich um, aber auch mit diesem anderen Menschen, auf den Sie nicht gut zu sprechen sind. Nutzen Sie diese Meditation, um unbeobachtet auszuloten, ob die Beziehung nicht auch anders sein könnte. Vielleicht hat der oder die andere Ihnen wirklich Unrecht getan. Diese Meditation ist nicht dazu da, ihn oder sie freizusprechen, es geht ja nicht darum, dass wir uns als Fußabtreter benutzen lassen. Wir üben uns in Freundlichkeit, und dazu müssen wir wissen, wo unsere Grenzen verlaufen.
»Möge es dir gutgehen.«
»Mögest du glücklich sein.«
Wie fühlt sich Ihr Körper jetzt?
Und wir fühlen Sie sich geistig, offen oder eher verkrampft?
»Möge es dir gutgehen.«
»Mögest du glücklich sein.«

*

Wie gesagt, für manche ist der Einstieg in die Meditation der Herzensgüte nicht leicht. Bei mir war es so. Ich hatte mich in Achtsamkeit geübt, im unmittelbaren Erkennen der Dinge, wie sie sind, und ich fand es etwas künstlich, solche Gedanken in mir zu bewegen und auf mich oder andere auszurichten. Ich bin trotzdem dabei geblieben. Diese Meditation ist für mich bis heute keine häufig geübte formelle Praxis, aber ich widme mich ihr einigermaßen regelmäßig, vor allem wenn ich unterwegs bin.

Als Designer von Apps begegne ich, wie bereits angemerkt, den allermeisten ihrer Anwender nicht, aber Chris O'Sullivan ist eine Ausnahme. Chris lebt in Edinburgh, hat aber häufig in Glasgow zu tun, wo ich wohne und wo wir uns durch gemeinsame Kontakte begegnet sind.

Chris hatte sich eine meiner Achtsamkeits-Apps heruntergeladen und fand schnell hinein. Vor allem gefielen ihm die Übungen, die auf das Leben in der Stadt abgestimmt waren, zum Beispiel die Praxis im Gehen. Er war froh, auf die Achtsamkeit gestoßen zu sein, denn Sie erlaubte ihm, »tote Zeit« für Präsenz im Augenblick zu nutzen, anstatt sich von den sozialen Medien und ähnlichen Dingen vereinnahmen zu lassen.

Er war immer ein großzügiger und einfühlsamer Mann gewesen, aber diese Herzensgüte-Praxis machte ihm zu schaffen. Er fühlte sich den Menschen verbunden, wenn es sich natürlich ergab, aber Unbekannten Gutes zu wünschen, das erschien ihm zu weit hergeholt. Er spürte zwar, dass ihm da etwas entging, aber er wusste nicht, was es war. Bis zu einem Erlebnis der ziemlich drastischen Art, mit dem sich alles änderte. Hier sein Bericht:

»Es war am 22 Dezember 2014. Wir wollten eben vom

Glasgower Büro aus zur Weihnachtsfeier aufbrechen und standen noch im Foyer des Gebäudes, als draußen vor der Tür eine Tragödie ihren Lauf nahm, deren Ausmaß internationale Berichterstattung nach sich zog. Ein großer Müllwagen war wegen eines Ohnmachtsanfalls des Fahrers von der Fahrbahn abgekommen und raste hier in der vorweihnachtlich belebten Innenstadt von Glasgow einen Bürgersteig entlang, bis er in ein Hotel krachte und stehen blieb. Es gab sechs Tote und noch mehr Verletzte – ein furchtbare Szene.
Ich war ausgebildeter Ersthelfer, und es sah alles danach aus, dass ich gebraucht wurde. Ich schaute sofort nach, was ich tun konnte. Ungefähr zehn Minuten sorgte ich zusammen mit anderen für die Notversorgung der zum Teil schwerverletzten Opfer, bis schließlich die Rettungsdienste eintrafen. Diese Minuten vergingen wie in Zeitlupe, aber ich erlebte dabei eine unglaubliche Bewusstseinserweiterung. Ich sah die Menschen, die Aktionen, die Handlungsmöglichkeiten und die Folgen wie einen Teppich vor mir ausgebreitet. Tod, Leben, Mitgefühl, ein ganzes Viertel in Schreckstarre und dann Hilfsbereitschaft – alles gleichzeitig. All die Mitmenschlichkeit, die im normalen Alltag meist verborgen bleibt: In diesen Augenblicken war alles da. Ich habe den Rest dieses Tages Augenblick für Augenblick gelebt, und ich glaube wirklich, dass meine Achtsamkeitspraxis mir erlaubte, meine Gefühle zu erkennen und anzunehmen und das Trauma irgendwie einzubinden und zu bewältigen. Auch die nächsten Tage übte ich weiterhin, alle Gefühle zuzulassen und so zu nehmen, wie sie kamen.
Wochen später fiel mir auf, dass ich jetzt auch die Seite der Achtsamkeit sah, die mir bisher entgangen war –

die Kraft des Augenblicks, die schiere Wucht dessen, was er enthalten kann, das Gefühl der Verbundenheit mit anderen und der Welt, das daraus entstehen kann. Nur ein paar Meter weiter, nur eine Minute früher, und wir wären vielleicht ebenfalls Opfer dieses grausigen Geschehens geworden. Es war anders gekommen. Und jetzt konnte ich es sehen und akzeptieren.

Diese Sache mit der Herzensgüte – jetzt verstand ich, dass sie etwas mit der Woge von Mitmenschlichkeit für die Verletzten, Schockstarren und Sterbenden zu tun hatte. Verbunden sein, ein Teil dieser Welt sein. Ich erinnerte mich, dass mein Mitgefühl nicht nur den Verletzten gegolten hatte, sondern auch denen, die in spontaner Hilfsbereitschaft sofort mit anfassten. Etliche bildeten mit ihren Körper Mauern, um anderen den Anblick zu ersparen. Andere führten Menschen weg, die unverletzt geblieben waren, aber unter Schock standen. Zwei junge Ersthelfer wagten sich in eine Situation hinein, auf die sie durch ihre Ausbildung ganz sicher nicht vorbereitet worden waren. Als ich mich auf der ersten Seite der Zeitungen bei meinen Erste-Hilfe-Maßnahmen sah, erlebte ich diesen Augenblick noch einmal, aber aus einer anderen Perspektive. Es war, als hätte ein starker Gemeinschaftsgeist die Stadt ergriffen. Zu so etwas kommt es bei Katastrophen oder großen Festen.

Als später die Namen der Verunglückten veröffentlicht wurden, war das noch einmal schwierig für mich, ein unbehagliches Gefühl. Aber das Mitgefühl setzte sich durch, und ich sah mich in der Lage, allen, auch den Angehörigen freimütig alles Gute zu wünschen. Als ich es danach wieder einmal mit der Herzensgüte-Meditation versuchte, bei der man ja alle persönlichen Geschichten weglässt und ohne Ansehen der Person Gutes wünscht, stellte ich fest, dass es auf einmal ging. Da wurde mir auch klar, wie selbstbezogen ich gewesen war, bis mich das Geschehen an diesem Tag in Glasgow wachrüttelte.«

Zum Glück brauchen wir nicht alle solche schrecklichen Erlebnisse, um den Wert des menschlichen Miteinanders zu erkennen. Die Frage bleibt aber: Was ist denn tatsächlich nötig, damit wir einen Fremden als Mitmenschen erkennen?

Zehn Meditationen zum Schließen der Kluft zwischen uns und anderen

Ein Schuss Freundlichkeit

Selbst wenn Sie keinen Sinn für Computerspiele haben, kennen Sie sicher den simplen Plot von Spielen, bei denen man in irgendeiner militärischen oder quasimilitärischen Funktion durch die Gegend zieht und Feinde abschießt.

Bei dem, was ich Ihnen jetzt vorstellen möchte, handelt es sich um eine Meditation im Gehen, aber hier schießen Sie nicht Kugeln ab, sondern freundliche Gedanken. Das besonders Schöne daran: An jedem Menschen, dem wir begegnen, können wir unser Mitgefühl trainieren. Suchen Sie sich in Ihrem ganz normalen Tagesablauf jemanden aus, den Sie zufällig sehen und dem Sie einen freundlichen Gedanken schicken: »Einen guten Tag wünsche ich dir.« Oder: »Ich hoffe, du bekommst, was du möchtest.« Oder einfach: »Alles Gute.« Kurz, knackig, einfach. Wiederholen Sie das bei irgendeinem Ihrer Gänge so häufig, wie es sich gut und mühelos für Sie anfühlt. Anfangs wirkt es vielleicht etwas künstlich, aber das gibt sich, bleiben Sie einfach dabei. Wie in einem Computerspiel zappen Sie jeden, der Ihnen vor die Flinte kommt, nur jetzt eben mit der Kraft Ihrer Freundlichkeit. Bei unseren Gängen in der Stadt verhaspeln wir uns allzu leicht in unserer persönlichen Seifenoper, und das lässt sich auf diese Weise unterbinden, zumindest zeitweilig. Und Spaß macht es auch noch!

Ortswechsel sind wichtige Übergangsphasen. Bei jedem Ortswechsel können wir uns neu ausrichten. Besonders wichtig ist der Übergang zwischen Arbeitsende und Heimkehr. Wir reden immer wieder davon, wie es ist, »mit dem linken Bein zuerst aufzustehen«, und wie das den ganzen Tag färben kann, aber die Heimkehr scheint längst kein so ergiebiges Thema zu sein. Für mich ist sie ein besonders wichtiger Übergang. An einem Arbeitstag, der uns viel abverlangt, können sich Spannungen und allerlei ungute Gefühle aufbauen. Allzu oft bringen wir das alles mit nach Hause und gehen gleichsam »mit dem linken Bein zuerst durch die Tür«, was dann nach dem gleichen Muster den ganzen Abend färben kann. Wer allein lebt, wird sich wahrscheinlich einfach den ganzen Abend unbehaglich fühlen und dann entsprechend schlecht schlafen. Erwartet uns jedoch zu Hause eine Familie, lassen wir den Frust des Arbeitstages möglicherweise an unseren Lieben aus und verderben allen den Abend. Wer kennt das nicht?

Das macht die ersten zehn, fünfzehn Minuten nach der Heimkehr so entscheidend. Und wenn damit zu rechnen ist, dass daheim viel los sein wird, wenn Sie ankommen, wird der Heimweg selbst umso wichtiger. Sollte Ihr Arbeitstag selbst bereits hektisch sein, würde ich sogar sagen, dass mit der Art Ihres Heimwegs alles steht und fällt. Die Arbeit verlangt uns bereits alles ab, also was tun?

Gönnen Sie sich ein paar Minuten, in denen Sie einfach dasitzen und ein wenig zu sich kommen. Lauschen Sie in Ihren Körper hinein, hören Sie auf die Geräusche ringsum. Beobachten Sie, wie sich der Tag in allerlei Gedanken fortsetzt. Vielleicht zuckt die Hand zum Handy, um zu sehen, ob weitere E-Mails zum derzeitigen Projekt eingegangen sind. Sie beobachten den Impuls, aber Sie fühlen sich nicht gedrängt, ihm nachzugeben. Jetzt stellen Sie sich vor, wie der Abend verlaufen soll. Später, wenn Sie Ihren Partner oder Mitbewohner oder Ihr Kind begrüßen, achten Sie darauf, wie Sie am liebsten gleich von dieser ärgerlichen Sache im Büro erzählen würden – und lassen Sie es sein. Das sind vielleicht eher unscheinbare Veränderungen, aber täuschen Sie sich nicht: Eine achtsame Heimkehr ist eine Wohltat für Sie und alle anderen.

Dampfradio

Ein wichtiger Begriff der Achtsamkeitstradition, »Mitfreude«, umschreibt etwas sehr Schönes: sich für das Gute, das anderen widerfährt, wirklich freuen zu können. Das liegt uns nicht immer nahe, und deshalb müssen wir uns erst einmal darauf einstimmen, wie wir es noch von alten Radios mit ihrem Drehknopf für die Senderwahl kennen.

Der erste Teil dieser Übung besteht darin, dass wir mitbekommen, wenn andere froh sind. Vielleicht hat jemand, der auf der Straße an Ihnen vorbeigeht, ein Lächeln im Gesicht, oder Ihre beste Freundin bekommt ihren Traumjob. Unsere Praxis besteht nun in der aktiven Bereitschaft, die Freude des anderen auf uns übergreifen zu lassen. Das ist bei Freunden und Angehörigen relativ einfach; oder denken wir an Leute, die sich so überschwänglich freuen, dass wir einfach mitlachen müssen. Schwierig wird es, wenn wir uns für das Glück anderer nicht ganz so mühelos freuen können. Auf unserer Facebookseite erscheinen immer mehr Babyfotos, während wir noch Single sind oder es mit der Schwangerschaft einfach nicht klappen will. Oder ein anderer bekommt den Posten, auf den Sie schon so lange scharf sind. Da setzt die Praxis ein. Aber es geht nicht darum, dass Sie sich unter allen Umständen für jeden freuen sollten. Viel wichtiger ist, dass wir unsere Grenzen erkennen, um sie dann mit der Zeit immer weiter auszudehnen.

Dankbar in den Schlaf

Dies ist wieder eine Übung, die zuerst vielleicht ein wenig rührselig klingt, aber bleiben Sie dabei, und Sie werden erleben, dass sie Ihr Leben verändert. Sie passt am besten in die Zeit vor dem Einschlafen, tut aber auch als formelle Praxis gute Dienste.

Denken Sie an jemanden, dem Sie dankbar sind. Das kann ein Freund sein oder jemand in der Familie oder irgendwer, von dem Sie etwas Wichtiges gelernt haben. Wichtig ist, dass Sie diesem Menschen mühelos dankbar sind. Es kann auch jemand mit einem großen Namen sein, den Sie nicht persönlich kennen, mit dessen Werk Sie sich aber stark verbunden fühlen. Vergegenwärtigen Sie sich, was Sie dieser Person zu verdanken haben, und sagen Sie danke. Sie behalten einfach diesen Menschen im Sinn und sagen innerlich oder stimmlich: »Danke.« Das können Sie mehrmals tun, solange es sich richtig anfühlt. Vergewissern Sie sich Ihres Gefühls immer wieder einmal. Wenn Sie die Übung als herzerwärmend oder beruhigend oder einfach schön empfinden, genießen Sie diese Gefühle. Sie können bei einer Person bleiben oder auch zu einer anderen wechseln, wenn Ihnen danach zumute ist. Falls Sie die Übung vor dem Einschlafen machen, kann es eine schöne Sache sein, an alle zu denken, die im Laufe des Tages entgegenkommend oder hilfsbereit waren. So bekommt der Tag einen schönen Ausklang, und Sie schlafen besser, weil Sie sich behaglich, warm und entspannt fühlen.

Versteckte Zutaten

Auf jeder Lebensmittelpackung finden Sie Angaben über die Inhaltsstoffe, aber von den an der Erzeugung beteiligten Menschen erfahren Sie meistens nichts. Machen Sie diese Übung beim Essen oder Kochen oder wenn Sie einfach ein Nahrungsmittel in der Hand halten.

Stellen Sie sich möglichst konkret all die Menschen vor, deren Arbeit Sie Ihre Nahrungsmittel zu verdanken haben. Fangen Sie bei den Bauern und Erntearbeitern an, die vielleicht auf der anderen Seite der Erde leben. Denken Sie daran, mit wie viel Einsatz dort zusammen mit der Natur und oft unter schwierigen Bedingungen an der Erzeugung der Güter gearbeitet wird. Überlegen Sie, was diese Menschen antreibt und wie sie für ihre Familien und ihre jeweilige Lebensgemeinschaft arbeiten. Gehen Sie weiter zu den Menschen, die für die Aufbereitung und Verpackung der Güter sorgen, und stellen Sie sich auch das möglichst anschaulich vor. Dann folgen die Helden des Transports, all die vielen Frauen und Männer, deren Arbeit die Waren schließlich in den Laden bringt, in dem Sie sie kaufen. Denken Sie auch hier wieder an alle, die an langen und eintönigen Arbeitstagen die Regale bestücken, an der Kasse sitzen, Bestellungen aufgeben oder die langen Schlangen von Einkaufswagen bugsieren. Zuletzt denken Sie an die Person, die Ihr Essen zubereitet – auch wenn Sie es selbst sind. So kann unsere Ernährung uns bewusst machen, wie innig wir mit vielen Menschen verbunden sind, von denen wir die meisten nie persönlich kennenlernen werden. Auch die einfachste Mahlzeit schmeckt unter diesem Aspekt viel besser.

E-Mail mit Liebe

Für viele gibt es kaum ein größeres Schreckgespenst als den arglosen E-Mail-Posteingang. Wir stehen hier vor dem wahrscheinlich besten und schlimmsten Kommunikationssystem aller Zeiten. Gut ist es, weil es so einfach funktioniert; schlimm, weil so vielen Millionen Menschen in aller Welt das bloße Wissen um den ständigen Zustrom im Posteingang den Nerv tötet und die letzten Kräfte raubt, manchmal sogar den Lebenswillen. Vom Antworten ist da noch gar nicht die Rede. Diese Praxis ist vor allem dann nützlich, wenn Sie E-Mail-Schmerzen haben, insbesondere im Zusammenhang mit der Arbeit.

Bevor Sie eine E-Mail von jemandem öffnen, den Sie kennen, und zwar als anstrengend kennen, denken Sie ein paar Sekunden lang einfach nur an diese Person. Da ist ein Mensch, der eine Nachricht schickt, um irgendetwas voranzubringen, auch wenn er oder sie es auf die denkbar unangenehmste Art tut. Ähnlich gehen Sie beim Absenden einer E-Mail vor. Vergewissern Sie sich kurz noch einmal der Absicht, in der Sie schreiben. Dann erst drücken Sie mit freundlichen Gefühlen für den Empfänger auf »Senden«. Weshalb nicht ein wenig Licht und Wärme in diesen Nachrichtenverkehr bringen, auch wenn es manchmal schwerfällt?

Menschen-Internet

Sie kennen das vielleicht: Der Umgang mit den sozialen Medien ist nicht immer ein Zuckerschlecken. Manchmal begehe ich den Fehler, die Kommentare zu einer Reportage zu lesen oder bei Twitter nach den Meinungen zu einem umstrittenen Thema zu forschen. Da finde ich mich dann plötzlich in der Vorhölle der Onlinewelt mit ihren bitterbösen Tiraden und lasse das alles an mir abprallen. Auch das Gegenteil kommt vor. Oft strömen wunderbare Neuigkeiten über meinen Facebook-Newsfeed herein, aber anstatt mich mit meinen Freunden zu freuen, überfliegen meine Augen das nur, und die Gefühle dringen nicht zu mir durch.

Ich habe darüber nachgedacht und unterscheide jetzt zwischen dem Informations-Internet und den Menschen-Internet. Information liest man ja leicht einfach als Information und vergisst, dass hinter allen Postings, Tweets, Bildern und Geschichten Menschen stehen, die sich Gehör verschaffen möchten. Sicher, diese Menschen teilen längst nicht alle unsere eigenen Überzeugungen, aber seit ich hinter allem die Menschen sehe, spüre ich viel mehr Verbundenheit, auch wenn mir die Inhalte nicht schmecken. Wie können Sie erreichen, dass Sie auch das Menschliche in all den Informationen sehen? Es mag der Autor eines bloßen Klickfang-Artikels sein, ein Promi, der sich mit einem weiteren Selfie in Szene setzt, oder ein Freund, der ein Foto von seinem Frühstück ins Netz stellt, weil er sich ein bisschen einsam fühlt und Kontakt sucht. Versuchen Sie, das Menschliche in alldem zu erspüren.

Echtes Zuhören

Das ist vielleicht die Achtsamkeitsübung, die sich am stärksten auf meine Beziehungen ausgewirkt hat. Es mag ein Klischee sein, dass gute Kommunikation das Geheimnis funktionierender und liebevoller Beziehungen ist –

wahr ist es trotzdem. Schon bald wurde auf meinem Weg der Achtsamkeit schlagend deutlich, dass ich ein schlechter Zuhörer war. Gespräche sahen allenfalls vordergründig wie Gespräche aus, denn tatsächlich wartete ich immer nur darauf, dass der andere endlich fertig war und ich meine ach so wichtigen Dinge vorbringen konnte. Eigentlich handelte es sich um Monologe.

Das Geheimnis des Zuhörens hat drei Aspekte. Zunächst kommt es natürlich darauf an, das vom anderen Gesagte aufzunehmen. Dann gilt es aber auch, zu bemerken, wie der andere spricht und vor allem, welchen Eindruck sein Körper dabei macht. Offen oder verschlossen, gehalten oder entspannt? Drittens müssen wir auch uns selbst zuhören, das heißt bemerken, wie wir innerlich reagieren und vielleicht schon wieder loslegen wollen. Präsent sein, wenn ein anderer spricht, ist ein echtes Geschenk für ihn. Für mich war das eine regelrechte Ausbildung, durch die ich aber nicht nur anderen, sondern auch mir selbst näherkomme.

Sich selbst danken

Die Meditation im Sitzen gelingt oft in der Gruppe am besten. Während der Meditation findet zwar kein Austausch im gewöhnlichen Sinne statt, aber das Zusammensein mit anderen, die ebenfalls auf Bewusstheit und Verbindung aus sind, hat etwas ganz Besonderes.

In der nun folgenden Übung geht es jedoch um uns selbst. Wir bedanken uns relativ leicht bei anderen, aber bei uns?

Wenn Sie innerlich etwas zur Ruhe gekommen sind, nehmen Sie sich zehn Minuten, um sich Szenen in Erinnerung zu rufen, in denen Sie anderen geholfen haben. Das kann etwas Beachtliches sein, etwa Ihr Darlehen an einen Freund, der damit seinen Betrieb retten konnte. Es können Kleinigkeiten wie Ihr anerkennendes Lächeln heute früh im Coffeeshop sein. Sie können sich auch für etwas bedanken, was Sie für sich selbst getan haben. Denken Sie an das kernige Workout, das Sie gestern abgeschwitzt haben, um Ihre Gesundheit für die Zukunft zu sichern. Denken Sie an solche Szenen, bedanken Sie sich bei sich selbst und beobachten Sie, was daraufhin geschieht. Bei der mobilen Form dieser Übung danken Sie sich selbst immer dann, wenn Ihnen auffällt, dass Sie gerade großzügig oder freundlich waren. Vielleicht überrascht es Sie angenehm, dass so etwas häufiger vorkommt, als Sie dachten. Sie werden wahrscheinlich auch auf einigen inneren Widerstand stoßen, bei der formellen Praxis ebenso wie in der mobilen Form. Es werden Gedanken sein, die besagen, dass es da doch eigentlich nichts zu danken gibt und Sie sich nicht so haben sollen. Sollte es so sein, dann nehmen Sie auch von solchen Gedanken freundlich Notiz.

Gegenüber

Dies ist die erste Zweier-Meditation in diesem Buch. Wir haben schon etliche Übungen gehabt, bei denen auch andere eine Rolle spielten, nur haben diese anderen in der Regel nichts davon gewusst. Bei Zweier-Meditationen folgen beide derselben Anleitung, und natürlich müssen beide zugegen sein. Für diese Übung ist ein eher formeller Rahmen angebracht, das heißt, sie sollten einen relativ ruhigen Platz aussuchen, an dem Sie sich wohlfühlen und ungestört sind.

Setzen Sie sich einander gegenüber, nah genug, um das Gesicht gut zu erkennen, aber so weit entfernt, dass der ganze Körper zu erfassen ist. Schließen Sie zu Beginn beide die Augen und legen Sie fest, wer zuerst die Augen öffnen wird. Einer öffnet also jetzt die Augen und betrachtet den anderen in der Absicht, ihn so zu sehen, wie er oder sie ist. Achten Sie auf die Neigung, Ihr Gegenüber in eine Geschichte einzubinden. Lösen Sie sich gleich wieder davon. Den anderen einfach nur sehen, wie er dasitzt, das ist Ihre Aufgabe. Nach ein, zwei Minuten schließt der Erste die Augen und unterrichtet den anderen davon. Der Ablauf wiederholt sich spiegelbildlich. Nach ein, zwei Minuten bekommt der Erste das Zeichen, seine Augen wieder zu öffnen, und jetzt sitzen beide mit offenen Augen da und sehen einander an. Versuchen Sie, den anderen ohne jegliche Etikettierung zu sehen, und wenn irgendein Urteil auftaucht, lassen Sie es los, um zum reinen Schauen zurückzukehren. Das kann eine sehr intime und entblößende Erfahrung sein. Setzen Sie die Übung nicht so lange fort, dass sie unbehaglich wird. Einem anderen ins Gesicht zu blicken und zu wissen, dass man angenommen wird, wie man ist, das geht wirklich tief. Es kann sein, dass es eine Weile dauert, bis die erste Befangenheit nachlässt. Es macht nichts, wenn Sie vor lauter Verlegenheit lachen müssen. Nehmen Sie es nur zur Kenntnis.

7

Tiefer gehen

Ich bin ein Morgenmensch, aber um drei Uhr aufzustehen, das geht auch mir ein bisschen weit. Wer sich jedoch als Gast in einem Kloster tief in den Wäldern des nordöstlichen Thailands aufhält, für den ist das die normale Weckzeit. Da geht es ziemlich straff zu, und die Morgenglocke ist erst der Anfang. Es gibt nur eine Mahlzeit am Tag. Sie findet morgens um sieben statt und besteht aus dem, was von Besuchern gespendet wird. Im weiteren Verlauf gibt es keinen so strengen Tagesplan, aber es wird erwartet, dass man den ganzen Tag meditiert und sich in oder vor seiner Hütte mit formeller Praxis befasst. Einmal pro Woche sollen die Leute, die hier leben, an einer Gruppenmeditation teilnehmen, die sich durch die ganze Nacht zieht, und zweimal pro Woche gibt es am Nachmittag Tee. Ach ja, und wenn Sie länger als drei Tage bleiben möchten, beweisen Sie Ihre Entschlossenheit damit, dass Sie sich den Kopf kahlscheren lassen. Kahl heißt, dass alle Behaarung vom Hals aufwärts wegmuss, einschließlich der Brauen. Für Halbherzigkeiten ist hier kein Platz.

Der Nachmittagstee ist natürlich auch sehr einfach gehalten, aber wenigstens kommt man hier einmal außerhalb des sonst sehr formellen Rahmens mit den Mönchen und den übrigen Gästen zusammen. Dieses Kloster war etwas Besonderes, weil es sich der Schulung westlicher Mönche in der sogenannten Waldtradition Thailands widmete, und das bedeutete, dass ich meinen schwarzen

Tee zusammen mit Leuten trank, die aus allen Teilen Europas und Nordamerikas kamen. Milch zum Tee gab es nicht, da sie als Nahrungsmittel gilt und deshalb nach der einzigen Mahlzeit des Tages nicht erlaubt ist. Es fand sich nur etwa die Hälfte der Gemeinschaft zum Tee zusammen, weil die altgedienten Mönche lieber für sich blieben und uns Gästen das Terrain überließen, zusammen mit zwei Novizen, die ihre volle Ordination im Laufe dieses Jahres bekommen sollten.

Ich kam mit einem der Novizen ins Gespräch, und wir entdeckten erstaunliche Parallelen. Seine Eltern waren wie meine gegen Ende der sechziger Jahre von Sri Lanka ins Vereinigte Königreich ausgewandert. Außerdem war er wie ich 1980 geboren. Richtig unheimlich wurde es, als sich auch noch herausstellte, dass wir aus dem gleichen kleinen Vorort von London stammten und keine zwei Meilen voneinander entfernt gelebt hatten. Meine Eltern hatten für mich zwei Schulen zur Wahl gehabt, und dieser junge Mönch hatte die besucht, auf die ich nicht kam. Zu verrückt. Wir waren eigentlich gleich, nur dass er jetzt Mönch werden wollte.

In dieser Sache blieben wir uneins. Die Auseinandersetzung verlief in dieser Umgebung zwar ganz höflich und gesittet, aber es war eben doch ein Streit. Ich glaube, dass es absolut möglich ist, in einem normalen Alltag den kontemplativen Weg zu gehen, und er glaubte das nicht. Für ihn konnte man die Einsichtsmeditation nur im Kloster mit vollem Einsatz praktizieren, alles andere empfand er als halbherzig, eigentlich als Ausflucht. Wir waren wie Spiegelbilder und diskutierten eine gute Stunde, und obwohl wir den Standpunkt des jeweils anderen schließlich verstanden und respektierten, blieben unsere Positionen, wie sie waren.

Seine Sicht der Dinge ist keineswegs untypisch. Waldmönche gehen mit ganzer Inbrunst den buddhistischen Weg, und ihr Leben dient dem Zweck, die Früchte dieses Weges zu ernten. Als »Haushälter«, wie Laien in dieser Tradition genannt werden, konnte ich allenfalls ein engagierter Amateur sein, dessen Fortschritte am Ende in den Pflichten und Umständen des modernen Lebens stecken bleiben würden.

Da bin ich ganz anderer Meinung. Ich sehe das Klosterleben als eine wunderbare Sache, eine Tradition, die erhalten bleiben sollte, aber sie hat nicht das Monopol auf eine spirituelle Praxis, die zu tiefen Erfahrungen führt. In den buddhistischen Lehren geht es letztlich darum, zu klären, was es heißt, ein Mensch zu sein. Und was uns Meditation und ähnliche Praxisformen an Einsicht und Weisheit erschließen, ist nicht von bestimmten Lebensumständen abhängig. Intensive Praxis mit besten Ergebnissen ist auch in der Großstadt möglich. Das glaubte ich damals und glaube es heute noch.

Damals, 2007, arbeitete ich für eine große Technologieberatungsfirma, und in solchen Jobs mit ihrer hohen Belastung war es ganz normal, dass man sich gelegentlich Auszeiten von bis zu einem Jahr nahm, um etwas ganz anderes zu tun, bevor man wieder in den Job einstieg. Es war die Firma, bei der ich gleich nach dem Studium eingestiegen war. Es gefiel mir gut dort, aber ich nahm doch die Gelegenheit wahr, mich für einige Zeit aus dem Betrieb auszuklinken. Meditation begeisterte mich zunehmend, und so kam ich auf die Idee, ein halbes Jahr in Klöstern und Meditationszentren in Sri Lanka, Thailand und Myanmar zu verbringen. Ich wusste, dass mein urbaner Meditationsstil mein Weg war, aber natürlich hatte ich noch eine Menge zu lernen, und das war jetzt die Gelegenheit dazu, solange ich jung und relativ frei war.

Es ergab sich, dass ich immer jeweils drei bis vier Wochen in den von mir besuchten Zentren blieb. Sie folgten alle der Tradition der Einsichtsmeditation, jedoch mit eigenen Schwerpunkten und Abläufen, und das zu erkennen gehörte zu den wichtigsten Dingen, die ich mit nach Hause nahm. Wenn man sich in Büchern und anderen Medien über die verschiedensten Ansätze der Achtsamkeitspraxis informiert, können sie so unterschiedlich wirken, als hätten sie nichts miteinander zu tun. Manchmal bekommt man sogar den Eindruck, die Gegensätze gingen bis in die Grundanschauungen hinein. Im Laufe meiner sechs Praxismonate in Asien wurde mir jedoch immer deutlicher, dass die verschiedenen Lehren und Ansätze doch zueinander passten. Es war ein befriedigendes Gefühle wie bei einem Puzzle, dessen Teile sich zu einem Bild fügen.

Zweifel hatte ich trotzdem. Die Begegnung mit meinem Beinahe-Doppelgänger im Kloster ließ etliche Alarmglocken schrillen. Was, wenn er recht hatte? Vielleicht wollte ich einfach nur alles haben, und womöglich vertrug sich spirituelle Entwicklung doch nicht mit Internet, Liebesleben und Bausparvertrag. Machte ich mir etwas vor?

Zum Glück wurden solche Zweifel schon auf der nächsten Station meines Zugs durch die Klöster zerstreut. Das war in einem Kloster ganz im Süden Thailands, dem ein hochangesehener Abt vorstand. Es wird Sie nicht wundern, wenn ich sage, dass ich eine Leichte Neigung zum Meditationsfreak in mir habe. Dank dieser Neigung habe ich, was die Meditation angeht, mehrere Lieblingstraditionen, und dieses Kloster gehörte einer dieser Traditionen an. Außerdem besaß der Abt einen sehr guten Ruf als Vertreter dieser Tradition. Deshalb war ich natürlich begeistert, als ich zu einem persönlichen Treffen mit ihm eingeladen wurde. Und nervös war ich. Im Verlauf des Gesprächs stellte ich meine Form der Meditation dar und versuchte, auch meine Fortschritte zu beschreiben. Er lehrte etwas ganz anderes, nämlich eine Form, bei der es um ungemein tiefe Zustände der Sammlung ging, die dann zu einem Sprungbrett in die Einsicht und Weisheit wurden. Ich hatte noch nichts auch nur annähernd Ähnliches angestrebt, und ich kam mir klein und hässlich vor. Vielleicht würde er meine Form der Meditation als zweitklassig einstufen. Aber weit gefehlt! Er sagte: »Ich lebe im Wald, und was ich lehre, taugt für den Wald. Sie leben in der Stadt und gehen einer für die Stadt geeigneten Praxis nach. Meditieren Sie nicht, als lebten Sie im Wald. Der Waldstil und der Stadtstil sind beide gut. Die Wegverläufe sind unterschiedlich, aber beide führen zum Ziel. Bleiben Sie dran, viel Glück.«

*

Wie gehen wir nun tiefer?

Früher einmal war die Achtsamkeitspraxis in einen religiösen Zusammenhang eingebunden und nur in dieser Einbindung zu haben; inzwischen ist sie selbständig geworden und taucht in allen möglichen Umgebungen und Zusammenhängen auf – im Büro, im Sportstadion und im Alltag, jedenfalls weit weg von Klöstern und heiligen Stätten. Sie ist weit mehr als eine spirituelle Praxis, aber wir können sie natürlich noch als spirituelle Praxis nehmen, wenn wir möchten. Das ist so, weil die moderne Achtsamkeitsbewegung der Einsichtsmeditation entspringt, und die hat ihre Wurzeln im Buddhismus. Ich fände es schade, das einfach zu übergehen, und möchte deshalb in diesem Kapitel einen Blick auf die Einsichtsmeditation werfen.

Wenn Sie meinen, die spirituelle Seite der Meditation sei nichts für Sie, können Sie dieses Kapitel natürlich auslassen. Ich finde aber, dass jeder, der Achtsamkeit zum Bestandteil seines Lebens machen möchte, eine Ahnung von ihrer spirituellen Dimension haben sollte. Sie verstehen dann einfach besser, was Achtsamkeit eigentlich ist, auch wenn Sie die spirituelle Seite nicht weiterverfolgen möchten. Jedenfalls wäre ein Buch, das aufzeigen möchte, wie man sich mit Achtsamkeit ein besseres Leben schafft, ohne die tieferen Elemente unvollständig. Der eine meditiert, um Stress abzubauen und weniger abgelenkt zu sein, der andere sucht tiefere Einblicke in die Mysterien des Lebens – beides ist legitim.

Eingangs habe ich über Neugier und Krise als Gründe für den Einstieg in die Meditation gesprochen. Die meisten kommen durch die Krisentür, und wenn sie ihr Problem auf dem Weg über die Achtsamkeit in den Griff bekommen haben, belassen sie es dabei. Es kommt aber auch vor, dass jemand zum gewünschten Ergebnis kommt und dann wissen möchte, was sich mit Achtsamkeit noch erreichen lässt. Dazu können dann die Achtsamkeitstechniken dienen, die wir bisher betrachtet haben. Wir blicken tiefer und gewinnen echte Einblicke. Geistige Entspannung verschafft uns die innere Ruhe, die wir als Grundlage brauchen. Durch Sammlung bekommen wir genügend Durchhaltevermögen, um uns die Dinge lange genug zu vergegenwärtigen. Präsenz, Gegenwart, ist die Zeit, in der das Leben sich abspielt, und daher essenzieller Bestandteil jeder kontemplativen Praxis. Durch unsere Praxis des Umgangs mit schwierigen Erfahrungen lernen wir, dass wir auch in turbulenten Zeiten innerlich im

Gleichgewicht bleiben können. Und mit der Praxis der Verbundenheit werden die Grenzen zwischen uns und unserer Umgebung immer durchlässiger. Unser Zugang zur Achtsamkeit mag die Tür mit der Aufschrift »Krise« gewesen sein, aber was wir dann erleben, wirft neue Fragen auf, und vielleicht klopfen wir irgendwann an die Tür, die »Neugier« heißt.

Neugier war mein Zugang. Mich hat schon immer interessiert, wie die Dinge funktionieren. »Warum sind die Menschen unglücklich, wenn sie doch alles haben, was angeblich glücklich macht? Weshalb bin ich traurig, wenn England schon wieder aus irgendeinem großen Fußballturnier fliegt? Was geht aus, wenn ich einschlafe, und an, wenn ich aufwache?« Ich habe mich an der Universität auch für Naturwissenschaften und am Rande für Philosophie interessiert, aber richtig angebissen habe ich erst, als ich die Meditation mit ihrer Ausrichtung auf die nackte Erfahrung des Geistes und seiner Inhalte für mich entdeckte. Sie eröffnete mir endlich einen Weg, auf dem ich meinen Fragen mittels direkter Beobachtung nachgehen konnte, ohne mich erst durch Argumente und Gegenargumente hindurchkämpfen zu müssen. Das überzeugte mich.

Wir können viel erreichen, wenn wir die Achtsamkeit mit ihren vielen in diesem Buch besprochenen Facetten in alle Bereiche unseres Lebens hineintragen. Wir sind entspannter. Wir können uns einigermaßen konzentrieren, wenn es erforderlich ist. Wir sind im tatsächlichen Leben präsent und kommen besser mit schwierigen Umständen zurecht. Wir fühlen echte Verbundenheit mit anderen. Es ist ein Leben, in dem es sich gut aushalten lässt, und durch Achtsamkeit werden wir zu dem Menschen, der wir sein möchten und den andere gern um sich haben.

Das hat jedoch noch eine weitere Dimension. Wo es

bisher darum ging, sensibler, entspannter und ausgeglichener zu werden, geht es in der tieferen Dimension um die Frage, wer wir *überhaupt* sind: was es heißt, ein Mensch zu sein. Wir haben das schon immer wieder kurz aufblitzen sehen. Beim Umgang mit unangenehmen Situationen haben wir gesehen, wie viel Freiraum entsteht, wenn wir Gedanken und Gefühle nur betrachten und bemerken, statt uns von ihnen mitziehen zu lassen. Als Betrachter erkennen wir: »Ich bin nicht meine Gedanken«, und das kann eine so große Erleichterung sein, dass das Problem nicht mehr gar so unüberwindlich erscheint. Wir erkennen, dass wir es leichter haben, wenn wir uns nicht mehr so sehr mit den Dingen identifizieren. Um solche Dinge geht es in der tieferen Dimension. Wenn wir nicht unsere Gedanken und Gefühle sind, was sind wir dann? Was gibt es da noch loszulassen? Bleibt am Ende nichts als der gegenwärtige Augenblick übrig?

Weiter vorn im Buch war die Rede vom Geheimnis der Achtsamkeit. Das Leben, sagten wir, wird besser, wenn wir die Dinge weniger persönlich nehmen. Das mag ein bisschen leichthin gesagt, wenn nicht abgedroschen klingen, doch tatsächlich umschreibt es das, was Meditation eigentlich ist, auch in ihrer tieferen Dimension. Die Achtsamkeitstradition geht sogar ursprünglich davon aus, dass wir umso mehr leiden, je stärker wir mit den Dingen identifiziert sind und sie als uns zugehörig ansehen. Wenn Sie also einen tollen neuen Wagen haben und Ihre Person dadurch ins rechte Licht gerückt sehen, setzt Ihnen natürlich der kleinste Kratzer arg zu. Betrachten Sie den neuen Wagen dagegen einfach als Fortbewegungsmittel und nicht als Bestandteil Ihrer Ich-Geschichte, wird ein Kratzer, auch wenn Sie ihn nicht gerade begrüßen, Ihr Selbstbild nicht beschädigen.

Die Praxis gibt uns Gelegenheit, diese Hypothese zu überprüfen. Wir sammeln Erfahrung und können schließlich anfangen, sie grafisch darzustellen, etwa in einem Koordinatensystem mit einer Ich-Achse und einer Leid-Achse. Da zeigt sich dann, dass wir am schlimmsten leiden, wenn sich alles um dieses Ich dreht, und dass wir umso mehr Freude und Frieden finden, je leiser unser Ich wird. Daraus ergibt sich schließlich die zentrale Frage der spirituellen Achtsamkeitspraxis: Wenn unsere Leiden sich proportional zur Stärke unserer Identifikation mit den Dingen verhalten, was passiert dann, wenn wir gar nicht mehr identifiziert sind?

Das ist der Punkt, von dem an es in die Tiefe geht, und dort stoßen wir auf das, was der Einsichtsmeditation ihren Namen gibt. Für schwache Nerven ist das freilich nichts. Durch Achtsamkeit unsere Probleme zu lösen, das ist etwas anderes, als achtsam unsere Grundprogrammierung zu erforschen, die unsere Erfahrung prägt. Loslassen, unsere Identifikation mit den Dingen lockern, ist eine wunderbare Sache, aber es gilt wie bei jedem guten Spiel, dass die »Levels« immer anspruchsvoller werden, je weiter wir bei unserer Meditationspraxis in die Tiefe vordringen.

Ein Beispiel für die Herausforderungen, auf die wir da stoßen können, ist das, was »spiritueller Materialismus« genannt worden ist. Wir machen gute Fortschritte auf dem spirituellen Weg, aber jetzt identifizieren wir uns mit einem Bild unserer selbst, das uns als Meditierenden der Oberklasse zeigt: »Beim Meditieren macht mir so schnell keiner was vor. Seit ich mein ichbezogenes Denken so weitgehend reduziert habe, gehöre ich wirklich zur Spitzengruppe.« Mit solchen Gedanken sabotieren wir uns selbst. Der bloße Gedanke, »Jetzt hab ich's«, zeigt uns, dass es da noch mehr loszulassen gibt.

Das Wort »Weisheit« kommt im Zusammenhang mit Meditation ziemlich häufig vor. Weisheit ist eigentlich ein natürlicher Teil des menschlichen Lebens. Wenn wir auch nur ansatzweise bereit und fähig sind, aus unserer Erfahrung zu lernen, kann es nicht ausbleiben, dass wir mit den Jahren weiser werden und den Lauf des Lebens besser verstehen. Wir müssen erkennen, dass unsere Freundschaften und Beziehungen endlich sind, und jedes Ende ist schmerzlich. Wir erkennen auch, dass wir uns immer dann besonders lebendig fühlen, wenn wir ganz präsent sind und den Dingen ihren Lauf lassen. Wir lernen, dass es klug ist, die guten Zeiten zu genießen, dass sie aber nicht ewig weitergehen, sondern dass sich alles ändert. Zunehmende Weisheit ist also eine ganz natürliche Begleiterscheinung des Alterns und der wachsenden Erfahrung.

Meditation ist für diesen natürlichen Prozess eine Art Turbo. Wir sehen uns sehr genau an, was in uns vorgeht, und dadurch wissen wir immer besser, welches Verhalten uns in die Enge treibt und mit welchem Verhalten wir besser fahren. Haben wir das einmal durchschaut, ist es nicht mehr schwer, klug zu agieren.

Wie uns die Meditation dabei unterstützt, ist nicht schwer zu begreifen. Einer meiner Lieblingslehrer beschreibt Achtsamkeit als »eine Art zu sehen, die frei macht« – für mich eine brillante Definition. Mit unserer üblichen Art zu sehen handeln wir uns jede Menge Ärger ein. Oft gehen wir davon aus, dass etwas so bleiben wird, wie es ist, und wenn es sich dann ändert, sind wir bestürzt. Wir versprechen uns Glück vom neuen Smartphone, der neuen Partnerin, dem neuen Haus, und wenn sich nach einer Weile herausstellt, dass dem nicht so ist, stehen wir ratlos da. So sehen unsere inneren Funktionsmuster aus, die sich mit Hilfe der Achtsamkeit aufribbeln lassen. Die meditative Betrachtung unserer Erfahrung offenbart uns, dass nichts je so bleibt, wie es ist, und dass Glück nicht von äußeren Bedingungen abhängt.

Dass die Achtsamkeit sich zu dem entwickeln konnte, was sie heute ist, hat nicht zuletzt mit der wissenschaftlichen Erforschung der Meditation und ihrer Wirkungen zu tun. Die sehr ins Einzelne gehenden neurowissenschaftlichen Untersuchungen ergeben, dass es im Gehirn kein für unser Ich-Gefühl zuständiges umschriebenes Areal gibt, sondern dieses Ich-Gefühl eine »emergente« Eigenschaft ist, die sich irgendwie aus dem Gesamtgeschehen ergibt. Anders gesagt: Es fühlt sich für uns zwar so an, als seien oder hätten wir ein Ich, aber wir können auf keine Stelle zeigen, an der dieses Ich sitzt. In der Meditation können wir das aus unmittelbarer eigener Anschauung nachvollziehen.

Was wir bisher in diesem Buch erörtert haben, könnte man sagen, beschreibt noch nicht den Zugang zur Weisheit, sondern ist einfach herkömmliche Achtsamkeit. Wo also liegt der Unterschied, was meinen wir mit »tiefer gehen«? Nun, unsere Zielvorstellungen sind anders, wenn uns die Tiefe lockt. Ruhe, Konzentration, Gelassenheit und alles, was wir sonst noch genannt haben, fallen uns auch dann zu, sind aber nicht mehr die Hauptsache. In erster Linie möchten wir das Glück und seine Bedingungen besser verstehen.

Dazu ist es wichtig, die eben zitierte Definition der Achtsamkeit zu verstehen: »eine Art zu sehen, die frei macht«. In der Tradition der Einsichtsmeditation hütet man sich vor absoluten Aussagen über »die wahre Natur der Wirklichkeit«, und das aus gutem Grund. Man würde damit nur weitere Dogmen in die Welt setzen, während es bei der Achtsamkeit ja gerade darum geht, uns mit eigenen Augen ein Bild zu machen. Es ist einfach zu offensichtlich, dass unser Bild von uns selbst und der Welt nicht die ganze Wahrheit enthält. Was spricht also dagegen, noch einmal ganz neu hinzuschauen? Vielleicht ergibt sich daraus etwas Besseres. Tatsächlich stellen wir fest, dass unsere Leiden geringer werden, wenn wir anders schauen. Mit der Zeit tragen wir damit unsere alte Betrachtungsweise und die mit ihr verbundenen Leiden ab.

»Erleuchtung« ist ein stark belastetes Wort, das gleich alle möglichen Vorstellungen wachruft. In unserer vom christlichen Denken beherrschten Kultur ist das in erster Linie die Vorstellung von einem dauerhaften Zustand paradiesischer Vollkommenheit. Diese Vorstellung gibt allerdings nicht viel her. Achtsamkeit, ob im Mönchsgewand oder T-Shirt, ist ein ganz pragmatischer Ansatz, mit dem wir erreichen können, dass unser Leben weniger schwierig und leidvoll wird. Wir erreichen das, indem wir uns genau ansehen, wie es zu Schwierigkeiten kommt, und mit diesem Hinschauen beugen wir den Schwierigkeiten bereits vor. Für mich beschreibt »Erwachen« die Sache besser als »Erleuchtung«. Erleuchtung klingt zu sehr nach einem weltbewegenden Augenblick, in dem ein überdimensionaler Zeigefinger vom Himmel herab auf uns als Auserwählten deutet, während das Erwachen ein Prozess ist, der seine Zeit braucht. Plötzliche Durchbrüche sind natürlich möglich, aber die Auflösung unserer Muster und der Ich-Identifikation, die hinter so vielem Schweren im Leben stehen, geht schrittweise vor sich.

Je weiter das Abenteuer der Achtsamkeit Sie in die Tiefe führt, desto deutlicher wird, dass es um zwei Dinge geht: Identität und Interdependenz. Was es damit auf sich hat, wollen wir jetzt mit der sechsten und letzten Kerntechnik in diesem Buch erkunden.

Die Kamera auf sich selbst richten

Kerntechnik 6: Nicht-Tun

Auch für diese Übung erden wir unser Bewusstsein erst einmal im Körper.
Sie kennen sich damit inzwischen aus, ich wiederhole es nur zur Sicherheit. Sie halten dieses Buch, und die körperlichen Empfindungen des Haltens sind jetzt zu fühlen. Lassen Sie sich ganz auf diese Empfindungen ein, und Sie sind ebenfalls im Jetzt, präsent. So einfach ist das.
Fühlen Sie das Buch, seinen Griff in Ihren Händen.
Sie können auch mit einem Finger übers Papier streichen, um zu sehen, wie das ist.
Oder über die Kanten des Rückens.
Die Glätte des Umschlags.
Erden Sie sich mit der Wahrnehmung Ihres ganzen sitzenden, stehenden oder liegenden Körpers noch mehr.
Bei allen bisherigen Kerntechniken haben wir auf der Grundlage der bewussten Körperwahrnehmung Ruhe einkehren lassen.
Jetzt gehen wir einen Schritt weiter.
Unsere Grundposition für diese Übung soll nicht das Körperbewusstsein sein, sondern etwas, was ich »gleichmütige Bewusstheit« nennen möchte.
In dieser gleichmütigen Bewusstheit wird alles, was geschieht, einfach betrachtet.
Nehmen Sie sich also für diese kleine Lesemeditation vor, dass Sie alles, was kommt, nur betrachten, bis es sich von selbst wieder verabschiedet.
Beobachten Sie, wie Laute kommen und wieder gehen.

Nehmen Sie alles wahr, aber ohne sich in etwas verwickeln zu lassen.
Schließen Sie für einen Moment die Augen, damit die Laute und das Hören einfach ihren Lauf nehmen können.
Betrachten Sie Körperempfindungen, wie sie bewusst werden und dann vergehen.
Schließen Sie wieder die Augen, um sich an dieses Beobachten zu gewöhnen, in dem Sie auf keine Empfindung näher eingehen. Sie vergeben keine Namen und verbinden keine Geschichten damit.
Betrachten Sie die aufsteigenden Gedanken. Sie lassen sie wie die Geräusche einfach kommen. Sie wissen, dass Gedanken da sind, aber sie gehen nicht auf sie ein, Sie verbinden nicht mehr damit als mit irgendeinem Geräusch oder einer Körperempfindung.
Wenn Sie dafür die Augen schließen möchten, folgen Sie diesem Impuls.
Jetzt verweilen Sie mit wieder offenen Augen und entspanntem Gesicht beim Sichtbaren. Lassen Sie den Blick auf dem ruhen, was zu sehen ist, sei es dieses Buch oder die Umgebung. Beschäftigen Sie sich nicht mit Einzelheiten. Das Sehen soll einfach Sehen sein.
Das ist die Aufwärmübung. Diese sechste Kerntechnik ist die subtilste, und sie gelingt am besten, wenn unser Bewusstsein relativ unbewegt oder stabil ist. Dann können wir unsere innere Erfahrung einigermaßen gelassen verfolgen und verfangen uns nicht in Geschichten darüber. Wir nehmen einfach nur wahr.
Sollten Sie also jetzt zurückgehen wollen, um die Aufwärmübung zu wiederholen, können Sie das gern tun. Wenn ich innerlich sehr zerfahren bin, muss ich mich

bei einer solchen Meditation manchmal zwanzig Minuten vorbereiten, bevor ich zum jetzt folgenden Hauptteil übergehe.
Diese Technik heißt »Nicht-Tun«.
Üblicherweise wird »Sein« als das Gegenteil von »Tun« betrachtet. »Hört auf mit dem *Tun*, *seid* einfach nur.« So oder so ähnlich lauten die Sätze. Wenn jedoch unsere Achtsamkeit weit genug entwickelt ist und wir immer subtilere Aspekte unserer inneren und äußeren Erfahrung wahrnehmen, wird uns auch »einfach nur sein« wie ein eher klobiges Tun vorkommen. Aus diesem Grund ist mir Tun und Nicht-Tun als Gegensatzpaar lieber. Falls Ihnen dieser Abschnitt im Moment noch nicht viel sagt, macht das nichts. Es ergibt sich, wenn Ihr Interesse an diesen Dingen wach wird.
Jetzt also die Technik. Seien Sie bewusst, aber tun Sie nichts.
Bewusst sein, aber nichts tun.
In schlichter Bewusstheit zur Ruhe kommen.
Im schlichten Wissen um diese Erfahrung.
Ohne etwas zu tun.

*

Bei den meisten Achtsamkeitstechniken gibt es irgendetwas zu tun. Sie verweilen mit der Aufmerksamkeit beim Atem, und wenn sie abschweift, holen Sie sie zurück. Sie achten auf regelmäßig wiederkehrende Gedankengänge und freunden sich mit ihnen an. Dann gilt es die Empfindung der Füße auf dem Boden zu spüren oder einem bestimmten Menschen freundliche Gedanken zu schicken. Schließlich gilt es auch noch,

Spannungen im Körper aufzuspüren und aktiv zu lösen. Achtsamkeit ist voll von solchen Dingen. Dieses Buch auch.

Die Techniken sind wertvoll, haben aber alle etwas Gerichtetes. Sie sagen uns, was wir *tun* sollen. Dadurch heben sie einen Aspekt unserer Erfahrung aus allen anderen hervor. Bei einer Atemmeditation ist Ihr Atem wichtiger als beispielsweise die Empfindung im Ellbogen. Bei der bewussten Wahrnehmung von Lauten ist das Hören wichtiger als das Riechen, Schmecken oder Denken.

Jetzt wollen wir sehen, wie es ist, wenn nichts hervorgehoben wird und in diesem Sinne wichtiger ist. Darauf basiert dieser Ansatz. Wir lassen unseren Geist, wie er ist, und verfolgen alles, was sich tut, mit wachem Interesse.

Unser Bewusstsein ist klar und wach. Wir lassen alles geschehen. Nicht-Tun.

Wir verfolgen alles, als wäre es das Interessanteste überhaupt.

Die Augen sind offen oder geschlossen, einerlei.

Immer wieder mal dockt unser Bewusstsein irgendwo an. Wir merken es daran, dass irgendeine Einzelheit aus dem Ganzen hervorgehoben wird. Unsere Wahrnehmung greift zum Beispiel nach einem Geräusch und will es benennen. Oder wir bemerken eine Körperempfindung und möchten sie in den Vordergrund rücken. Oder ein Gedanke wird laut: »Was soll ich noch mal tun?« Und schon haken wir da ein und diskutieren fröhlich, wie vertrackt das doch ist.

Das alles ist Tun. Ahnen Sie bereits, wie dem gegenüber das Nicht-Tun aussehen könnte?

Nächster Versuch. Lassen Sie sich in die umfassende Bewusstheit zurücksinken, in der alles einfach seinen Lauf nimmt.
Jetzt geschieht dies. Jetzt das. Nicht darauf eingehen.
Wenn wir innerlich ganz ruhig geworden sind, können wir die Tun-Maschinerie in Aktion erleben. Wir erkennen weit unterhalb des Denkens kleine Ansätze zu Impulsen oder Intentionen, kleine Bewegungen nach außen, die das schlichte Gewahren in seiner Stille stören.
Die Übung besteht also darin, dass wir uns vornehmen, nichts zu tun, um dann zu verfolgen, wann das Tun sich regt und wie es sich abspielt. Wir achten genau auf die Unterschiede, auch die Gefühlsunterschiede, zwischen Tun und Nicht-Tun. Wir bleiben da ganz hart und machen auch die kleinste Regung als Tun dingfest.
Wir lernen, was Tun ist und was Nicht-Tun.
Was Geräusch und was Stille ist.
Was das Erkannte und was das Erkennende ist.
Für alle Techniken in diesem Buch gibt es subtile Anwendungsformen, aber diese Übung ist noch subtiler. Hier wird unsere bewusste Wahrnehmung als solche zum Thema, während sonst meist die Inhalte unseres Bewusstseins im Vordergrund stehen.
Wenn es allzu subtil wird, gibt es einfache Fragen, mit denen wir die reine Bewusstheit wieder in den Vordergrund bringen können.
Probieren Sie es aus. Wenn Sie so still geworden sind, dass Sie in reiner Bewusstheit verweilen kön-

nen, ohne sich von Geräuschen oder Gedanken mitziehen zu lassen, fragen Sie:
»Wer erkennt?«
»Was ist das?«
Solche Fragen brauchen keine entsprechenden Antworten, und sollten Antworten kommen, ignorieren Sie sie. Die Fragen machen uns aber neugierig auf die Erfahrung, einmal das Bewusstsein selbst zum Objekt unserer Aufmerksamkeit zu machen.
Das wird sich wahrscheinlich nicht gleich ganz natürlich anfühlen, aber seien Sie unbesorgt, Sie werden mit der Zeit hineinfinden. Es ist so, als würde man in einem Zimmer auf den Raum statt auf die Möbel achten oder im Fußballstadion auf das Spielfeld statt auf das Spiel. Das bedeutet »tiefer gehen« in der Achtsamkeitstradition. Nichts ist unantastbar, wenn es darum geht, unsere Identifikation mit den Inhalten unserer Erfahrungen zu lösen. Das gilt auch für den Teil unseres Bewusstseins, der die Dinge erkennt und den wir für einen nicht wegzudenkenden Teil unserer selbst halten. Können wir die Kamera also drehen und uns fragen, wer oder was eigentlich dieses ganze Erkennen leistet und wie das vonstatten geht? Was geschieht, wenn wir durch das Objektiv der Meditation schauen?

*

Das ist nur ein Beispiel für die vielen Wege in die tiefere Praxis. Jeder kann hier Formen finden, die in einem bestimmten Augenblick für ihn geeignet sind. Alles braucht seine Zeit, und es hat keinen Sinn, hier etwas zu forcieren, aber wenn Sie richtig einsteigen möchten, gibt es ein paar Dinge, die Ihnen den Weg abkürzen können.

Da ist zuerst die regelmäßige formelle Praxis zu nennen. Die in diesem Buch vorgestellten Achtsamkeitsübungen bewirken sehr viel, aber nichts fördert die tiefe Konzentration besser als die gute alte Meditation im Sitzen. Der Blick in die Tiefe setzt ein gewisses Maß an Stabilität voraus, und die finden die meisten leichter in der traditionellen Sitzhaltung. Ich kenne keine Meditierenden, die ganz ohne formelle Meditation zu tiefer Einsicht gekommen sind, und ich glaube, das ist kein Zufall.

Als Unterstützung für Ihren Weg in die Tiefe können Sie zweitens einen Lehrer oder eine Lehrerin aufsuchen oder sich bei den Achtsamkeitstraditionen umsehen. Die tiefere Achtsamkeitspraxis lernt man am besten bei Leuten, die sich erstens sehr gut damit auskennen und zweitens dafür bekannt sind, dass sie andere auf diesem Weg anleiten können. Der Yogakurs im Fitnessstudio dient sicher Ihrer Gelenkigkeit, aber wenn Sie etwas über die spirituelle Seite des Yoga wissen möchten, ist das vermutlich nicht die richtige Adresse. So ist es in der heutigen Achtsamkeitsbewegung auch. Ein Großteil hat kaum etwas mit der spirituellen Seite der Meditation zu tun, und wenn gerade das Ihr Interesse ist, wenden Sie sich besser an eher religiös ausgerichtete Achtsamkeitsgruppen. Es gibt hier alle möglichen Schulen und Formen, von alltagstauglich bis ganz traditionell, so dass jeder ganz nach seinen Anlagen und Neigungen wählen kann. Ich selbst komme aus der Einsichtsmeditation, aber probieren Sie unbedingt, welche Schule oder Tradition Ihnen ganz persönlich liegt.

Die dritte Hilfe zur Vertiefung Ihrer Praxis besteht in Retreats. Man kann auch bei der heimischen Praxis zu tiefen Einblicken gelangen, aber Meditationsretreats haben den Vorteil, dass sie ein speziell auf diesen Zweck abgestimmtes Umfeld schaffen. Nicht jeder kann einfach mal so für ein paar Monate in asiatischen Wäldern untertauchen, aber ein gut geführtes Wochenende irgendwo in Ihrer Nähe kann wirklich eine Menge bewirken. Die längeren Meditationsperioden vertiefen unsere Praxis, und das Retreat-Umfeld kann eine hohe Herausforderung sein, die uns in die Enge treibt. Erfahrungsgemäß ist das eine Situation, in der es besonders leicht zu Durchbrüchen kommt. Gute Unterweisungen sind ebenfalls wichtig bei einem Retreat, und es spricht sicherlich für einen Lehrer oder eine Lehrerin, wenn er oder sie qualifiziert ist, Retreats zu leiten.

Als vierter Faktor für die Beschleunigung Ihres Wegs in die Tiefe ist die Gemeinschaft zu nennen. Achtsamkeitspraxis steht immer noch ein wenig außerhalb der Norm, und da tut eine Gruppe Gleichgesinnter einfach gut. Sollten Sie also tiefer in die Achtsamkeit einsteigen wollen, kann es so laufen wie beispielsweise im Sport: Sie suchen die Gemeinschaft mit Leuten, die Ihre Interessen und Ihre Leidenschaft teilen. Man bietet sich gegenseitig Rückhalt. Das können Online-Communitys oder Gruppen mit richtigen Zusammenkünften oder auch Mischformen sein. Ich würde sagen, dass Gemeinschaft der wichtigste dieser vier Beschleuniger ist. Wenn dafür gesorgt ist, findet sich der Rest ebenfalls.

*

Zehn Meditationen, die Sie auf tiefere Verbindungen aufmerksam machen

Bewegung in Stille

Es gibt in einigen Schulen der Meditation eine sehr alte Tradition, paradoxe Wendungen und Fragen einzusetzen, um uns zu einer etwas anderen Betrachtungsweise der Welt zu bringen. Hier zwei Beispiele, die Ihnen vielleicht schon begegnet sind. Das eine lautet: »Was ist der Ton *einer* Hand?« (So die übliche verkürzte Form. Die vollständige ursprüngliche Frage lautet: »Zwei Hände klatschen, und da ist ein Ton. Was ist der Ton *einer* Hand?«) Das zweite: »Wenn im Wald ein Baum umstürzt und niemand da ist, entsteht dann ein Geräusch?« Im Grunde spielen solche Fragen mit unserem Gefühl von Subjekt und Objekt, sie wollen uns Anstöße zu einer ganz neuen Betrachtungsweise der Welt geben.

Das gilt auch für die folgende Übung, die wir im Gehen machen können. Normalerweise empfinden wir beim Gehen, dass wir uns durch eine weitgehend feste Umgebung bewegen. Versuchen Sie diese Erfahrung einmal umzukehren und Ihre Wahrnehmung als das Feste zu sehen, während sich alles Übrige bewegt. Damit müssen Sie vielleicht erst einmal ein bisschen spielen, bis Sie hineinfinden, aber dann ist es wie bei diesen Kippbildern, auf denen man je nach Art des Blicks beispielsweise eine Vase oder zwei Gesichtsprofile erkennt. Sobald Sie beide möglichen Deutungen einmal gesehen haben, können Sie willentlich zwischen ihnen wechseln, und das ist bei unseren beiden Arten, durch die Welt zu gehen, ganz ähnlich. Man kann da erst einmal gewisse Orientierungsschwierigkeiten haben, weshalb ich davon abrate, beim Überqueren einer Straße die Perspektive zu wechseln. Sie können es auch als Fahrgast im Zug oder als Mitfahrender im Auto üben, aber bitte niemals, wenn Sie selbst am Steuer sitzen.

Mentale Hyperlinks

Der Begriff »Hyperlink« stammt schon aus den sechziger Jahren. Er kam aber erst groß heraus, als Tim Berners-Lee auf die Idee verfiel, das Prinzip der Verlinkung von Dokumenten mittels Text für das Design dessen zu übernehmen, was sich dann zum World Wide Web entwickeln sollte. Gerade einmal fünfundzwanzig Jahre später hat sich dieser simple Gedanke der Verknüpfung von Inhalten zu einem gigantischen Netzwerk von Informationen und Ideen entwickelt. All das läuft heute darauf hinaus, dass wir unseren Webbrowser aufmachen, um uns die neuesten Nachrichten zu Gemüte zu führen, und eins gibt das Nächste und das Nächste und das Nächste, bis wir auf einmal nachforschen, wo in unserer Nähe Shiba-Welpen zu bekommen wären.

Der Grundgedanke dieser Übung liegt darin, die assoziativen Verknüpfungen in unserem Denken zu bemerken. Das gelingt manchmal im direkten Zugriff, aber oft können wir erst in der Rückschau die Verbindungen erkennen. Ein Beispiel: Bei der Niederschrift dieser Übung ruft mir der Name Tim Berners-Lee in Erinnerung, dass ich einmal bei einem seiner Vorträge war, was mich sofort an meinen Freund Roland denken lässt, mit dem ich damals zusammenarbeitete, und schon taucht ein Klavier auf, denn Roland spielt wirklich sehr gut, während ich, und das ist schon wieder die nächste Verknüpfung, bei meinen Klavierstunden in der Kindheit gar keine gute Figur machte, was mich bis heute bedrückt, da ich mich so unmusikalisch fühle und das doch sicher ganz anders wäre, wenn ich mich damals ein bisschen auf den Hosenboden gesetzt hätte – ach, könnte ich doch Klavier spielen. Die ganze Verkettung nimmt keine fünf Sekunden in Anspruch. Wenn wir es darauf anlegen, die Hyperlink-Geschichte unseres Denkens und Fühlens wahrzunehmen, kann das sehr wertvoll sein. Hätte ich die ganze Kette einfach nur so ablaufen lassen, ohne genau hinzusehen, würde ich mich jetzt unwohl fühlen und wüsste nicht, woran es liegt. Sehe ich jedoch die ganze Verkettung von Tim Berners-Lee bis zu meinem musikalischen Analphabetismus, ist das nicht nur aufschlussreich und unterhaltsam, sondern ich erkenne auch, dass meine emotionale Reaktion durchaus eine gewisse Komik hat, die das ganze Selbstmitleid sofort mildert.

Tagesrückblick

Nehmen Sie sich beim Zubettgehen ein paar Minuten, um den Tag noch einmal Revue passieren zu lassen. Vergegenwärtigen Sie sich vom Aufstehen bis jetzt zum Hinlegen möglichst viele Einzelheiten. Was war besonders einprägsam und mit deutlichen Gefühlsreaktionen verbunden? Lassen Sie sich aber nicht auf Geschichten ein, sondern betrachten Sie nur, was da aufsteigt. Danach sehen Sie zu, was an normalen oder belanglosen Dingen noch erinnerlich ist. Wie lief das Frühstück? Wie hat sich Ihr Körper auf dem Weg zu Arbeit angefühlt? Und wie haben Sie sich nach der Arbeit bei der Heimkehr gefühlt? Das ist aber keine Gedächtnisübung, sondern es geht darum, Verknüpfungen zu bemerken. Überlegen Sie kurz, was es ist, das einprägsame Ereignisse hervorhebt und andere nicht. Letztlich möchten wir erkennen, dass unsere Wahrnehmung der Dinge von unserer Einstellung zu ihnen bestimmt ist. Machen Sie diesen Tagesrückblick regelmäßig, und Sie werden mit der Zeit erkennen, wie sich Ihre Praxis entwickelt und welche Bereiche Ihres Lebens noch etwas mehr Zuwendung brauchen.

Fernsehen

Bei unseren Ausflügen in die tiefere Achtsamkeit stellt sich uns schließlich die Frage nach dem Bewusstsein als solchem. Wie wir im Laufe der Zeit immer weniger selbstbezogen und dafür anderen gegenüber fürsorglicher werden, so führt uns das Sehen vieler Dinge schließlich zur Frage nach dem Sehen selbst.

Diesen Wechsel der Ausrichtung können wir beim Fernsehen oder vor jedem anderen Bildschirm üben. Üblicherweise lassen wir uns beim Fernsehen einfach in alles hineinziehen, was da geboten wird. Bei dieser Übung wollen wir uns aus den Inhalten ein wenig heraushalten und auf den Bildschirm mit seinen Rändern und eventuellen Spiegelungen achten. Versuchen Sie einmal, zwischen dem Verfolgen der Inhalte und der Wahrnehmung des Bildschirms hin und her zu wechseln. Wie unterscheiden sich diese beiden Arten der Aufmerksamkeit? Wenn das nach einer Weile gelingt, können Sie vielleicht sogar beides gleichzeitig bewusst wahrnehmen, die Inhalte und den Bildschirm. Das ist nicht nur ein nettes Aufmerksamkeitsspiel, sondern gehört bereits in die Richtung der tiefen Einsichtsmeditation, bei der wir nicht mehr die Inhalte unseres Bewusstseins in den Blick nehmen, sondern das Bewusstsein selbst.

Die Ich-Show

Einsichtspraxis hat sehr viel damit zu tun, dass wir uns bewusst machen, womit wir identifiziert sind und wie diese Identifikationen mit den schmerzlichen Dingen des Lebens zusammenhängen. Besonders gut funktioniert diese Übung im Zusammensein mit anderen. Das können Kollegen, Freunde, Angehörige oder der Partner sein.

Sie achten darauf, unter welchen Umständen Gefühle der Entrüstung aufkommen, also Gefühle der Art, die sich in dem ausgesprochenen oder unausgesprochenen Satz »Und wo bleibe ich?« niederschlagen. Beobachten Sie, wie sich das körperlich anfühlt. Beobachten Sie, wie sich das innerlich anfühlt. Nehmen Sie wahr, wie bewusst Sie in solchen Augenblicken sind und wie Sie sich dann typischerweise verhalten. Das Stück mit dem Titel *Ich* ist wirklich großes Theater und ebenso komisch wie tragisch. Was aber noch wichtiger ist: Wenn wir den Entschluss fassen, den Gang der Handlung bewusst zu verfolgen und uns nicht mehr einfach mit allem zu identifizieren, verliert sich der Primadonna-Charakter unseres Ichs nach und nach.

Sich »gehen lassen«

Diese Übung ist an etwas angelehnt, was ich im Kindergarten gemacht habe. Wir bekamen jeder ein leeres Blatt Papier und einen Filzstift und dazu die Anleitung, mit dem Stift »spazieren zu gehen«. Der Stift sollte dabei immer auf dem Papier bleiben, ansonsten durfte er aber gehen, wohin er wollte, und es musste nichts Erkennbares dabei herauskommen. In der Rückschau erscheint mir das, auch wenn es vielleicht nicht die Absicht war, als perfekte Meditationstechnik zur Erforschung des Ichs, denn hier wird ja der Unterschied zwischen spontanen und dirigierten Bewegungen deutlich. Nun denken Sie vielleicht, dass Sie aus dem Kritzelalter heraus sind, deshalb möchte ich Ihnen eine abgewandelte Form vorstellen, bei der Sie tatsächlich spazieren gehen.

Gehen Sie also los, entweder zu einer Besorgung oder noch besser einfach so. Am besten eignet sich ein Park, da Sie dort nicht an geradlinige Gehwege gebunden sind. Wir interessieren uns dabei für zwei Dinge. Achten Sie darauf, wie viele Bewegungen wie von selbst geschehen, zum Beispiel das Drücken der Taste an der Fußgängerampel oder sogar das Gehen selbst. Sehen Sie zu, ob Sie solche Augenblicke erwischen, in denen Sie das Gefühl bekommen, dass alles automatisch und ohne bewusste Steuerung geschieht. Mit der Zeit wird Ihnen immer mehr auffallen. Zweitens sollen Sie bei diesem Spaziergang auf alles achten, was Ihre Aufmerksamkeit erregt. Was bleibt auf Ihrem Weg in Ihrem Bewusstsein hängen? Fragen Sie sich, was manche Dinge so interessant macht und andere nicht. Das ist sehr aufschlussreich: zu sehen, an welche Dinge sich unsere Aufmerksamkeit gern heftet.

Gemeinsames Bemerken

Hier haben wir eine weitere Übung zu zweit, die auf der Kerntechnik der sechs Sinne aus dem Kapitel »Präsent sein« aufbaut. Setzen Sie sich also mit jemandem zusammen, entweder direkt oder über digitale Kanäle. Es ist hilfreich, aber nicht unbedingt erforderlich, dass man einander sieht. Sprechen Sie abwechselnd das Wort aus, das gerade am besten zur Erfahrung des Augenblicks passt. Für den Anfang können Sie die Tätigkeiten der sechs Sinne nehmen – Berühren, Sehen, Hören, Riechen, Schmecken, Denken und natürlich »unklar«. Wenn das zu wenig hergibt, können Sie auch andere Wörter verwenden, wichtig ist aber, dass Sie die Wahrnehmungs- und Denkprozesse selbst benennen und nicht deren Inhalte. Sollten Sie beispielsweise darüber nachdenken, was Sie zum Abendessen machen wollen, ist »Denken« oder »Planen« angebracht und nicht »Abendessen« oder »Pizza«.

Sie wechseln sich beim Aussprechen der Erfahrung des jeweiligen Augenblicks ab; das ist die soziale Komponente der Übung. Es ist eine meiner Lieblingsübungen. Man kann sie wie gesagt auch für sich allein machen, aber als Partnerübung ist sie viel ergiebiger. Ich wünsche mir, dass Sie selbst herausfinden, was Ihnen die Übung alles bringt, aber ich will Ihnen eine Sache verraten, die für *mich* besonders wertvoll ist. Erstens können wir hier einem anderen Menschen auf spielerische Art sehr nahe kommen, aber darüber hinaus macht sie unsere Aufmerksamkeit noch wacher und aufnahmebereiter. Stellen Sie sich beispielsweise vor, der oder die andere bringt etwas vor, was etwas abseits der Grundprozesse liegt, etwa »Verlegenheit« oder »Ruhe«. Sobald Sie das hören, schalten Sie innerlich ebenfalls auf eine subtilere Ebene um, und das ist etwas wirklich Wunderbares. Sie brauchen nicht bei zwei Mitspielern zu bleiben. Das gemeinsame Bemerken funktioniert auch als Meditation mit mehreren Teilnehmern, zumal Sie hier viel Gelegenheit haben zu beobachten, was in Ihnen vorgeht, während Sie anderen zuhören und darauf warten, wieder an die Reihe zu kommen.

Ausblenden

Was passiert, wenn wir einschlafen? Die folgende Meditation geht dieser Frage nach und verlangt von uns nichts weiter, als das Einschlafen zu beobachten. Wir halten uns am besten wieder an die Sinne. Wenn wir im Bett liegen, sind Geruchs- und Geschmackssinn schon ziemlich funktionslos. Bleiben noch die übrigen vier. Wir schließen die Augen und blenden das Sehen aus, jetzt bleiben nur noch Hören, Fühlen und Denken übrig. Die Übung besteht nun darin, diese drei ebenfalls ausklingen zu lassen, wie man an der Stereoanlage langsam die Lautstärke zurückregelt. Blenden Sie zuerst das Hören nach und nach aus, indem Sie Geräusche einfach verklingen und schwinden lassen und dieses Schwinden verfolgen. Nach einer Weile lassen Sie auch das Denken ausklingen, die Gedanken verblassen wie Geräusche. Sie bemerken aufkommende Gedanken zwar, lassen sie aber verblassen und aus dem Bewusstsein schwinden. Wenn Geräusche und Gedanken auftauchen und vergehen, ist schließlich nur noch der im Bett liegende Körper da. Versuchen Sie, auch die Wahrnehmung Ihres liegenden Körpers vergehen zu lassen, damit die Stille der Nacht Raum greifen kann. Das Stillwerden unserer Sinne am Abend und ihr Aufwachen am Morgen – ist das nicht eigentlich ein alltägliches Wunder? Es lohnt sich, dafür Interesse zu zeigen.

Auf die Stille lauschen

Ist Ihnen aufgefallen, wie schnell wir am Ende einer formellen Meditation wieder auf »normal« umschalten? Vielleicht können wir erreichen, dass sich die beiden Zustände etwas ähnlicher werden, weniger gegensätzlich wirken. Je genauer wir auf den Übergang zwischen der formellen Meditation und dem übrigen Tagesgeschehen achten, desto besser stehen unsere Chancen, das in der Meditation Gewonnene auch im weiteren Verlauf des Tages verfügbar zu haben. Wir neigen dazu, mehr auf die Inhalte unseres Bewusstseins zu achten als auf das, worin sie eingebettet sind. Durch diese Übung möchten wir das einmal umkehren, um zu sehen, was sich daraus ergibt.

Schließen Sie die Augen, und fühlen Sie sich langsam in Ihre Sitzhaltung mit geradem Rücken hinein. Der Bauch soll weich sein, das Gesicht entspannt. Wenn Sie ganz angekommen sind, öffnen Sie sich den Geräuschen und machen das Hören zum zentralen Gegenstand Ihrer Wahrnehmung. Lauschen Sie einfach, aber jetzt nicht auf die Geräusche selbst, sondern auf die Stille, die zwischen ihnen ist. Spüren Sie noch genauer hin: Ist nicht die Stille das, worin die Laute eingebettet sind, und kommen sie nicht aus ihr, statt, wie wir immer meinen, von ihr verschieden zu sein? Vielleicht ist das nur eine Art, unsere Wahrnehmung auszulegen, aber sie kann ein ganz reales Gefühl von geistigem Raum zur Folge haben. Vielleicht können Sie sogar den Klang der Stille hören. Aber wenn Ihnen dieser Ausdruck nichts sagt, beißen Sie sich nicht daran fest. Unser interessiertes Lauschen auf Raum und Stille versetzt uns in einen geistigen Modus, der sich stark vom gewohnten Zustand unterscheidet, in dem wir immer wissen wollen, was *im* Raum und *in* der Stille ist. Versuchen Sie ein Gespür für die beiden Funktionsweisen zu bekommen – worin sie sich unterschieden und wie sie zusammenhängen.

Zoom

Wir kommen jetzt zu einer Form der formellen Praxis, die mir persönlich besonders liegt. Sie verbindet nicht nur etliche Aspekte der Achtsamkeit, sondern hat dabei auch noch etwas Spielerisches. Wenn Sie in aller Ruhe Ihre

Sitzhaltung eingenommen haben und ganz angekommen sind, sehen Sie nach, in welchem Teil Ihres Körpers gerade die stärksten Empfindungen vorhanden sind. Spannungszonen eignen sich am besten, aber jede andere klare Körperempfindung tut es auch. Lassen Sie Ihre Aufmerksamkeit ganz leicht dort zur Ruhe kommen, und probieren Sie aus, ob Sie sich an die Stelle näher »heranzoomen« können. Es ist ungefähr so, als würden Sie beim Betrachten der Stelle eine stärkere Vergrößerung oder höhere Auflösung einstellen. Sie sehen einfach mehr Einzelheiten, wie durch eine Lupe. Wenn es gelingt, werden Sie sehen, dass die zunächst eher undifferenzierte Empfindung viel mehr erkennen lässt. Sie fächert sich sozusagen in Einzelempfindungen auf, ein Kribbeln beispielsweise oder ein Pulsieren.

Wenn das erreicht ist, versuchen Sie, in dieser detailreichen Wahrnehmung zu bleiben. Dabei kann sich zeigen, dass eine zunächst als Spannung oder Schmerz wahrgenommene Empfindung gar nicht so unangenehm ist, wenn man sie auf der Ebene ihrer Anteile oder Komponenten wahrnimmt. Dazu kommt es, wenn wir gelernt haben, hin und her zu schalten: zwischen der Überblickswahrnehmung, in der sich das Gebiet als uniforme Masse darstellt, und der Zoom-Einstellung, die eine Auflösung in Details bewirkt. Wenn Sie möchten, können Sie jetzt einzelne »Bildpunkte« noch weiter vergrößern, um zu sehen, ob weitere Details erkennbar werden. Diese Übung verfeinert unsere Aufmerksamkeit ganz erheblich und macht uns zudem bewusst, dass eine zunächst monolithisch erscheinende Erfahrung bei näherer Betrachtung nicht ganz so fest gefügt ist. Das ist eine wichtige Erkenntnis, die wir mit der Vertiefung unserer Praxis noch weiter ausbauen können. Übrigens kann diese Übung sehr ermüdend wirken, prüfen Sie also immer wieder mal, ob Sie vielleicht zu viel Energie hineinstecken. Sollte das der Fall sein, können Sie bei einer eher entspannenden Übung wie dem Ganzkörper-Atem wieder zu sich finden.

8

Das Betriebssystem der mobilen Achtsamkeit

Wenn man zu Weihnachten ein Hündchen verschenkt, ist es mit dem Schenken nicht getan. Im gleichen Sinne sollten wir unsere Achtsamkeitspraxis nicht auf Zeiten des dringenden Bedarfs beschränken. Wer im Ernstfall ruhig, freundlich und gelassen bleiben möchte, hat besonders gute Chancen, wenn er in ruhigeren Zeiten kontinuierlich übt. Achtsamkeit zu üben, wenn es brennt, das hat etwas von einem Notpflaster, das man nur im Bedarfsfall verwendet. Meditation ist vielmehr als ein systematisches und beharrliches Vorgehen gemeint, mit dem wir nach und nach positive Qualitäten in uns heranbilden. Die so entstandene Achtsamkeit steht uns dann in allen Schwierigkeiten zur Verfügung – zumal sie oft verhindern kann, dass wir überhaupt in Schwierigkeiten geraten.

Solche grundsätzlichen Erwägungen sind wichtig, damit wir für uns das Beste aus diesem Abenteuer der Achtsamkeit machen können. Deshalb gehören zu den in diesem Buch dargestellten Übungen und Techniken acht Prinzipien der mobilen Achtsamkeit, die genauso wichtig sind wie die Praxis selbst. Sie geben uns eine Grundlage und laufenden Rückhalt, und beides brauchen wir, wenn wir mit dauerhaftem Erfolg rechnen wollen.

Acht wichtige Prinzipien

Das erste Prinzip: Achtsamkeit überall

Achtsamkeit überall und bei allen Tätigkeiten, das ist unser erklärtes Ziel. Damit diese durchgängige Achtsamkeit aber entstehen kann, müssen wir erst einmal sicher sein, dass wir sie überhaupt in Gang bringen können. Wir müssen zum Beispiel glauben können, dass es uns möglich ist, im Stau ruhig zu bleiben. Wir müssen glauben können, dass wir im Chaos des Arbeitsalltags bewusster und in unseren Beziehungen – auch per E-Mail – mitfühlender und freundlicher werden können. Wir müssen glauben können, dass Veränderungen nicht nur grundsätzlich, sondern hier und jetzt möglich sind.

Mobile Achtsamkeit setzt voraus, dass wir fest an diese Möglichkeiten glauben, selbst wenn wir uns im Moment vielleicht noch weit davon entfernt sehen. Solange wir diese Dinge nicht ernsthaft für möglich halten, werden wir weiterhin ein zweigeteiltes Leben führen: In bestimmten Situationen können wir ruhig und freundlich bleiben, in bestimmten anderen geht es einfach nicht. Warum also nicht einfach mal davon ausgehen, dass wir *unter allen Umständen* achtsam sein können? Solange wir das nicht zumindest für möglich halten, geben wir uns eigentlich von vornherein keine Chance.

»Achtsamkeit überall« mag wie eine allzu hohe Hürde klingen, aber wenn wir sagen, dass prinzipiell alles in unsere Praxis einbezogen werden kann, muss das ja nicht bedeuten, dass Sie sich jetzt sofort auf absolut jedem Übungsfeld betätigen sollen. Es geht nicht darum, ein

Held der Meditation zu werden, der den ganzen Tag lang jeden Augenblick in der bewussten Wahrnehmung seiner Erfahrung bleibt. Wichtig ist, uns so fit zu machen, dass wir uns zutrauen, immer wieder den Zugang zur Achtsamkeit zu finden. Niemand braucht Hochleistungssportler zu werden, aber es ist sicher gut, uns so fit zu halten, dass wir notfalls laufen können, um den Bus noch zu erwischen.

Das zweite Prinzip: In Schwung kommen

Die ersten Erfolge stellen sich oft schon bald nach dem Beginn der Achtsamkeitspraxis ein. Bei mir war es so, dass das ständige Hintergrundplappern in meinem Kopf schon nach wenigen Wochen bedeutend leiser wurde. Bei Ihnen kann es etwas ganz anderes sein. Typische frühe Erfolgserlebnisse sind besserer Schlaf, schärfere Sinneswahrnehmung und allgemein mehr Ruhe und Stabilität. All das ist wunderbar, aber noch kein Anlass zu Begeisterungsstürmen. Achtsamkeit bewirkt einen Umbau von Gewohnheiten, an die wahrscheinlich seit Jahrzehnten nicht gerührt wurde, und wenn wir unsere Anfangserfolge konsolidieren möchten, brauchen wir ordentlich Schwung.

Diesen Schwung zu erhalten ist für uns alle ein Kampf. Ich kenne niemanden, mich eingeschlossen, dem es nicht trotz bester Absicht irgendwann sauer geworden wäre, im Alltag achtsam zu bleiben, und das gilt für die formelle Praxis ebenso wie für die mobile Form. Aber wenn Sie sich den Schwung erhalten können, haben Sie schon so gut wie gewonnen.

Eine Grundform der Meditation besteht darin, dass wir mit der Aufmerksamkeit beim Atem bleiben. Wir bleiben mit unserer bewussten Wahrnehmung bei den körperlichen Empfindungen des Atmens, wo wir sie besonders deutlich spüren. Sobald wir merken, dass wir abschweifen, holen wir unsere Aufmerksamkeit zum Atem zurück. Ginge es bei unserer Meditation nur um Konzentration, wäre die Anzahl der Atemzüge, die wir achtsam verfolgen können, das Maß unseres Erfolgs. Doch so wichtig das Konzentrationsvermögen ist, noch mehr kommt es auf bewusste Wahrnehmung an: wissen, was vor sich geht, *wenn* es vor sich geht. Dieses Erkennen oder Bemerken ist ganz entscheidend. Wir merken, dass wir abgelenkt sind, und kehren entschlossen zum Atem zurück.

So soll unsere Einstellung zur Meditation grundsätzlich aussehen. Wenn unser Interesse an der Praxis erlahmt, bemerken wir das und erneuern unseren Entschluss, immer wieder neu anzuknüpfen. So entsteht auf Dauer der Schwung, der Achtsamkeit zur Gewohnheit werden lässt – mehr als bloß ein schöner Gedanke. Nur mit diesem Schwung können wir die Achtsamkeit zu unserer Grundeinstellung machen, so dass Ausgeglichenheit, Beständigkeit und Freundlichkeit uns selbst und anderen gegenüber zu unserer natürlichen Daseinsform werden.

Wenn dieser Schwung so wichtig ist, wie viel Praxis braucht man dann dafür? Nach meiner Erfahrung meinen die Leute etwas anderes, wenn sie so fragen, nämlich wie viel Praxis unbedingt sein muss, um noch alles zu erreichen, was man sich wünscht. Die Antwort ist einfach: ein bisschen mehr.

Das dritte Prinzip: Intention

Wenn Achtsamkeit eine Realität in unserem Leben werden soll, müssen wir das wollen. Es ist wie bei so vielen

Dingen im Leben, dass etwas erst geschehen kann, wenn wir es uns wünschen. Dem Wunsch muss dann die Tat folgen, aber ohne den Wunsch kämen wir gar nicht erst aus den Startlöchern. Ohne Intention verzetteln wir unsere Kräfte, mit Intention entsteht klare Ausrichtung.

Da Sie dieses Buch lesen, muss wohl der Wunsch nach einem Leben mit mehr Bewusstheit und Freundlichkeit bestehen. Die Übungen, die Sie hier beschrieben finden, rüsten Sie mit den erforderlichen Mitteln aus. Sie sind bereits auf ein Leben mit knapp bemessener Zeit zugeschnitten, weshalb Ihnen vor allem die Aufgabe zufällt, das Üben nicht zu vergessen. Das erreichen Sie auf zweierlei Art.

Zunächst brauchen Sie eine klare Intention. Die kann als Problemlösung formuliert sein, zum Beispiel: »Ich möchte durch Achtsamkeit etwas in Ordnung bringen, was in meinem Leben nicht ganz rundläuft.« Oder Sie wählen eine positive Formulierung wie: »Ich möchte mit Achtsamkeit ein Gefühl von Raum bekommen, das mir unter allen Umständen erhalten bleibt.« Beides ist gut. Sorgen Sie aber dafür, dass diese Intention so klar wie möglich im Vordergrund Ihres Bewusstseins bleibt.

Wie sieht Ihre Intention, Ihre Motivation, eben jetzt aus? Vielleicht ist sie ganz klar, vielleicht ein wenig undeutlich. Versuchen Sie Klarheit zu gewinnen, es lohnt sich. Nehmen Sie sich etwas Zeit für die Frage, was Sie sich jetzt in diesem Augenblick von der Achtsamkeit wünschen. Warten Sie ab, was sich als Antwort zeigt.

Wenn Ihre Intention steht, können Sie außerdem Erinnerungshilfen verwenden. Das kann zum Beispiel die Sitzhaltung für die formelle Praxis sein. Wenn ich die Meditationshaltung einnehme und die Augen schließe, kehrt innerlich schnell Ruhe ein, und meist merke ich, dass ich geistig klarer und wacher werde, als ich eben noch war.

Das ist keine Zauberei, sondern Ergebnis eines Lernprozesses, vielleicht kann man es auch Konditionierung nennen. Da ich im Laufe der Jahre viel in dieser Haltung meditiert habe, assoziiert mein Gehirn sie mit Ruhe und einer positiven Gemütsverfassung.

Ähnlich ergeht es mir bei Gängen durch die Stadt. In der ersten Phase meiner Achtsamkeitspraxis kam mir einmal der Einfall, jedem Menschen freundliche Gedanken zu schicken, der einen Hut oder rote Kleidungsstücke trug. Das fühlte sich erst einmal ziemlich verkopft an, aber ich blieb dabei. Heute, ein paar Jahre später, ist es mir zur Gewohnheit geworden und fühlt sich ganz normal an. Sobald ich jemanden mit Hut oder roter Kleidung sehe, kommen sofort freundliche Gefühle auf, ganz von selbst, ich muss nicht einmal daran denken. Das ist eine wirklich schöne Sache und führt jedes Mal dazu, dass mir ein wenig leichter wird, was meine eigenen Sorgen und Nöte angeht.

So können wir gekonnt und spielerisch mit Erinnerungshilfen arbeiten. Wir versehen beliebige Dinge in unserer Umgebung mit einer gewissen »Ladung«, die uns bei jeder weiteren Begegnung daran erinnert, bewusst, neugierig und freundlich zu sein. Wir nutzen alles, was sich bietet, um unseren Wunsch nach mehr Achtsamkeit frisch zu halten. Früher waren das Buddhastatuen und andere religiöse Symbole, heute wählen wir frei aus einer unerschöpflichen Fülle von Möglichkeiten.

Das vierte Prinzip: Wissen, wie Achtsamkeit wirkt

Sie haben in diesem Buch eine ganze Reihe verschiedener Meditationsansätze kennengelernt. Bei geführten Meditationen können wir eine Menge lernen; sie geben uns Anleitung und sagen, was zu tun ist. Wirklich interessant wird es aber erst, wenn wir auch wissen, wie und warum Achtsamkeit wirkt. Dann folgen wir nämlich nicht mehr einfach den Vorgaben, sondern wissen selbst, wie von Situation zu Situation vorzugehen ist. Es wird immer noch mehr Dinge geben, die wir bei guten Lehrern lernen können, aber zunehmend schöpfen wir aus uns selbst und werden darin immer geschickter.

Das fünfte Prinzip: Spielen

Die traditionelle Meditation im Sitzen wird leider von vielen als etwas betrachtet, was eben »sein muss«. Es ist wie mit dem »ordentlichen Frühstück«: Wir wissen, dass wir darauf achten sollten, aber wenn wir ohnehin schon keine Zeit haben, ist auch das nur eine weitere Aufgabe. Wenn wir Meditation als Arbeit sehen, folgt daraus natürlich, dass wir wenig Lust darauf verspüren. Und wenn wir uns doch dazu durchringen, leisten wir sie vielleicht einfach mechanisch ab nach dem Motto: »Gut, für heute erledigt. Was steht als Nächstes auf der Liste?«

Dabei kann man Meditation genauso gut als Spiel sehen. Einer meiner wichtigsten Lehrer hat einmal zu mir gesagt: »Wenn es keinen Spaß macht, was soll es dann?« Das hat bei mir richtig eingeschlagen und viel bewirkt.

Hier wird nichts absolviert. Wir spielen Meditation.

Das sechste Prinzip: Die formelle Praxis nicht vernachlässigen

Wenn es in diesem Buch überwiegend um mobile Achtsamkeit geht, heißt das nicht, dass wir das altmodische

Sitzen mit geschlossenen Augen einmotten können. Da hätten Sie mich ganz missverstanden.

Es hat etwas ganz Besonderes, wenn wir eine bestimmte Zeit des Tages der formellen Meditation vorbehalten. Wir lassen alles andere, setzen uns hin und widmen uns ausschließlich der gewählten Meditationsform. Es hat etwas von einem erhebenden Ritual, wenn wir uns in dieser Weise auf die Stille einlassen. Auch wenn es zu Ablenkungen kommen wird: Wir sind ganz bei der Sache. Die formelle Praxis ist ein schönes und wertvolles Geschenk, das wir uns selbst machen, mögen es auch nur zehn oder zwanzig Minuten sein. Die Achtsamkeitstradition hat ihren Ursprung in der formellen Meditation im Sitzen, das lässt sich nicht einfach ignorieren.

Es trifft zwar zu, dass *Buddhify Your Life* der formellen Meditation eine eher flankierende Rolle zuweist. Mit der mobilen Achtsamkeit propagiere ich einen Zugang zur Meditation, der von den Möglichkeiten der Menschen in unserer heutigen Zeit ausgeht. Dennoch empfehle ich ganz entschieden, auch der formellen Meditation weiterhin ihren Platz einzuräumen. »Formell« und »mobil« sind kein Gegensatzpaar, sondern sie laufen erst zu ihrer vollen Form auf, wenn sie ineinandergreifen und sich gegenseitig verstärken. Wenn wir uns durch mobile Meditation an Gelassenheit, Freundlichkeit und Bewusstheit herangearbeitet haben, fällt es uns leichter, auch für die Meditation im Sitzen noch Zeit zu finden. Durch die formelle Meditation werden wir mit der Zeit auf immer mehr Einzelheiten unserer Alltagserfahrung aufmerksam, und das erschließt uns neue Gelegenheiten, auch die subtileren Aspekte unserer Erfahrung wahrzunehmen.

Das siebte Prinzip: Das Miteinander suchen

Wir alle kennen die stereotype Vorstellung des irgendwo in der Abgeschiedenheit Meditierenden, doch dieses Bild ist einseitig und daher irreführend. Meditation ist von Anfang an auf Gemeinschaft ausgerichtet gewesen, und daran hat sich nichts geändert. In der Tradition der Einsichtsmeditation sind sehr wenige Fälle bekannt, in denen es jemand ganz für sich allein zur Meisterschaft gebracht hat. Die Geschichte der Achtsamkeit erzählt von Wandel und Erneuerung und eben auch von Gemeinschaft.

Wie wir innerlich sind, so wirken wir auch in unsere Umwelt hinein und beeinflussen die Menschen in unserer Umgebung mehr oder weniger stark. Unter lauter hibbeligen Leuten wird man selbst bald nervös. Und in der Gegenwart eines zutiefst gelassenen Menschen kann man zusehen, wie man selbst ruhiger wird. Damit will ich sagen: Selbst wenn Sie Autodidakt sind, hat Ihre Achtsamkeitspraxis nie ausschließlich mit Ihnen zu tun.

Mit der Zeit wird uns von selbst klar, wie stark wir über unsere Achtsamkeitspraxis mit anderen verbunden sind. Vielleicht interessieren uns anfangs vorwiegend unsere eigenen Belange, unsere Bedürfnisse und Probleme. Das ist völlig in Ordnung, aber mit der Zeit wird unsere Praxis tiefer, und dann bewegen uns Freundlichkeit und Großzügigkeit immer mehr. Deshalb wird bei der mobilen Achtsamkeitspraxis von Anfang an Wert auf das gemeinsame Üben mit anderen gelegt. An einigen Beispielen haben wir auch schon gesehen, wie wir selbst Unbekannte in unsere Praxis einbinden können – als »Stichwortgeber« und als Empfänger unserer Dankbarkeit und Freundlichkeit.

Denken wir auch daran, dass Meditation von Anfang

an etwas Gemeinschaftliches gewesen ist. Gemeinschaft bietet Rückhalt und Ansporn, und die wurden schon immer als unverzichtbar betrachtet, auch wenn das Leben in der Gemeinschaft mitunter nicht einfach ist. Heute haben wir völlig freien Zugang zu allen nur erdenklichen Formen der Meditation, und das bedeutet für sehr viele Menschen, dass sie Meditation als eine Beschäftigung kennenlernen, der man für sich allein nachgeht. Aber das moderne Leben kann ohnehin schon einsam genug sein, und es wäre schade, wenn die Achtsamkeitspraxis das noch verstärken würde. Auch der Austausch mit anderen, die mehr Erfahrung besitzen als wir, kann unschätzbar wertvoll sein. Sogar am Beginn des Abenteuers Achtsamkeit kommt es vor, dass wir uns einbilden, wir wüssten bereits alles. Im Zusammensein mit erfahrenen Freunden und möglichst auch qualifizierten Lehrern finden wir schnell heraus, wo wir richtigliegen und wo wir noch abwegige Vorstellungen haben.

Das achte Prinzip: Auf lange Sicht

Auf Berggipfeln meditieren wir nicht, weil wir da ungestört sind, sondern wegen der Aussicht. In der Natur, vor allem in der Höhe, öffnet sich unser Geist ganz von selbst. Ein Ausblick, der weit über die Schwierigkeiten und Ärgernisse des Alltags hinausgeht, bringt uns eine Menge, schon weil er die Dinge ins rechte Verhältnis setzt.

Für die Zeit gilt das ebenfalls. Wenn wir von der Achtsamkeit schnelle Lösungen erwarten, laden wir ihr zu viel auf. Betrachten wir sie lieber als einen Prozess, der ein Jetzt und ein Später hat. Achtsamkeit geschieht jetzt, und immer wenn wir sie anwenden, hat das seinen unmittelbaren Wert. Sie ist aber zugleich auch ein Training, das erst im Laufe der Zeit eine Entwicklung erkennen lässt. Wir haben nur Vorteile von dieser doppelten Wirkung der Achtsamkeit.

Von guter Ernährung – um ein anderes Beispiel zu nennen – haben wir ja auch einen zweifachen Vorteil. Gutes, gesundes Essen ist schon beim Verzehr eine Wonne und verstärkt unsere Neigung, auch weiterhin bei dieser guten Ernährung zu bleiben. Längerfristig erleben wir dann, wie gut das für unsere Gesundheit ist.

Achtsamkeit ist wie gesunde Ernährung eine Sache des Trainings. Eigentlich ist alles, was wir tun, in gewissem Sinne Training. Aus der Neurowissenschaft wissen wir, dass sich Nervenzellen, die immer wieder auf die gleiche Weise benutzt werden, zu Nervenschaltkreisen vernetzen, und alles, was wir körperlich, seelisch oder geistig erleben, geht mit bestimmten Aktionsmustern unserer Nervenzellen oder Neuronen einher. Wiederholt sich ein Verhalten und folglich ein Nerven-Aktionsmuster mehrmals, zeigt es die Tendenz, sich zu verfestigen, was dann wiederum Anstoß zur Wiederholung des Verhaltensmusters gibt. So entstehen Gewohnheiten.

Leider sind viele unserer Gewohnheiten nicht besonders sinnvoll, aber je stärker sie werden, desto weniger fallen sie uns noch auf. Dadurch entgleiten sie unserer Kontrolle, und das Verhalten wird automatisch.

Machen wir doch ein kleines Experiment, um zu sehen, was für unsinnige Gewohnheiten wir haben.

Wenn dieser Satz zu Ende ist, schließen Sie für ungefähr eine halbe Minute die Augen. Wirklich, tun Sie es.

Dreißig Sekunden. Nicht schummeln.

Was Sie gerade erlebt haben, ist das Ergebnis Ihres Trainings. Wenn Sie nicht wussten, was Sie jetzt tun sollten, sind Sie voll ausgebildeter Zweifler und Ratloser. Wenn

Ihre Gedanken von hier nach da nach dort gesprungen sind, haben Sie Ablenkung bestens eingeübt. Oder empfanden Sie es als Zumutung, dass ich Ihnen schon wieder eine Übung aufbrumme? Dann haben Sie Frust und Widerwillen echt drauf. Und wenn Sie ganz offen und entspannt bewusst bleiben konnten, sind Sie vermutlich ausgeglichen, und Ihre Achtsamkeit ist gut in Form.

Was es auch war, alles ist völlig normal. In den letzten Jahrzehnten ist unsere Aufmerksamkeit wirklich von allen möglichen Dingen und Einflüssen herumgezerrt worden. Wir haben eine Erziehung zu dem erlebt, was wir jetzt sind. Auch nicht direkt beabsichtigtes Training ist Training.

Da ist es gut zu wissen, dass sich unser Gehirn ändern kann. Ja, manchmal kommt es uns so vor, als seien wir »nun mal« so, wie wir sind, doch nach Aussage wissenschaftlicher Forschungsergebnisse verändert sich unser Gehirn ständig. Alte Gewohnheiten mögen schwer abzulegen sein – unmöglich ist es nicht. Wir *sind* nicht einfach so oder so und fertig. Manche Gewohnheiten entstehen im Laufe von Jahren, wenn nicht Jahrzehnten, aber ihr Abbau muss nicht noch einmal so lange dauern. Manches deutet sogar darauf hin, dass sich neue Gewohnheiten unter günstigen Umständen im Laufe von ein paar Wochen bilden können. Sie brauchen auch nicht zu denken, Sie könnten hier nur mit vollem Dauereinsatz Erfolg haben. Nichts ist verloren, wenn Sie mal ein, zwei Tage aussetzen. Es ist auch nicht vorgeschrieben, dass Sie ständig alles richtig machen müssen. Wichtig ist eine gewisse Beständigkeit auf lange Sicht, und neue Gewohnheiten – wie eben die Achtsamkeit – entstehen nicht aufgrund ganz bestimmter Maßnahmen oder Ereignisse, sondern aus dem Gesamtprozess.

Lassen wir uns also Zeit. So viel Zeit, wie bis zum Erwerb des nächsten Smartphones vergeht. Das sind bei mir rund zwei Jahre. Verschaffen Sie sich in diesem Zeitrahmen ein Bild vom Zustand Ihrer Achtsamkeit. Hat sie mehr Features, mehr Power, mehr Funktionen? Ist sie schöner, hat ihr Design gewonnen, liegt sie besser in der Hand? Unser nächstes Handy soll besser sein als das alte, und ebenso sollte unsere Achtsamkeit der nächsten Generation Züge eines besseren Verständnisses und einer vertieften Praxis haben.

Und noch etwas

Bleiben Sie unbedingt aufgeschlossen. Das mag selbstverständlich klingen, aber betonen wir es ruhig noch einmal. Jeder kommt aus ganz persönlichen Gründen zur Achtsamkeit, aber je besser wir darin werden, je mehr wie verstehen und je tiefer wir blicken, desto höher wird die Wahrscheinlichkeit, dass sich unsere Interessen und Motive ändern.

9

So entwerfen Sie Ihre eigenen Meditationen

Mit den vielen in diesem Buch vorgestellten Meditationen könnten Sie sich bestimmt eine ganze Weile beschäftigen, aber ich gebe Ihnen auch deshalb so viele Anregungen, damit Sie Bezugspunkte haben und sich schließlich zutrauen, Ihre eigenen Meditationen zu kreieren. Niemand weiß so gut wie Sie, was zu Ihnen passt. Hier also eine einfache Anleitung, die Sie dabei unterstützen soll.

Eine Kerntechnik wählen

Sie haben in diesem Buch sechs Kerntechniken kennengelernt:

- Körperwahrnehmung
- Sammlung auf den Atem
- Mit allen Sinnen erkennen
- Wissen, wo Sie stehen
- Herzensgüte
- Nicht-Tun

Gehen Sie alle noch einmal durch, um zu sehen, welche Ihnen am besten gefällt und Ihrem Naturell entspricht. Eine Kerntechnik ist immer ein guter Ansatzpunkt für die Entwicklung Ihrer eigenen Meditation. Alle Kerntechniken sind erprobt und bewährt, und zu der von Ihnen gewählten haben Sie auch noch eine besondere Beziehung.

Das Umfeld für die Meditation wählen

Hier entscheiden Sie, bei welcher Tätigkeit Sie meditieren werden. Beliebt sind: beim Spaziergang, während der Pendelfahrten, beim Essen oder Kochen, beim Telefonieren mit dem Handy. Probieren Sie aus, was Ihnen liegt. Es soll etwas für Sie ganz Normales sein und zu einer Zeit stattfinden, in der es unbedenklich ist, sich auf die Meditation zu sammeln.

Woran möchten Sie arbeiten?

Die Kapitel 2 bis 7 geben Ihnen dazu sechs Anregungen:

- Entspannung
- Sammlung
- Präsenz
- Ausgeglichenheit
- Freundlichkeit
- Neugier

Orientieren Sie sich entweder am gerade bestehenden Bedarf, den Sie durch Ausfüllen der Lücke im folgenden Satz erkennen können: »Hach, hätte ich jetzt doch nur ein bisschen mehr …« Es muss aber nicht unbedingt etwas Dringendes sein. Wählen Sie ruhig etwas, dessen Entwicklung Sie einfach ein wenig fördern möchten. Beide Ansätze sind gut.

Einen Versuch mit der gewählten Aktivität starten

Fragen Sie sich bei diesem Versuch, wie Sie hier noch mehr von der Qualität einbringen können, an der Sie arbeiten möchten. Es ist ganz wichtig, dass Sie Ihre Meditation entwickeln, während Sie der gewählten Aktivität nachgehen, also beispielsweise beim Spaziergang. Nur so bauen Sie wirklich taugliche Meditationen auf – wie ja auch der Gedanke ans Fitnessstudio oder das Bad nicht den Gang dorthin ersetzt. Durch die Frage, wie wir die gewählte Qualität ausbauen könnten, ändert sich unsere Wahrnehmung des Umfelds – ungefähr wie die Fragestellung eines Designers oder Forschers deren Blick auf den jeweiligen Zusammenhang prägt.

Spielerisch mit den Antworten umgehen

Achten Sie auf Einfälle, die Ihnen bei der gewählten Tätigkeit kommen. Sollte sich nichts einstellen, können Sie auf irgendeine andere Meditation im Buch zurückgreifen, die speziell auf diese Tätigkeit oder Qualität abgestimmt ist. Spielen Sie damit, passen Sie sie der Situation oder Tätigkeit an. Wenn Ihnen jetzt spontan Ideen zur Gestaltung einer Meditation kommen, dann lassen Sie sie so ernst oder albern sein, wie sie wollen.

Die Umsetzung Ihrer Einfälle

Vielleicht sind Ihnen zwei oder drei Ideen zur Gestaltung Ihrer Meditation gekommen. Jetzt geht es darum, die beste zu wählen. Das ist oft die erste oder eine besonders verspielte oder denkwürdige. Sie können Ihre Meditation jetzt gleich vollständig entwerfen oder mehrere Ansätze dazu machen. Wenn der Rohentwurf steht, können Sie ihn noch ergänzen oder abwandeln. Das geschieht im Laufe der Vertiefung Ihrer Achtsamkeitspraxis meist ohnehin von selbst.

Wählen Sie einen einprägsamen Namen

Das ist keineswegs nebensächlich, sondern im Gegenteil ganz wichtig. Mit einem kurzen, griffigen Namen prägt sich die eben entworfene Meditation besser ein, und das wiederum erhöht die Wahrscheinlichkeit einer regelmäßigen Beschäftigung mit ihr. Am besten geeignet sind Namen aus zwei bis drei Wörtern, die Ihre Meditation auf den Punkt bringen. Machen Sie den Namen nicht zu gewichtig. Wenn er wie ein Smartphone-Spiel klingt, ist er richtig.

Verknüpfen Sie die Meditation mit bestimmten Gegenständen

Auch das sorgt für die Verankerung der Meditation in Ihrem Gedächtnis. Sie haben sie für eine bestimmte Tätigkeit entworfen, also wählen Sie etwas aus diesem Umfeld als visuelle Erinnerungsstütze. Das kann beim Spaziergang beispielsweise ein Straßenschild oder im Fitnessstudio eine Wasserflasche sein. Nehmen Sie sich vor, dass Sie den gewählten Gegenstand künftig immer als Auslöser für Ihre Praxis nehmen werden. Sobald wir uns das einmal angewöhnt haben, kann es passieren, dass Sie beim Anblick einer Wasserflasche sofort anfangen zu meditieren. Wenn Sie alle Techniken, Tätigkeiten und Qualitäten durchhaben, werden Sie erleben, dass praktisch alles zum Meditationsauslöser wird.

*

An einem Beispiel durchgespielt

Eine der Meditationen, die wir im Kapitel »Gemeinsamkeit« kennengelernt haben, hieß »Ein Schuss Freundlichkeit«. Ich möchte Ihnen jetzt zeigen, wie ich sie entwickelt habe, und folge dabei den für die Abschnitte dieses Kapitels gewählten Überschriften.

Eine Kerntechnik wählen. Ich habe bei der Grundform der Herzensgüte-Praxis angesetzt. Das lag daran, dass ich bei der formellen Praxis keinen rechten Zugang zu ihr fand und deshalb mit anderen Formen experimentierte.

Ein Umfeld für die Meditation wählen. Gehen. Ich gehe viel. Vor allem auf dem Weg zur Arbeit oder von der Arbeit nach Hause.

Woran möchten Sie arbeiten? Ich wollte eine Meditation entwickeln, die mich den Menschen ringsum näherbrachte, die ich meist übersah.

Einen Versuch mit der gewählten Aktivität starten. Dabei gilt es, die Qualität im Auge zu behalten, die man entwickeln möchte, in meinem Fall also: mehr auf andere eingehen. Dieser Teil hat mir sofort Spaß gemacht, schon weil ich jetzt Orte, die ich gut zu kennen glaubte, mit anderen Augen sah. Und der Gedanke, mir die Menschen besser zu vergegenwärtigen, erwies sich als sehr fruchtbar, weil er mir bewusst machte, wie oft ich andere übersah, als gehörten sie einfach zum Umfeld wie ein Briefkasten oder eine Mülltonne.

Spielerisch mit den Antworten umgehen. Das fand ich großartig. Ich hatte irgendwo gelesen, dass manche Leute Spiele wie Pac-Man ganz real in der Stadt spielen, und das wollte ich aufgreifen und mir überlegen, wie man Ideen aus Videospielen aufs Leben übertragen könnte. Ich habe mich früher selbst eifrig mit Videospielen befasst und kam auf die Idee, die Leute mit freundlichen Gedanken zu »beschießen«, und das fühlte sich bei meinen Gängen durch die Stadt mit der Zeit immer spielerischer an.

Die Umsetzung Ihrer Einfälle. Ich kam eigentlich recht schnell auf die Idee, freundliche Gedanken aus der Herzensgüte-Praxis als Munition zu benutzen, und ich hatte von Anfang an ein sehr gutes Gefühl dabei. Ich probierte auch Abwandlungen aus, die aber zum Teil mein Gehen beeinträchtigten, weshalb ich sie wieder verwarf.

Wählen Sie einen einprägsamen Namen. Mit Freundlichkeit schießen – das ist schon ein etwas ausgefallener Gedanke, den man dann natürlich auch zum Titel der Übung macht: »Ein Schuss Freundlichkeit«.

Verknüpfen Sie die Meditation mit bestimmten Gegenständen. Ich habe mir diese Übung vor ungefähr zwölf Jahren ausgedacht und inzwischen so oft geübt, dass sie meist spontan einsetzt, auch weil sie mir viel Freude macht. Für den Fall, dass das einmal nicht geschieht, habe ich der Übung die Farbe Rot zugeordnet. Wenn ich also jemanden sehe, der etwas Rotes trägt, schieße ich sofort Freundlichkeit auf diese Person ab. Ich habe ganz willkürlich eine Farbe gewählt. Man sieht sie oft, aber nicht ständig, und für mich hat sie sich im Laufe der Zeit zur perfekten Erinnerungshilfe entwickelt.

*

Wie Sie Ihrer Meditation noch mehr Schwung geben können

Andere einbeziehen

Überlegen Sie, ob Sie einem Freund oder einer Freundin von dieser Meditation erzählen und ihn oder sie zum Mitmachen ermuntern können. Es fühlt sich gut an, jemand anderen bei der Vertiefung der Achtsamkeit zu unterstützen, zumal sich daraus weitere Ideen zur Gestaltung der Übung ergeben können.

Die Übung zur formellen Praxis machen

Machen Sie die bei Ihrer mobilen Meditation verwendete Kerntechnik zur formellen Praxis. Dabei kann sich unser Verständnis der Kerntechnik beträchtlich vertiefen, was dann wieder auf die mobile Achtsamkeitsübung zurückwirkt. Wenn Sie beispielsweise die Herzensgüte-Übung aus dem Kapitel »Gemeinsamkeit« in die formelle Praxis einbeziehen, wird es Ihnen auch in der übrigen Zeit des Tages leichterfallen, andere Menschen mit Freundlichkeit zu bedenken – mit genügend Übung kommen solche Gedanken irgendwann ganz spontan.

Zwischen den Kerntechniken wechseln

Die von Ihnen entwickelte Meditation ging von einer bestimmten Kerntechnik aus, aber experimentieren Sie auch mit allen anderen. Die meisten hängen ganz direkt oder auch implizit zusammen, und wenn Sie zwischen verschiedenen Ansätzen wählen können, bekommt Ihre Kreativität mehr Spielraum.

Eine Sammlung aufbauen

Entwickeln Sie Meditationen zu vier oder fünf regelmäßigen Tätigkeiten des Tages. Sie können einander ähnlich, aber auch ganz verschieden sein. Wenn wir aus einer kleinen Kollektion wählen können, denken wir erstens öfter daran, unsere Achtsamkeit zu trainieren, und außerdem kommen uns wahrscheinlich auch noch weitere Einfälle zu neuen Meditationen. Notieren Sie sich Ihre Einfälle, damit sie nicht verlorengehen.

Und vergessen Sie nicht, dass das Ganze Spaß machen soll. Ich meine, wozu sollten wir uns damit befassen, wenn es uns nichts gibt?

10

Die Zukunft der Achtsamkeit

Von der Hippie-Bewegung der sechziger und siebziger Jahre sind, wie man meinen könnte, nur ein paar Stereotype von Drop-outs und Blumenkindern übrig geblieben, von vielen heute eher belächelt. Das wird dieser Epoche aber nicht gerecht, denn viele der progressiven Strömungen unserer Zeit – Umweltbewusstsein, fairer Handel und artgerechte Tierhaltung beispielsweise – haben hier ihren Ursprung. Auch Achtsamkeit wäre ohne die damalige Gegenkultur nicht das, was sie heute ist.

Die jungen Leute dieser Zeit waren zutiefst enttäuscht von der Gesellschaft und ihren Wertvorstellungen, und als die Romantik des Ostens dann auch noch von den Beatles besungen wurde, machten sie sich zu Tausenden auf und gelangten über den »Hippie-Trail« zuerst nach Indien und schließlich ins gesamte Südostasien. Manche genossen einfach das Unterwegssein, während sich andere ernsthaft mit den spirituellen Traditionen auseinandersetzten, die sie dort vorfanden. Da die meditative Seite des Christentums zudem kaum noch in Erscheinung trat, war das eine wichtige Phase, denn die allermeisten jungen Westler kamen hier erstmals mit Meditation in Berührung, und eine beachtliche Anzahl von ihnen ließ sich auf Wege der spirituellen Schulung ein.

Einige von ihnen fanden sogar einen tiefen Zugang dazu und trugen später zur Verbreitung des Yoga im Westen bei, oder sie interessierten sich mehr für Meditation und fanden ihre Lehrer in buddhistischen Ländern, in denen die Tradition der Einsichtsmeditation noch sehr lebendig war – Myanmar, Thailand und Sri Lanka waren besonders beliebt, weil hier die Praxis im Vordergrund stand und komplexes Zeremoniell zweitrangig war.

Wer heute den Wunsch hat, diese Länder zu bereisen und einige Zeit in Meditationszentren oder Klöstern zu verbringen, kann sich diesen Wunsch ohne größere Umstände erfüllen. Damals war das wirklich eine Herausforderung, denn es gab noch kaum Englisch sprechende Lehrer, und erprobte Verfahren für die Aufnahme und Eingliederung von Menschen aus dem Westen schon gar nicht. Für Frauen war es besonders schwierig, da der Buddhismus traditionell eine stark männliche Prägung aufwies und Frauen nur mit Mühe ein Unterkommen fanden. Deshalb hat sich die burmesische Achtsamkeitstradition als besonders einflussreich erwiesen, was die Verbreitung des Buddhismus im Westen anging. Hier hat sie von jeher die Laien und die Frauen besser eingebunden.

Die Motive der jungen Leute, die aus dem Westen kamen, waren sehr unterschiedlich. Manche litten unter den Verhältnissen in einem Land, das nicht nur einen furchtbaren Krieg in Vietnam führte, sondern zunehmend vom Konsumdenken beherrscht war. Sie waren orientierungslos, sie suchten Halt. Andere forschten nach Heilung ihrer persönlichen Traumata. Und wieder andere waren ganz einfach fasziniert von dem Zauberwort »Meditation«: Sie hatten davon gehört und wollten jetzt selber sehen, was es damit auf sich hatte. Etliche kamen natürlich auch aus schierer Abenteuerlust. Es waren Tausende, aber nur wenige von ihnen stiegen ernsthaft in die Achtsamkeitspraxis ein. Sie überzeugten sich vom großen persönlichen Nutzen dieser Praxis, und ihre asiatischen Lehrer betrachteten etliche von ihnen als so begabt und schließlich auch erfahren, dass sie ihnen zuredeten, nach Hause zu fahren und das Gelernte dort zu verbreiten. Was viele dann auch taten.

Es hatte zwar seit den fünfziger Jahren hervorragende asiatische Meditationslehrer gegeben, die in Europa und Nordamerika wirkten, aber die heimkehrenden Meditationspioniere der Hippie-Generation stellten eigentlich die erste Gruppe nicht klösterlich gebundener Achtsamkeitslehrer im Westen. Das änderte alles. Da sich junge Amerikaner und Europäer eher für die praktische geistige Schulung als für die esoterischen Rituale des religiösen Buddhismus interessierten, ging es von jetzt an vorwiegend um die Meditation. Auch dadurch änderte sich vieles. Meditation war jetzt sozusagen von der Gesamtheit des Buddhismus abgekoppelt und stand für sich. Allerdings hatten die jungen Lehrer die Achtsamkeit als spirituelle Praxis erlernt, und entsprechend lehrten sie auch.

Es kam aber noch ein weiterer Faktor hinzu, und der änderte wirklich alles. Die Achtsamkeit im Westen durchlief eine Phase, die man als »Remix« bezeichnen könnte. Zunächst einmal fühlten sich die Lehrer der neuen Generation nicht, wie es früher üblich gewesen war, einer ganz bestimmten Tradition zugehörig, sondern hatten sich in verschiedenen Meditationsformen geschult und lehrten jetzt auch so. In den Ursprungsländern dieser Traditionen kommt es praktisch nicht vor, dass sich beispielsweise Zen-Lehrer mit Lehrern aus Myanmar oder Tibet treffen. Im Westen begegneten sich diese verschiedenen Schulen nun, und es entstand eine neue Sicht der Dinge.

Zweitens änderte sich die Achtsamkeit auch deshalb, weil jetzt Interessenten kamen, die mit dem spirituellen Hintergrund nicht viel anfangen konnten. Ihnen ging es mehr um die Lösung ihrer persönlichen Probleme, ihr Leben sollte einfach besser laufen. Entsprechend wurde es jetzt immer üblicher, sich aus der Achtsamkeitspraxis die Elemente herauszusuchen, die einem lagen, und alles andere wegzulassen.

Der dritte Trend, der zu diesem Remix der Achtsamkeit führte, ging von Leuten aus, die sich zunächst aus ganz persönlichen Gründen in Achtsamkeit geschult hatten und dann zu überlegen begannen, ob sie nicht auch in anderen Zusammenhängen anwendbar wäre, in denen sie sich auskannten, beispielsweise in ihrem beruflichen Umfeld. Die entscheidenden Impulse gingen von Angehörigen der frühen Achtsamkeitsgemeinschaften aus, die beruflich im Gesundheitswesen tätig waren. Sie fingen an, die Achtsamkeitspraxis im klinischen und therapeutischen Kontext anzuwenden, und so entstand der Achtsamkeits-Boom, den wir heute erleben.

Als einer, der sich schon viele Jahre mit der Praxis und Geschichte der Achtsamkeit beschäftigt, bin ich dieser kleinen Gruppe von Wegbereitern sehr dankbar. Nach ihrer Schulung in Asien kehrten sie heim und lehrten eine auf westliche Bedürfnisse zugeschnittene und von verschiedenen Traditionen geprägte Form der Meditation, die zur Basis der heutigen Achtsamkeitsbewegung wurde. Sie stehen auf den Schultern der ganz Großen, aber alle, die in den letzten dreißig, vierzig Jahren Gewinn aus der Achtsamkeitspraxis gezogen haben, haben ihnen viel zu verdanken. Ich hatte das Glück, einigen von ihnen zu begegnen, und sie geben alle bereitwillig zu, dass sie in diesen frühen Jahren eigentlich nicht wussten, was sie da taten. Doch dann, ganz allmählich, ist es ihnen mit Können und Geduld gelungen, die Achtsamkeit zu dem zu machen, was sie heute ist.

In der Geschichte der Achtsamkeit ist viel von Wandel und Evolution zu erkennen. Wer wissen möchte, wie sich die Achtsamkeitspraxis entwickelt hat, braucht sich nur an ein Kriterium zu halten, das wir bereits erwähnt haben: Immer wenn die Achtsamkeit in ein neues Umfeld eingewandert ist, hat sie sich den dort bestehenden Traditionen angepasst. So war es auch bei der Reise der Achtsamkeit von Asien nach Nordamerika und Europa. Und die Tradition, der sie hier begegnete, war die Wissenschaft, insbesondere Neurowissenschaft, Psychologie und Psychotherapie.

Wie geht es weiter? Der Einfluss der ersten goldenen Generation westlicher Achtsamkeitslehrer wird weiterhin spürbar bleiben, doch darüber hinaus erleben wir gerade den Aufstieg einer neuen Generation. Das sind Menschen, die nicht nach Myanmar reisen werden, um dort im Kloster zu lernen, wie man meditiert. Die Angehörigen dieser Generation möchten Achtsamkeit auf ihre eigene Art lernen und sie da anwenden, wo sie sind und zu tun haben – auch wenn Achtsamkeit da noch nie gesehen wurde. Das kann im kleinen Rahmen sein, zum Beispiel wenn wir herauszufinden versuchen, wie wir mehr Achtsamkeit am Arbeitsplatz oder beim Elterntaxidienst walten lassen können. Oder es geht um große Fragen wie die nach dem möglichen Stellenwert der Achtsamkeit in der gesamten Business-Kultur oder im Bildungssystem. Das also sind die Anliegen der neuen Achtsamkeitsgeneration. Und Sie gehören zu ihr.

Schon bei der Idee zu diesem Buch bewegte mich die Hoffnung, dass meine Leser die Idee, ihre eigenen Meditationen zu entwerfen, verlockend finden würden. Für mich ist das der Punkt, an dem Achtsamkeit wahrhaft kreativ wird. Eine Praxis in ihren Grundzügen zu erlernen ist eine großartige Sache, aber erst wenn wir sie an die besonderen Bedürfnisse unseres eigenen Innenlebens und die Erfordernisse unseres äußeren Lebens anzupassen lernen, kann sie wirklich etwas ausrichten.

Anpassung, Wandel, Erneuerung sind von Anfang an Wesensbestandteile der Achtsamkeitspraxis. Wenn Sie also eine Praxis aufgebaut haben und dann eine Feinabstimmung vornehmen, die für Sie persönlich besser geeignet ist, befinden Sie sich in bester Gesellschaft. Es begeistert mich, dass Sie diese Möglichkeit jetzt haben, und ich finde es spannend, zu verfolgen, wohin sich die Achtsamkeit im nächsten Schritt wendet. Immer mehr Menschen entscheiden sich bewusst für den Blick nach innen, um dort Ressourcen für die großen und kleinen Herausforderungen des Lebens aufzubauen. Wie die Welt wohl aussehen würde, wenn wir unsere inneren Mittel so wichtig nähmen wie die äußeren?

Es tut sich etwas. Seit sich die Achtsamkeit von ihrer vorwiegend spirituellen Definition gelöst hat, taucht sie an Orten auf, an denen sie noch nie gesehen wurde. Sie verändert uns – und darum geht es letztlich. Je mehr Menschen sich der Achtsamkeit zuwenden und je unterschiedlicher sie in ihrer Anlage und Ausrichtung sind, desto eher kann der Wandel alle Bereiche erfassen. Ich sehe nicht unbedingt eine Welt kommen, in der alle regelmäßig meditieren, aber ich rechne damit, dass Menschen, die bewusster und freundlicher werden möchten, eine Achtsamkeitspraxis lernen können und das Gelernte dann in ihr Lebens- und Arbeitsumfeld tragen. Ich arbeite im Technologiebereich und bringe mein Verständnis von Achtsamkeit in diese Welt ein. Sie sind vielleicht Lehrerin oder Manager oder Krankenpfleger oder Verwaltungsangestellte, eventuell auch Mutter oder Vater. Der Aufruf ergeht an Sie in gleicher Weise: Wie können Sie Ihr Verständnis von Achtsamkeit da realisieren, wo Sie sind?

Achtsamkeitspraxis ist eine der großen kontemplativen Traditionen der Menschheit. Sie hat ihre Wurzeln in der Frühzeit des Buddhismus. Wir reden von einer über zweitausendfünfhundert Jahre zurückliegenden Zeit im alten Indien, in der die größten Städte allenfalls das Ausmaß einer heutigen Kleinstadt hatten und der Pflug den Stand der Technik darstellte. Zweifellos ist die Achtsamkeitspraxis aus tiefen Einsichten hervorgegangen, aber wir können nicht ohne Weiteres davon ausgehen, dass sie uns auch in dieser so ganz anderen Zeit, in der wir heute leben, Antworten auf alle Fragen liefert. Der Buddha besaß kein iPhone. Das galt auch eine ganze Weile für die erste Generation von westlichen Lehrern; inzwischen haben manche von ihnen natürlich nachgerüstet. Die Welt hat sich in den letzten vierzig Jahren unglaublich stark verändert, und das Tempo des Wandels scheint eher noch zuzunehmen. Wenn die Achtsamkeit uns weiterhin etwas sagen will, muss sie sich erneut ändern und anpassen.

Einflüsse der Achtsamkeitsbewegung sind heute in Gesundheitswesen, Management und auf vielen anderen Gebieten deutlich erkennbar. Begleiten Sie mich jetzt auf einem Kurztrip durch einige dieser Gebiete, auf denen zu erkennen ist, wie Achtsamkeit nicht nur die Welt, sondern auch sich selbst verändert. Sie werden auch einige Menschen kennenlernen, die dabei mithelfen. Und da Technik in diesem Buch eine so wichtige Rolle spielt, fangen wir damit an.

*

Achtsamkeit in der digitalen Welt

In den meisten meditativen Traditionen gilt die Meditationsklausur, das Sitzen in Zurückgezogenheit, das heute meist einfach Retreat genannt wird, als unverzichtbarer Bestandteil der Praxis. Wir wenden uns vom äußeren Leben ab und widmen uns für eine bestimmte Dauer dem Blick nach innen. Das Retreat-Modell war auch für die ersten westlichen Lehrer, denen wir die Übertragung der Achtsamkeitspraxis in unseren Kulturkreis verdanken, entscheidend wichtig. Deshalb entstanden in den siebziger und achtziger Jahren zahlreiche Meditationszentren auf dem Land, die für viele Menschen bis heute sehr wertvoll sind.

Ein wenig traurig finde ich, wie viele Menschen, denen ich begegne, auch heute noch der Meinung sind, der Übermacht der Technik könne man nur mit Rückzug begegnen. »Bei der Achtsamkeit geht es doch darum, langsamer zu werden«, sagen sie, »und Technik bedeutet einfach immer mehr Beschleunigung. Folglich hat Achtsamkeit nichts mit Technik zu tun. Man kann sie nur abstellen, fertig.« Auch ich bin der Meinung, dass Pausen von unseren technischen Geräten wertvoll sein können. Aber so wie Urlaub nicht immer die beste Strategie für den Umgang mit Schwierigkeiten im Arbeitsumfeld ist, werden wir mit dem Abschalten der Technik kaum zu einer Lösung für unsere Probleme mit der modernen digitalen Welt finden. Alles abschalten und uns ausklinken – wie soll das auf Dauer gehen? Unser Leben ist zunehmend von digitaler Technik und digitalen Diensten abhängig, und es mag zwar Einzelne geben, die es sich leisten können, da nicht mitzuspielen, aber wir übrigen haben diese Freiheit nicht oder wollen sie gar nicht haben.

Rückzug ist keine besonders differenzierte Antwort auf die Digitalisierung der Welt, aber eine Antwort, die mich nicht überrascht, wenn ich sie auch bedauerlich finde. Erstens ist der Retreat-Gedanke im allgemeinen Verständnis der Achtsamkeit auch heute noch tief verwurzelt, zum anderen waren bzw. sind die westlichen Lehrer der ersten Generation sicher nicht besonders bewandert auf dem Gebiet der Digitalisierung. Wenn jemand Mühe hat, auch nur seinen Fernseher zum Laufen zu bringen, wird er kaum zum Vordenker der Achtsamkeit im digitalen Zeitalter werden.

Wenn also Rückzug keine ausreichende Antwort ist, was für Möglichkeiten haben wir dann noch? Das digitale Leben ist eines der Hauptthemen dieses Buchs, und unsere technikgestützten Übungen dienten auch dem Zweck, eine neue Beziehung zu unseren Geräten und deren Funktionen zu knüpfen. Einer der Kerngedanken der Achtsamkeit besagt, dass wir zwar nicht immer Einfluss auf die Ereignisse in unserem Leben haben, aber sehr wohl selbst bestimmen können, wie wir mit ihnen umgehen. Wir haben das im Zusammenhang mit schwierigen Emotionen oder Körperempfindungen betrachtet, doch es gilt auch für den Umgang mit unseren Geräten. Als Anwender dieser Technik haben wir es in der Hand, unsere Smartphones und News-Feeds als Förderer unseres Wohlergehens zu betrachten, statt sie zu verteufeln. Vielleicht denken Sie, das sei ein bisschen viel verlangt, und in manchen Fällen mag das zutreffen; aber der Umbau unserer Beziehung zu unserem inneren Kritiker ist ebenfalls nicht einfach, und in beiden Fällen haben wir viel zu gewinnen. Die Achtsamkeit hilft uns dabei.

Eine dritte Strategie für ein Leben mit Achtsamkeit *und* Technik basiert auf einer anderen Form des Umgangs mit der Technik. Unbestreitbar wirken sich digitale Gerätschaften auf unsere Aufmerksamkeit aus und beeinflussen unser Wohlbefinden, aber das Problem liegt nicht in der Technik als solcher, sondern in schlechter oder schlecht angewandter Technik.

Freier Zugang aufgrund von Werbung – das ist das Geschäftsmodell, das sich im heutigen Internet durchgesetzt hat. Die an der Entwicklung von Apps und Websites beteiligten IT-Techniker, Designer, Psychologen und Verhaltensexperten haben in erster Linie dafür zu sorgen, dass wir die Werbung anklicken oder über eine App etwas kaufen. Spiele, soziale Netzwerke, Nachrichtenseiten – hier verbringen wir den Großteil unserer Onlinestunden, und dort zielt alles auf Ablenkung oder die Züchtung von Abhängigkeiten. Gegenwärtig sieht es so aus, als gäbe es nur noch diese eine Messgröße: wie viele User zum Weiterklicken und Kaufen animiert werden können. Was, wenn die Verantwortlichen ein wenig Selbstwahrnehmung und Freundlichkeit besäßen? Wie könnte unsere digitale Welt dann aussehen?

Ich verdiene mein Geld mit der Entwicklung von Achtsamkeits-Apps. Das boomt zwar in den letzten Jahren ein bisschen, aber dieser Markt steckt doch noch eher in den Kinderschuhen. Ich erkenne das vor allem daran, dass hier immer noch die geführte Meditation auf Audio den Ton angibt. Da kommt nicht viel von dem rüber, was die Achtsamkeit eigentlich zu bieten hat, und darüber hinaus handelt es sich um eine Technik des vorigen Jahrhunderts. Deshalb ist es eines der großen Anliegen dieses Buchs, mehr Kreativität und Innovationskraft in den Achtsamkeitsdiskurs zu tragen. Die Geschichte lebt von Innovation, aber die gegenwärtige Auffassung von Achtsamkeit macht einen eher konservativen Eindruck. Geführte Meditation kann ein sehr guter Zugang zur Achtsamkeit sein, aber wir ziehen mit ihr unabsichtlich eine Generation von Leuten heran, die nur unter dem Kopfhörer meditieren können. Das ist nicht gerade das, was man heute »Empowering« nennt: Es animiert uns nicht dazu, unsere eigenen Ideen und Mittel ins Spiel zu bringen. Firmen wie meine eigene setzen sich deshalb das Ziel, mit neuen Formen der Achtsamkeit zu experimentieren, die wieder Leben in die Sache bringen. All das ist wie erwähnt bereits auf bestem Wege. Es gibt heute weltweit eine Gruppe von Firmen, sie an sogenannten kontemplativen Technologien arbeiten. Sie arbeiten mit allen möglichen Ansätzen von Hirnstrom-Sensoren bis zum Game-Design, um eine breitere Palette von Produkten für mehr inneres Wohlbefinden anbieten zu können.

Das ist wunderbar, lässt aber die wirklich große Chance noch ungenutzt. Die Zunahme spezialisierter Apps und Gadgets, bei denen Achtsamkeit auf der »Zutatenliste« steht, ist eindeutig ein Gewinn, aber ein unvergleichlich größerer Gewinn würde in der »Imprägnierung« unserer gesamten Technik mit Achtsamkeit liegen. Bei Facebook, Google, Samsung, Apple, Netflix und anderen Unternehmen dieser Art gibt es gegenwärtig noch keine Abteilungen für Achtsamkeitsdesign, dabei könnten selbst winzige Nischen für die Achtsamkeit auf solchen Massenmärkten eine enorme Wirkung entfalten.

Und noch etwas: Da wir immer deutlicher wahrnehmen, wie unsere Aufmerksamkeit funktioniert, ist abzusehen, dass wir eines Tages wirklich genug von ihrer Manipulation haben. Das Erstarken des Fair-Trade-Gedankens im Laufe der letzten Jahrzehnte zeigt, dass es einen

Markt für solche Produkte gibt und viele von uns nicht mehr gar so wahllos konsumieren. Die kommenden Jahrzehnte werden uns Gelegenheit bieten, für unser Innenleben das zu tun, was wir bereits für viele Kaffeebauern und andere getan haben – und das hoffentlich in einem Umfang, dass alle User technischer Geräte etwas davon haben. Sollte das unterbleiben, können wir uns Achtsamkeits-Apps und Bücher zulegen, so viele wir wollen, es wird doch alles Dekoration bleiben und summiert sich nicht zu dem echten Wandel, den wir brauchen.

Aber ich bin Optimist, auch Techno-Optimist. Ich kann mir eine Welt mit wahrhaft geistvoller Software und Hardware vorstellen – Spiele-Bestseller, die mit Mitgefühl statt mit Feuerkraft gewonnen werden; Nachrichtenportale, die zu konzentrierter Lektüre anregen, anstatt uns mit Werbung zu bombardieren; sogar Haushaltsutensilien, die uns unaufdringlich daran erinnern, präsent zu sein und wahrzunehmen, wie wir uns fühlen. All das entwickelt sich derzeit noch in isolierten Nischen, aber es wird zunehmen. Immer mehr Menschen üben sich in Achtsamkeit, unter ihnen auch einige, die unsere Technik produzieren. Gerade ihnen wird bei der Vertiefung ihrer Praxis aufgehen, dass Meditation zur Förderung ihres persönlichen Wohlbefindens nicht ausreicht und dass sie mit ihren künftig zu entwickelnden Produkten Milliarden Menschen erreichen können. Wir können heute so einfach und präzise wie nie zuvor messtechnisch ermitteln, wie gut es uns geht, und die großen Technologiefirmen werden irgendwann anfangen, sich ernsthaft zu fragen, wie ihre Produkte das Leben nicht nur effizienter, sondern auch glücklicher machen können. Genau die messtechnischen Möglichkeiten, die wir heute haben, könnten ja irgendwann die ungesunde Seite eben dieser Produkte aufzeigen, und dann befände sich dieser Industriezweig womöglich in einer ähnlichen Klemme wie die Tabakindustrie. Niemand wünscht sich das. Die Umgestaltung wird eine Weile dauern, und wir als Einzelne können derweil schon unseren Einfluss geltend machen, wo wir Möglichkeiten finden. Und wir können an unserer persönlichen Beziehung zur Technik arbeiten.

*

Mehr Freundlichkeit im Büro

Dass Achtsamkeit in unserer digitalen Welt mehr Einfluss gewinnen wird, glaube ich auch deshalb, weil viele Macher in dieser Welt bereits meditieren. Es hat etwas von der erwähnten Zeit in den Siebzigern, als viele Ideenschmieden in der Gegend, die heute Silicon Valley genannt wird, der damaligen Gegenkultur nahestanden. Heute ist es so, dass Achtsamkeit in vielen Start-ups, aber auch in etablierten großen Firmen gelehrt und praktiziert wird. Darüber hinaus haben die Forschungen der letzten zwanzig Jahre der Achtsamkeit so viel Gewicht gegeben, dass ihre unterstützende Wirkung auf Wohlbefinden und Produktivität der Angestellten als erwiesen gilt und immer mehr Firmenleitungen bereitwillig ihr Plazet geben. Forschungsdaten gaben also den Ausschlag für den Einzug der Achtsamkeit in die Tech-Industrie, und als die Anfänge einmal gemacht waren, entstand daraus schnell ein Trend. Manager der oberen Etagen denken nämlich gern: »Was Google kann, das können wir auch.«

Ich finde es sehr spannend zu verfolgen, wie die Bedeutung der Achtsamkeit im Arbeitsumfeld in den letzten Jahren zunimmt. Als ich anfing zu meditieren, arbeitete ich noch in einer klassischen Büroumgebung, aber schon damals war zu erkennen, dass Unternehmen jeder Art und Größe anfingen, sich ernsthaft für das Thema »Arbeitszufriedenheit« zu interessieren. Nun bin ich eigentlich nur ein Beobachter, aber Louise Chester kennt diese Welt in- und auswendig.

Als wir uns kennenlernten, hatte Louise fünf Jahre bei verschiedenen Firmen gearbeitet und deren Angestellte in die Achtsamkeitspraxis eingeführt. Sie erzählte mir, sie habe sich schon als Jugendliche für Achtsamkeit interessiert, aber erst vor zwanzig Jahren ernsthaft mit der Praxis begonnen, als sie einen schweren Verlust zu verwinden hatte. Sie arbeitete dann weitere Jahre im Finanzwesen und erreichte schließlich eine leitende Position im Management eines internationalen Fonds.

»Da war die Achtsamkeitspraxis wirklich ein Segen. Durch sie fand ich zu einer stabilen Balance in allen Bereichen meines Lebens, auch in diesem sehr anspruchsvollen Beruf. Vor sechs Jahren wurde ich auf die neueren Untersuchungen zu den messbaren Ergebnissen der Achtsamkeit aufmerksam, und das brachte mich auf die Idee, einen Beruf daraus zu machen. Ich hatte selbst so viel gewonnen, und jetzt meldete sich der Wunsch, anderen zu helfen, die in genau diesem stressigen Umfeld arbeiteten, das ich so gut kannte.«

Achtsamkeit am Arbeitsplatz – eine der wenigen Sorgen, die ich zu diesem Thema habe, besteht darin, dass Achtsamkeit einfach zur Produktivitätssteigerung eingesetzt werden könnte. Man sorgt dafür, dass die Leute weniger abgelenkt sind, kümmert sich aber nicht um die Frage, weshalb sie nicht konzentriert arbeiten. Louises Kommentar dazu macht mir Mut.

»Ja, manche Firmen betrachten die Achtsamkeit als Mittel zur Produktivitätssteigerung, während andere auch an die Zufriedenheit der Angestellten denken. Aber es ist eigentlich egal, wie man zur Achtsamkeit kommt, letztlich gleichen sich die Ergebnisse an. Das Interesse innerhalb einer Firma oder Organisation wächst ganz organisch, wenn erst einmal eine kleine

Gruppe damit experimentiert hat. Und wenn Leute aus dem oberen Management an Trainings und Coachings teilnehmen und auch noch öffentlich von ihren Erfolgen berichten, bringt das einen gewaltigen Anschub. Es macht die Achtsamkeit noch glaubwürdiger. Die besten langfristigen Erfolge erleben wir bei Firmen, die die Achtsamkeit zum festen Bestandteil ihrer Strategie in allen wichtigen Bereichen machen und es nicht bei einmaligen Trainings belassen.

Der Gedanke der Achtsamkeit mag manchen Firmen auch heute noch ziemlich abgehoben erscheinen, aber insgesamt findet er in den letzten Jahren immer mehr Zustimmung. Das liegt zum Teil an den wissenschaftlichen Forschungen zur Achtsamkeit, aber es gibt noch weitere Faktoren. Wenn eine Firma für begabten Nachwuchs attraktiv sein und solche Leute halten möchte, wenn sie umweltverträglicher arbeiten, zu ihrer Verantwortung gegenüber der Allgemeinheit stehen und auch noch Gewinne erwirtschaften möchte, geht das einfach nur mit mehr Bewusstsein. Und da kann die Achtsamkeit eine Schlüsselrolle spielen.«

Ich stellte Louise auch Fragen über die Zukunft, und wie sich zeigte, hatte sie ganz genaue Vorstellungen von der weiteren Entwicklung der Achtsamkeit im Arbeitsumfeld: »Die Achtsamkeit am Arbeitsplatz wird mit zunehmender Reife dazu führen, dass die Unternehmen nicht mehr so ausschließlich Aufmerksamkeit und Produktivität im Auge haben, sondern zunehmend die überragende Bedeutung von Freundlichkeit und Mitgefühl erkennen. In einem Umfeld ohne spürbares Wohlwollen und Mitgefühl kommt selbst eine geschulte Aufmerksamkeit nicht richtig zum Zug. Es herrscht da vielfach so viel Angst, Überreaktion und Selbstherrlich-

keit, dass die Leute am Ende ganz in die Defensive gehen und nur noch zusehen, wie sie irgendwie durchkommen. Wirklich gut können wir nur da sein, wo es eine Kultur der Kooperation und gegenseitigen Unterstützung gibt. Bislang hat die Achtsamkeitsschulung in der Arbeitswelt auf diesen Aspekt noch nicht allzu viel Wert gelegt, aber Achtsamkeitspraxis baut ebendiese Kultur der Freundlichkeit auf, in der es den Beschäftigten gutgeht und sie zu ihrer wahren Form auflaufen. Ich glaube, immer mehr Unternehmen kommen darauf, dass ›good business‹ sich tatsächlich rechnet und den langfristigen Erfolg sichert.«

Psychische Gesundheit

Stress am Arbeitsplatz ist eine Sache, aber wenn er sich zu Angststörungen und Depressionen auswächst, ist das etwas anderes. Dass psychische Störungen zunehmen, ist bekannt; leider geht mit ihnen nach wie vor eine Stigmatisierung einher, von der man bei körperlichen Störungen verschont bleibt. Viele der Argumente, die zur Einführung der Achtsamkeit in die Arbeitswelt beigetragen haben, stammen aus der klinischen Achtsamkeitsforschung. Die ersten Ideen zum therapeutischen Einsatz von Achtsamkeit entstanden in den siebziger Jahren, und inzwischen hat sich die Achtsamkeit einen Namen als klinisch empfohlene Interventionsform bei bestimmten Zuständen gemacht. Da ich immer im Umfeld der populären Achtsamkeit gearbeitet habe, besitze ich auf dem Gebiet ihrer klinischen Anwendungen keine eigene Erfahrung. Da ich aber wissen wollte, mit welcher Entwicklung da zu rechnen ist, habe ich mich an Chris O'Sullivan gewendet.

Chris ist in leitender Position für eine große britische Wohltätigkeitsorganisation tätig, die auf dem Gebiet der geistig-seelischen Gesundheit arbeitet. Übrigens kennen Sie ihn bereits. Er ist der Ersthelfer, der zufällig bei diesem furchtbaren Unfall in der Innenstadt von Glasgow zugegen war und erste Hilfe leistete.
Unter denen, die ich für dieses Kapitel interviewt habe, ist Chris wahrscheinlich als Letzter mit der Achtsamkeit in Berührung gekommen. Sie begleitet ihn zwar schon ein paar Jahre bei seiner Arbeit, aber seine persönliche Achtsamkeitspraxis hat er erst vor Kurzem aufgenommen.

»Ich habe in letzter Zeit einiges an Umbrüchen erlebt«, erzählte er mir. »Mir ging es nicht gut, ich hatte keine Energie und war voller Zweifel. Wir hatten gerade unser erstes Kind bekommen, und mein beruflicher Werdegang kam in die entscheidende Phase. Es war einfach so viel auf einmal los, und mir fielen erste Anzeichen eines bevorstehenden Burnouts auf. Ich hatte einiges über Achtsamkeitsstudien und ihre kritische Würdigung gelesen, auch ein paar Bücher über Achtsamkeit, die Leute wie ich bei Geschäftsreisen am Flughafen kaufen. Manches leuchtete mir da ein, und nach den ersten Versuchen fand ich die Praxis faszinierend und spannend. Sie erwies sich dann in dieser an Herausforderungen reichen Zeit tatsächlich als Hilfe.

Mir geht es wie vielen, die ihren Job lieben: Ich finde oft den Aus-Schalter nicht. Seit Jahren hatte ich mir bei jeder Gelegenheit immer noch mehr aufgeladen, ich wollte mich beweisen, und ich wollte wohl auch dem untergebutterten Teenager, der ich gewesen war, beweisen, dass es gut ist, sich durchzubeißen. Die Arbeit war wichtiger, ich kam nie dazu, auch für mich zu sorgen. Dann wurde ich Vater, und damit war es um dieses labile Gleichgewicht geschehen. Die neue Rolle griff meine Reserven an geistiger und körperlicher Widerstandskraft an und erzwang dadurch glücklicherweise eine Neuorientierung.

Dabei hat mir die Achtsamkeit in mehr als einer Hinsicht geholfen. Zunächst einmal wurde mir bewusst, wie sehr ich in meiner eigenen Geschichte, meinen Bedürfnissen und gelegentlich in meiner negativen Haltung befangen war. Mit Achtsamkeitsübungen habe ich meinen Energiehaushalt besser im Griff und finde in meinen Beziehungen und bei der Arbeit leichter das richtige Maß, vor allem wenn es hoch hergeht. Durch Achtsamkeit kann ich anderen urteilsfrei zuhören und meine eigenen Motive unvoreingenommen betrachten, und dadurch agiere ich gezielter, finde leichter zu Entscheidungen und bin klarer in meinem strategischen Denken. Auch ein paar Gewohnheiten und Selbstverständlichkeiten haben sich aufgelöst. Ich kaufe nicht mehr einfach, um ein kurzzeitiges Gefühl der Befriedigung zu genießen, und dafür ist mir klar geworden, dass mir ein freier Tag mit meiner Familie im Garten viel mehr bedeutet. Es ist ein gutes Gefühl, zu wissen, dass ich genüge, wie ich bin – und dass ich es bei der Arbeit auch einfach mal gut sein lassen darf. Ich gestehe mir Fehler zu, und ich liebe Veränderungen, weil sie neue Möglichkeiten eröffnen.

Die Möglichkeiten der mobilen Meditation führen dazu, dass ich mich mehr bewege, und seit dem Einstieg in die Herzensgüte-Meditation fällt mir auf, dass ich weniger zu Urteilen neige, auch mir selbst gegenüber, und dass ich mich in die Verfassung anderer, in ihre Positionen und Motive besser einfühlen und sie gelten lassen kann, ohne auf Abwehr zu schalten oder auf vermeintliche Kampfansagen zu reagieren. Dadurch gehe ich jetzt bei der Arbeit und zu Hause viel gelassener an die Dinge heran; ich kann mit Menschen und Krisen besser umgehen. Ich habe meine Arbeit auf eine neue Basis gestellt und genieße es, Vater zweier kleiner Kinder zu sein. Ich bin sicher, dass ich einiges davon der Achtsamkeit verdanke.

Ob ich ihr alles verdanke, kann ich nicht mit Sicherheit sagen. Rückblickend denke ich, dass da mehrere Einflüsse zusammenkamen – Achtsamkeit, meine Fotografierleidenschaft, meine Familie, meine Arbeit und ein-

fach das Leben. Ganz sicher hat mich die Achtsamkeit wieder mit allem verbunden, was ich hatte, aber nicht mehr so richtig wahrnahm.«

Dann wollte ich von Chris unbedingt noch hören, wie er als Fachmann auf dem Gebiet der psychischen Gesundheit die rasante Entwicklung der Achtsamkeit und ihre Zukunftsaussichten einschätzt. Seine erste Antwort auf die Frage, wodurch die Achtsamkeit zu einer so populären Behandlungsform bei psychischen Störungen geworden ist, war einfach und knapp: »Weil sie wirkt.« Weiter führte er aus: »Achtsamkeit hilft Menschen, deren Denken chaotisch geworden ist, weil sie ein Gefühl von Ordnung, Frieden und Ruhe in ihrem Leben Raum greifen lässt. Achtsamkeit eignet sich großartig als adjuvante Therapie, das heißt, als ergänzende oder unterstützende Maßnahme bei Interventionen anderer Art. Sie ist nicht für jeden Menschen in jeder Lebensphase gänzlich risikolos, aber so gut wie jeder kann aus den Anstößen für sich etwas machen. Sie hat gegenüber anderen Interventionsformen ein sehr günstiges Risikoprofil vorzuweisen. Achtsamkeit ist etwas, das man sich zu eigen machen und eigenverantwortlich fortführen kann. Sie kann einem nicht aufgezwungen werden. Sie fügt sich deshalb gut in alle Strategien der auf Genesung zielenden Selbsthilfe ein. Schließlich kann man die Achtsamkeit gut mittels Versuchsreihen erforschen, und die führenden Einrichtungen zeigen ein zunehmendes Interesse an der Achtsamkeitsforschung. Belastungsfähiges Material zum Thema der Selbsthilfe und der Problembewältigung aus eigener Kraft haben wir noch nicht viel, aber es nimmt zu, und wenn sich die Achtsamkeit hier als vielversprechend erweist, sind die Entscheidungsträger und Geldgeber natürlich eher bereit, sich zu engagieren.

Für die Frage nach der Zukunft der Achtsamkeit braucht man sich nur anzusehen, wie stark das öffentliche Interesse inzwischen zugenommen hat. Was mich persönlich und beruflich zurzeit am meisten interessiert, ist die Frage der Verfügbarkeit. Wie können wir die Achtsamkeit in den Dienst der Menschen stellen, die sie am dringendsten benötigen, aber keinen Zugang zu ihr haben, ja, nicht einmal von ihr wissen? Für sozial gut eingebundene Leute der Mittelschicht bestehen solche Probleme nicht, aber in der Zukunft wird sich erweisen müssen, ob die Achtsamkeitspraxis auf ganz unterschiedlich veranlagte Menschen abgestimmt werden kann. Als Vater begeistert mich auch das Potenzial der Achtsamkeit für die Beziehungen zwischen Jugendlichen und ihren Eltern. Sie mag nicht die Lösung für alles sein, aber wenn es darum geht, sich in diesem modernen Leben zurechtzufinden, ist sie unglaublich nützlich.«

*

Erziehung von innen

Chris' Wunsch, die Achtsamkeit möge sich zu etwas entwickeln, womit mehr benachteiligte Menschen, aber auch Kinder und Jugendliche zu erreichen wären, führte mich zu Michael Bready.

Michael arbeitet nicht weit von meinem Haus in Glasgow entfernt, und ich verfolge seine Arbeit schon seit einiger Zeit mit Interesse und großer Bewunderung. Er und sein Team arbeiten mit Kindern und Lehrern zusammen, und die Grundlage dieser Arbeit ist der Glaube, dass Achtsamkeit und die Fähigkeit zur Innenschau jungen Leuten zu einem gesunden, glücklichen und mitfühlenden Leben verhelfen kann. Er ist auch an einigen Sonderprojekten beteiligt, von denen ich eines ganz besonders faszinierend finde: Er unterrichtet junge Männer im Alter von achtzehn bis einundzwanzig Jahren in Schottlands größter Jugendstrafanstalt in Achtsamkeit.

Das sind wirklich spannende Ansätze, aber als ich mich zum Kaffee mit Michael traf, wollte ich erst einmal wissen, wie er überhaupt zur Achtsamkeit gekommen war. Es begann alles mit großem Liebeskummer. Seine Freundin verließ ihn, als er achtzehn war. Man sagt wohl nicht umsonst, dass alles Schlimme auch sein Gutes hat.

»Ich denke mal, dass ich sowieso irgendwann zu dieser Praxis gekommen wäre, aber dieses Erlebnis hat es beschleunigt. Ich hatte noch nie so sehr gelitten. Ich blieb wie angewurzelt stehen und dachte: ›Oha, was ist denn das jetzt?‹ Dann dämmerte mir, dass ich eine ganz an-

dere Lebensform entwickeln wollte, und ich fragte mich, wie ich echte Stärke in mir finden könnte. Nein, ich wünschte mir keine harte Schale, aber ich wünschte mir eine innere Festigkeit, die mich nicht hindern würde, voll und ganz zu leben.

In dieser Zeit stieß ich auf die Meditation und dachte, das könnte vielleicht was für mich sein. Ich fing an, mich mit alten philosophischen Texten zu befassen, und interessierte mich für humanistische Psychologie, aber irgendwie fehlte mir die praktische Seite. Wie kam man zu dieser geistigen Neuorientierung, die nach den Worten der Philosophen so wichtig war? Ich nahm also an einem Meditationskurs in Glasgow teil und las eine Menge zu diesem Thema, das mich seitdem nicht mehr verlassen hat. Mit vierundzwanzig habe ich eine Indienreise gemacht und stellte mir vor, ich würde das Land als Tourist erkunden. Tatsächlich habe ich mich dann ganze neun Monate zur Praxis in Klöstern aufgehalten.«

Ich nahm an, Michael habe anschließend als Lehrer gearbeitet und sei darüber zu seiner jetzigen Tätigkeit gekommen, aber so geradlinig verlief sein Weg in Wirklichkeit nicht. Nach der Asienreise ging er in die USA, um dort seinen Master in positiver Psychologie zu machen. Ihn beeindruckte die Vielzahl der Programme für Schüler und Studenten, in denen es nicht nur um Berufswahl und Unternehmertum, sondern auch um Themen wie das persönliche Wohlbefinden ging.

»Mich beschäftigte die Frage, was man auf breitester Basis für das Wohlbefinden junger Leute tun konnte. Das brachte mich auf den Bereich Erziehung und Bildung. Das Bildungswesen wandelt sich, aber viele seiner Inhalte haben sich seit über hundert Jahren nicht

mehr geändert. Die traditionellen akademischen Inhalte bleiben natürlich sehr wichtig, aber wir brauchen eine neue und mehr umfassende Zielsetzung.

Zunächst hatte ich gemeint, man müsse dem Wohlbefinden einfach mehr Gewicht neben den traditionellen Lerninhalten geben, aber inzwischen sehe ich das Wohlbefinden nicht mehr in der Zuständigkeit der Bildung, sondern als ein ganz grundsätzliches Ziel. Wir alle möchten die jungen Leute als gesunde, glückliche und aufstrebende Menschen in einer gesunden, glücklichen, florierenden Gesellschaft sehen. Alles, was wir in der Schule tun, sollte auch diesem Zweck dienen, aber wir verlassen uns noch viel zu sehr auf die bisher bekannten Mittel zu diesem Zweck. Wir beißen uns an Lernleistungen, Examina und Verhaltensentgleisungen fest, immer zu Lasten dessen, worum es eigentlich geht, und das ist das Wohlbefinden der jungen Leute.

Es ist also eine gute Sache, dass Einzelne wie ich dem Wohlbefinden diesen Stellenwert zu verschaffen versuchen, aber ich glaube, wir müssen das Bildungswesen ganz umkrempeln, damit die Schulen Zentren der Heilung und Transformation werden können. Viele Kinder und Jugendliche sind traumatisiert und leiden, und unsere Schulen sollten heilend wirken oder die Leiden zumindest nicht noch verschlimmern. Alle Kinder und Jugendlichen, wie auch immer sie aufgewachsen sind, müssen die Möglichkeit bekommen, Qualitäten wie Freundlichkeit, Mut, Ehrlichkeit, Freude und Dankbarkeit zu entwickeln, die ihnen auf ihrem Weg durchs Leben wirklich nützen. Dahin geht meine Hoffnung.«

Michael gibt Kurse, an denen Kinder ab acht Jahren, aber auch Jugendliche und Heranwachsende teilnehmen. Außerdem gibt es einen laufenden Kurs für Leh-

rer, die Achtsamkeit in ihr Repertoire aufnehmen wollen. Mich interessierte brennend, wie das in den Schulen und bei den Schülern ankam.

»Es wird immer sehr gut aufgenommen. Das Interesse der Bildungseinrichtungen spiegelt die allgemeine Begeisterung für Achtsamkeit in den Medien und in der Gesellschaft überhaupt. Es liegt wohl letztlich daran, dass wir alle permanent gestresst sind. Wir arbeiten zu viel, wir möchten mehr verdienen – und irgendwann fragen wir uns, wozu das Ganze? Was soll das alles, wenn es uns doch nicht glücklicher macht? Also, ich würde sagen, dass die Achtsamkeit Konjunktur hat, weil wir vergessen haben, wie man glücklich ist und worin Glück überhaupt besteht. Das gilt natürlich für das Bildungssystem genauso wie für die Gesellschaft insgesamt.

Wenn man Kinder und Jugendliche in die Achtsamkeit einführen möchte, steht man vor dem Problem, dass die Kids im Unterschied zu den Erwachsenen noch nicht so richtig wissen, wie hart das Leben sein kann. Wenn wir als Erwachsene zur Achtsamkeit kommen, sind wir meist schon ein bisschen abgekämpft und suchen nach etwas, das uns Erleichterung verschafft. Wie gesagt, manche Kinder und Jugendliche haben bereits sehr viel Schweres erlebt, aber viele andere haben noch richtig Zunder und Vitalität und freuen sich ganz einfach ihres Lebens. Wenn man denen von den Leiden des Lebens erzählt, kommt man damit nicht gut an. Kindern stelle ich die Achtsamkeit deshalb nicht als Problemlösungsstrategie dar, sondern spreche ihre natürliche Neugier und Wissbegier an – und Spaß muss es machen. Man muss ihre Neugier wecken, ihr Interesse an dem, was geistig und körperlich in ihnen vorgeht

und was sich Moment für Moment in ihrem Erfahrungsraum abspielt – das ist die beste Art, ihnen die Praxis näherzubringen.
Bei den jungen Straftätern ist das ganz anders. Während es an normalen Schulen bestimmte Übereinkünfte zum akzeptablen Verhalten gibt und der Lehrbetrieb deshalb relativ ungestört vonstatten geht, lehnen die jungen Leute in der Strafanstalt alles vehement ab, was irgendwie nach Unterricht aussieht. Man muss zuerst auf der menschlichen Ebene einen Zugang zu ihnen finden, das ist entscheidend. Ich kann ihnen vom Nutzen, der Theorie, der neurowissenschaftlichen Seite der Achtsamkeit erzählen, so viel ich will, das interessiert sie schlichtweg nicht. Sie brauchen erst einmal das Gefühl, dass sie sich vor mir nicht in Acht nehmen müssen, dass ich okay bin. Wenn ich diese Prüfung bestehe, sind sie eher bereit, sich wenigstens anzuhören, was ich zu sagen habe.
Anders ist bei diesen jugendlichen Straftätern außerdem, dass sie wirklich sehr traurig und verletzt sind. Bei der Achtsamkeit dreht sich ja alles darum, dass wir uns ehrlich dem stellen, was in uns vorgeht, und wenn es sich um schwierige Dinge wie Kränkung und Traurigkeit handelt, sind wir dazu nicht ohne Weiteres bereit. Es kann also in der Jugendstrafanstalt eine Weile dauern, bis überhaupt etwas in Gang kommt. Aber wenn die Jungs den Kurs einmal gemacht haben und ihre Praxis weiter ausbauen, stellen sie fest, dass sie durchaus etwas nützt: Sie werden nicht mehr so schnell wütend, sie sind entspannter, sie schlafen besser, es gibt weniger Streit. Ich staune immer über den Mut dieser Burschen. Sie tragen wirklich ein paar ordentliche Brocken mit sich herum, aber sie setzen sich hin und sitzen

still. Es ist mitreißend, zu sehen, wie der menschliche Geist sogar sehr schwierigen Dingen standhält und präsent bleiben kann.«

Am Ende unseres Gesprächs fragte ich Michael, was er für die nächsten paar Jahre an spannenden Entwicklungen erwartet. Die Antwort kam sofort: »Achtsamkeit gibt uns etwas, womit wir unser Leben schöner und besser machen können, im Klassenzimmer ebenso wie im Jugendknast, in Firmen oder im eigenen Wohnzimmer. Wenn ich die Achtsamkeit im Rahmen eines Vortrags vorstelle, kommt es im Publikum oft nur zu einem intellektuellen Verständnis. In Kursen dagegen macht man echte Erfahrungen, die ein tieferes Verständnis begründen. Ich finde es ganz spannend, zu sehen, wie immer mehr Leute darauf kommen, dass Achtsamkeit nicht einfach eine nette Idee ist, sondern lebendige Realität wird. Das zunehmende Interesse ist gänzlich auf das zurückzuführen, was die Leute fühlen und innerlich erleben. Dann sprechen sie mit anderen darüber, und das bewirkt eine ganz natürliche Verbreitung. Sie reden ja über Veränderungen zum Besseren in ihrem Leben, sie haben das Gefühl, mehr sie selbst geworden zu sein. Also: Darauf freue ich mich, dass das für immer mehr Menschen möglich wird.«

Outdoor-Achtsamkeit

Die Achtsamkeit hat in den letzten Jahren wirklich Fahrt aufgenommen, aber sie scheint auch etwas verloren zu haben, nämlich den Bezug zur Natur. Historisch gesehen, war es so, dass Achtsamkeitspraxis von den Ursprüngen der Tradition an im Freien stattfand, und das lag nicht nur am warmen Klima des Ursprungsgebiets, sondern die Natur kann eine ganz besondere Lehrmeisterin sein. Deshalb freute es mich ganz besonders, Andres Roberts kennenzulernen, der es sich zur Aufgabe gemacht hat, Leuten zur Wiederentdeckung ihrer Naturverbundenheit zu verhelfen.

Andres geht dabei von seinem in eigener Praxis gewonnenen Verständnis der Achtsamkeit aus. Ihn treibt der Wunsch, in der Welt etwas zum Besseren zu wenden.
»Ich bin gleich nach der Universität bei einer Großbank eingestiegen. Das war damals eine aufregende Zeit in der Londoner Kunstszene, immer war etwas los. Installationen kamen damals groß raus, ebenso das interaktive Theater, und die heute allgegenwärtigen Festivals hatten in dieser Zeit ihre Vorläufer. Ich fühlte mich irgendwie gespalten, die Energie dieser Szene war so ganz anders als das, was ich bei der Arbeit erlebte. Ich musste mir die Frage stellen, weshalb es in meiner Bank und in anderen Unternehmen so restriktiv zuging. Die hier herrschenden Strukturen waren so starr, dass die Leute mehr oder weniger abschalteten und sich kaum noch trauten, sie selbst zu sein. Sie erschienen zur Arbeit, machten ihren Job nach Vorschrift, und erst nach Feierabend, in der Kneipe oder am Wochenende, fand

das eigentliche Leben statt. Diese seltsame Gespaltenheit weckte in mir den Wunsch nach einer anderen und menschengerechteren Unternehmenskultur.

Mit der Achtsamkeitspraxis habe ich angefangen, als mir klar wurde, dass man erst einmal an sich selbst arbeiten muss, wenn man da draußen in der Welt etwas verändern möchte. Ich habe mich mit verschiedenen Ansätzen beschäftigt und bin in dieser Zeit auf einen bekannten Achtsamkeitslehrer gestoßen, der heute zu den einflussreichsten Vertretern dieser Praxis zählt. Er erklärt seinen Ansatz am Bild dreier konzentrischer Kreise. Der kleinste steht für die eigene Person, der mittlere für unser unmittelbares Umfeld von Angehörigen und Freunden, der äußere für die größere Gemeinschaft beziehungsweise die Gesellschaft. Mir ist davon vor allem in Erinnerung geblieben, dass man erst einmal zu sich selbst in diesen inneren Kreis zurückkehren muss, bevor man irgendetwas ausrichten kann. Ich kam also aus Neugier und nicht aufgrund von Krisen zur Achtsamkeit.

Achtsamkeitspraxis in der Natur habe ich zum ersten Mal in Spanien erlebt. Ein Freund, der dort arbeitete, half mir bei meinem ersten Solo. Ein Solo besteht darin, dass man eine gewisse Zeit für sich allein in der Natur verbringt und nichts weiter zu tun hat, als interessiert an allem teilzunehmen, was sich da tut.

Dieses erste Solo dauerte vierundzwanzig Stunden und war wohl das erste Mal, dass ich einen ganz anderen Blick in mein Innenleben warf. Es regnete viel, das wirkte vielleicht unterstützend. Die meiste Zeit musste ich unter einer Plane an meinem kleinen Feuer sitzen. Aber ich war total glücklich damit. Oben auf dem Berg zu sitzen mit diesem herrlichen Blick über das Tal – es

war ein richtiges Abenteuer. Es wurde sehr still in mir, ich bekam zum ersten Mal richtig mit, woher meine inneren Stimmen kommen.
Eine dieser Stimmen bezeichne ich als den Ansager. Der Ansager hat immer irgendwas zu sagen. Egal, was kommt, er unterbricht es und gibt seinen Senf dazu. Stille ist ihm ein bisschen unheimlich, also quasselt er. Ich hatte ihn noch nie so klar aus nächster Nähe gesehen, aber jetzt erkannte ich ihn, und so kam er zu seinem Namen. Ich bin bei diesem ersten Solo noch auf ein halbes Dutzend weiterer Stimmen gestoßen. Es war ein ziemlich gedrängter Schnellkurs, und das Erlebnis weckte in mir den Wunsch, diesen Ansatz der Achtsamkeit in der Natur zu vertiefen und auch anderen dazu zu verhelfen.«
Im Gespräch mit Andres bekam ich Lust, sofort meinen Rucksack zu packen und aufs Land zu fahren, um aus erster Hand zu erleben, was es mit diesen Kräften der Natur auf sich hat. Andres meinte, es gebe da keinen einzelnen alles entscheidenden Faktor, aber er betonte mehrmals die heilsame Wirkung des Eintauchens in die Natur. Dann erzählte er mir von etwas, was in Japan und Korea »Wald-Bad« genannt wird. Es besteht einfach darin, dass man über einen Zeitraum von mehreren Wochen regelmäßig im Wald spazieren geht. Das wird nicht als tiefe Meditationsübung verstanden, sondern man bewegt sich einfach in der Natur und lässt es sich gutgehen. Es hat offenbar etwas ausgesprochen Wohltuendes. »Wald-Bad« klang für mich reizvoll und gemächlich, aber ich musste Andres doch noch fragen, ob die Leute solch ein Solo mit seiner Erlebnisdichte nicht manchmal auch schwierig finden.
»Nicht jeder ist sofort in der Lage, sich ganz in die ab-

gelegene Einsamkeit zurückzuziehen, deshalb bieten wir zur Eingewöhnung mildere Formen an, für die wir als Umgebung landwirtschaftliche Gebiete nutzen. Da ist es zwar nicht wild, aber auch sehr schön. Diese Formen eignen sich für Leute, die noch nie im Freien campiert haben oder das Alleinsein oder die Dunkelheit ein bisschen fürchten. Meistens stellen sie fest, dass ihre Ängste nur aus Vorstellungen bestehen und sie mühelos mit allem zurechtkommen, wenn ihr Solo dann seinen Lauf nimmt. Das ist sehr befriedigend: Sie merken, dass viel mehr in ihnen steckt, als sie sich zugetraut hätten. Viele, die mit Bammel ins erste Solo gehen, sagen anschließend, sie würden am liebsten noch ein, zwei Tage bleiben.

Das Interesse an der freien Natur nimmt zu, keine Frage. Dazu tragen auch die Sorgen um den Klimawandel bei; wir müssen einfach unsere Umwelt besser im Auge behalten. Hinzu kommt als weiterer wesentlicher Faktor, dass unser Bedürfnis nach Stille und Raum immer dringender wird. Unlängst war ich mit einer Gruppe junger Leute zusammen, alle Anfang zwanzig. Sie erzählten mir, viele ihrer Freunde hätten schon in diesem Alter mit Ängsten zu kämpfen. Ich bin jetzt Ende dreißig und kann mich nicht erinnern, in diesem Alter mit Ängsten zu tun gehabt zu haben. Offenbar kommen wir manchmal nur in der Stille auf die Dinge, die in uns vorgehen.«

Fließende Übergänge

Achtsamkeit greift um sich, und sie verändert sich so rasch, dass ich Dutzende Interviews hätte führen können, um den Stand der Dinge und die Zukunftsaussichten zu umreißen. Viele ganz unterschiedliche Menschen blicken heute nach innen und suchen dann Wege, ihre Entdeckungen irgendwie zum Ausdruck zu bringen. Achtsamkeit war, wie wir gesehen haben, zunächst eine spirituelle Praxis, die den Menschen tiefe Aufschlüsse über ihr Leben und Bewusstsein gab, aber inzwischen hat sie sich zu weitaus mehr entwickelt. Am Ende meiner kleinen Erkundungstour durch einige der neuen Ansätze bin ich zwei Leuten begegnet, die mit der Tiefe der Meditation vertraut sind, aber auch den fließenden Charakter der Achtsamkeit kennen, die immer neuen Formen, die sie sich sucht.

Emily und Vincent Horn sind Meditationslehrer, die zum Thema der Vergangenheit, Gegenwart und Zukunft des Buddhismus eine Website unterhalten, eine beliebte Podcast-Serie herausgeben und Tagungen veranstalten. Sie sind außerdem ein Ehepaar und haben, während ich dies schreibe, gerade ein Kind bekommen. Vincent ist in einer spirituell interessierten Familie aufgewachsen. Seine erste Meditationserfahrung machte er mit dreizehn im Haus seiner Tante, die dort Kurse abhielt. So kam er auf den Weg der Meditation, deren Studium und Praxis das Abenteuer seines Lebens geblieben ist. Emily und er lernten sich während des Studiums kennen, und ihre ersten Meditationsversuche machte sie mit Meditations-CDs, die Vincent in seinem

Zimmer hatte. Sie fühlte sich sofort wohl in der Praxis der Einsichtsmeditation, zumal sie, wie sie erzählte, ihr schon lange bestehendes Gefühl bestätigte, dass es mit dem Leben mehr auf sich habe, als ihr bewusst war. Es begeisterte sie, herausfinden zu können, wie ihr Geist funktionierte, und darüber hinaus auch noch ihren Alltagsstress abbauen zu können.

Sie wurden schließlich beide Meditationslehrer, Emily in herkömmlichen Retreat-Zentren, während Vincent mit Einzelschülern arbeitet, aber auch mit interessierten Teams von Start-up-Unternehmen im Technologiebereich. Vincent erzählte mir von zwei Grundtypen von Menschen, denen er dabei begegnet.

»Manche möchten mehr in die Tiefe gehen, während andere einfach bestimmte Fähigkeiten ausbilden wollen und sich für die tieferen Dinge nicht so sehr interessieren. Dieser zweite Typ ist in den letzten Jahren viel häufiger geworden. Für sie ist Achtsamkeit eine ganz praktische Sache, und sie fragen immer gleich, wie man sie sofort konkret anwenden kann. Aber so groß ist der Unterschied zwischen den ›Tiefen‹, wie wir sie nennen, und den anderen gar nicht. Es kommt immer darauf an, wie viel Zeit und Aufmerksamkeit man der Sache widmet. Sobald die Leute der Meditation, insbesondere der formellen Meditation mehr Zeit widmen, dringen sie in subtilere geistige Bereiche vor, die sie bis dahin nicht wahrnehmen konnten. Wer eine halbe Stunde statt bisher zehn Minuten der formellen Praxis vorbehält, bekommt zwangsläufig neue Aufschlüsse.«

Emily ist aufgefallen, wie fließend die Übergänge zwischen eher traditionellen und modernen Formen der Meditation sein können. »Als große Veränderung fällt mir auf, wie viele Leute heutzutage in Meditationszen-

tren auftauchen, die erst durch Apps überhaupt zur Meditation gekommen sind. Immer mehr Menschen neigen heute zur Achtsamkeitspraxis, und das stellt diese Zentren, die aus verschiedenen Gründen ein bisschen technologiefeindlich sein können, vor interessante neue Fragen. Wir müssen auch grundsätzlich überlegen, wie wir weiterhin lehren wollen. Wie kann unsere Unterstützung für Menschen, die Herz und Geist schulen möchten, die Universalität einer App haben und zugleich so persönlich sein, wie es der historischen Rolle der Lehrer auf diesem Gebiet entspricht?«

Ein kennzeichnender Zug der modernen Achtsamkeitsbewegung liegt in der neuen Vielzahl weiblicher Stimmen. Deshalb wollte ich von Emily gern wissen, wie sie die Veränderungen auf diesem früher doch sehr von männlichen Lehrern beherrschten Gebiet sah. Sie findet es sehr wichtig, dass die Leute erfahren, wie sich die Achtsamkeitspraxis aus weiblicher Perspektive darstellt. »Unser Tonfall, unsere Geschichten, unsere Sicht der Dinge ergänzen die historisch gesehen männliche Dominanz in diesem Bereich um eine wesentliche Dimension. Lehrer mit Sinn für die weiblichen Aspekte der Dinge können jetzt andere Schwerpunkte setzen und Themen wie menschliche Zuwendung, Beziehung oder auch Rhythmen und Zyklen in den Vordergrund rücken. Frauen haben schon immer eine Neigung zur spirituellen Praxis gehabt, konnten aber nicht wie die Männer Haus und Familie verlassen. Beim Korbflechten, bei der Feldarbeit oder beim Wiegen der Kinder bot sich den Frauen jedoch reichlich Gelegenheit, zu meditieren und ihre Konzentration und Präsenz zu entwickeln. Ich finde es wichtig, dass nicht nur die Frauen, sondern ebenso die Männer dem Weiblichen zu seinem wahren Stellenwert verhelfen – und dass sich Frauen von jetzt an anders als je zuvor Ausdruck verschaffen können. Mich fasziniert also die wachsende Vielzahl der Stimmen, aber mich beschäftigt auch die Frage, wo die Berührungspunkte zwischen der Mainstream-Achtsamkeit und den eher spirituellen Aspekten liegen. Es befriedigt mich sehr, nach Wegen zu suchen, wie man das Spirituelle so einbeziehen kann, dass die Leute die ganze Tiefe kennenlernen können, ohne das Gefühl zu haben, sie müssten eine Religion praktizieren. Wie kann das ohne entstellende Verkürzungen gelingen? Mit den tieferen Aspekten der Praxis sind etwas Heiliges und eine besondere Form des Glücks verbunden. Letztlich wird es um Ansätze gehen, die die ganze Tiefe bieten, aber ohne den spirituellen Ballast.«

Vincent begeistert sich für neue Trends auf dem Gebiet der Meditation, die mit neuer Technologie arbeiten, insbesondere für »technodelische« Ansätze, wie er sie nennt. Der Ausdruck entstammt einem von seinem Freund Jason Lange veröffentlichten Artikel und bezeichnet technische Hilfsmittel, mit denen wir Bewusstseinszustände erleben können, die uns sonst nicht zugänglich sind.

»Diese Technodelika können die Leute an Erfahrungen heranführen, zu denen es in tiefer Meditation kommen kann – aber eben ohne dass man meditiert. Der Vorteil gegenüber gesundheitsschädlichen psychedelischen Substanzen liegt darin, dass sich die Leute ganz bestimmt lieber einen Kopfhörer aufsetzen, als Drogen zu nehmen. Ich frage mich jedenfalls, ob diese neue Technik vielleicht eine noch größere gesellschaftliche Wirkung haben könnte als die Hippie-Bewegung – Oma setzt sich ein Headset auf, und schon haut es sie aus

den Schlappen, und sie erlebt sich von einer Seite, die sie noch nie gesehen hat.«

Oma aus den Schlappen hauen – da habe ich natürlich gewisse Bedenken, und Vincent teilt diese Bedenken: »Das wird sicher auch unerwünschte Nebenwirkungen haben. Es besteht eine gewisse Suchtgefahr, und bestimmt wird manch einer nicht gut mit der Ablösung von der gewohnten Realität zurechtkommen. Das ist ja manchmal sogar schon bei der Meditation so. Die Leute machen tiefe Erfahrungen, die ganz anders sind als ihr sonstiges Leben, und dann setzen sie alles daran, in dieses Gefühl zurückzukommen, als wäre es schlimm, wenn sie nicht dort sind. Hier kann sogar Meditation zur Realitätsflucht werden. Bei der Technodelik ist diese Gefahr sicher noch größer, und wir müssen uns überlegen, was man da tun kann. Die andere Sache, die mir im Zusammenhang mit der Achtsamkeit Sorgen macht, liegt in dem Umstand, dass wir vor lauter Aufregung nur noch selten unsere Mitmenschen im Blick haben. Die derzeitigen Forschungen blicken kaum über die Abläufe in den Gehirnen Einzelner hinaus, die nach bestimmten Techniken meditiert haben. Wir sind eigentlich immer noch da, wo wir alles quantifizieren möchten. Die Meditation übt sicherlich als solche bestimmte Wirkungen auf das Gehirn aus, aber das gilt auch für Beziehungen zu Lehrern und einer Gemeinschaft. Es wäre ein gigantischer Verlust, diese Beziehungen zu vernachlässigen.«

Von Emily wollte ich ebenfalls wissen, ob der rasante Aufschwung nicht auch für sie eine bedenkliche Seite habe. Sie sagte: »Wir müssen einfach umsichtig wahrnehmen, auf was wir uns da einlassen. Jeder Ansatz, jede Methode hat Nutzeffekte und Schwächen. Und die

Leute, die als Lehrer auftreten, sind mehr oder weniger qualifiziert. Für die Achtsamkeit gilt wie für Yoga und alles andere, dass wir unser eigenes Urteilsvermögen aufbauen und einsetzen müssen, um das Richtige für uns zu finden.«

Zuletzt wollte ich von den beiden noch unbedingt wissen, wie sich langjährige Meditierende fühlen, wenn sie Eltern werden. Für Vincent war das ganz klar: Es öffnet das Herz. »Ich werde geduldiger, ich nehme Unannehmlichkeiten wie Geschrei mitten in der Nacht immer weniger persönlich. Es hat wirklich sein Gutes, gemeinsam Herausforderungen zu bestehen, die man sich nicht freiwillig aussucht, die uns aber zwingen, uns zu entwickeln. Das ist nicht immer angenehm, aber Entwicklung ist nun mal nicht in jeder Hinsicht angenehm. Entwicklung kommt auch durch Spannung, Reibung und Schwierigkeiten in Gang. Ja, da wächst etwas, eindeutig.«

Emilys Antwort geht in die gleiche Richtung. »Mutter zu werden hat mir viel abverlangt, und es war wunderbar. Der ganze Ablauf – vom Wissen, dass ich schwanger war, über den ersten Schrei bis jetzt zur täglichen Versorgung – ist eigentlich ein Echo dessen, was ich durch die Meditation gelernt habe. Es gibt Höhen und Tiefen, Zyklen und Stadien, eigennütziges und selbstloses Handeln. Die Praxis sickert in jeden Augenblick ein, und wenn ich doch einmal nicht präsent bin, macht mein Sohn mir das sofort klar. Natürlich habe ich manchmal keine Lust, um zwei Uhr nachts aufzustehen oder die Windel wieder mal zu wechseln. Aber ich kann dieses Ich-Gefühl kommen und wieder gehen lassen und einfach den Bedürfnissen meines Kleinen entsprechen. Er ruft mir in Erinnerung, dass sich auch in mir etwas entwickelt und einfach meinen liebevollen Rückhalt braucht. Ein so vollkommen abhängiges Wesen, dessen Bedürfnisse ich jederzeit obenan stellen muss, das ist eine ganz neue Art der Praxis. Aber eigentlich steht das ja immer an, ob man ein Kind hat oder nicht. Verlangt nicht jeder Tag immer wieder, dass wir über unseren Schatten springen? Das ist überall so.«

*

Ausblick

Aber genug von anderen Leuten. Kommen wir zu Ihnen und zum Hier und Jetzt zurück.

Der wichtigste Augenblick in der Geschichte der Achtsamkeit ist dieser hier, jetzt. Ich meine das ganz wörtlich, nicht als verschwommene New-Age-Floskel. Die Leute reden oft über Achtsamkeit, als handelte es sich um eine abstrakte Idee – und nein, das ist sie nicht. Die Achtsamkeitsbewegung besteht aus Menschen wie Ihnen, die das in ihrer Macht Stehende tun, um ihr Leben ein bisschen erfreulicher zu gestalten. Das geschieht eben jetzt, während Sie diesen Absatz lesen. Nehmen Sie den Hype weg, die Zeitungsspalten, die Forschungsberichte. Was bleibt, sind Sie, hier.

Da Sie bis hierher gekommen sind, sind Sie wirklich an diesen Dingen interessiert. Erkennen Sie das und erkennen Sie es an. Erkennen Sie auch an, dass Sie mit der bloßen Lektüre dieses Buchs bereits gut für sich selbst sorgen. Ich hoffe, Sie wissen das zu schätzen.

Wenn wir uns von innen heraus um uns kümmern, bewirken wir nicht nur für uns selbst etwas, sondern für die Welt ringsum ebenfalls. Die Lektüre dieses Buchs ist folglich auch ein Akt der Großzügigkeit gegenüber anderen. Wie fühlt sich das an?

Sie werden sich manchmal nur mit Mühe zu den hier vorgestellten Übungen anhalten können; damit ist zu rechnen. Sie werden manchmal unsicher sein, ob Sie diese oder jene Technik richtig anwenden oder nicht. Oh, und Sie werden manchmal nicht wissen, wo Sie auch nur zwei Minuten für die formelle Praxis hernehmen sollen. Es wird sicher auch vorkommen, dass Ihnen alles über den

Kopf wächst und Sie überhaupt keinen Sinn für Achtsamkeit haben. Das darf alles so sein. So ist es nun mal mit der Meditation im 21. Jahrhundert, ich kenne das auch.

Ich habe Ihnen eingangs drei Gesichtspunkte genannt, unter denen sich diese Darstellung der Achtsamkeit von anderen unterscheidet.

Erstens ist sie mobil. Viele Menschen schaffen es kaum noch, sich Zeit für die Meditation freizuhalten, es hat also keinen Zweck, unsere Praxis an diese immer knapper werdende Ressource zu binden. Deshalb stellen wir das bisherige Verständnis von Meditation auf den Kopf und sehen zu, wie wir sie irgendwie in den Lauf unseres Alltags einbinden können. Die Ausrede »keine Zeit« zieht dann nicht mehr. Wir müssen nur noch wissen, was wir tun können – und daran denken, es zu tun. Wenn Sie bereits ein paar Kerntechniken oder manche der sechzig Meditationen ausprobiert haben, ahnen Sie vielleicht, wie wirksam und kurzweilig das sein kann und wie wenig Aufwand damit verbunden ist.

Zweitens sprach ich davon, dass dieser neue Ansatz die Menschen da abholt, wo sie sind. Sie sollen ihren Weg der Achtsamkeit gemäß ihren jeweiligen Bedürfnissen selbst bestimmen können. Das spiegelt sich im Aufbau des Buchs wider. Sie können jederzeit auf einzelne Kapitel zurückgreifen, wenn Ihnen danach ist. Nehmen Sie das, womit Sie etwas anfangen können. Das gilt auch über dieses Buch hinaus für das gesamte Feld der Achtsamkeit und Meditation. Es sollen ja praktische Hilfsmittel für ein wirklich lebendiges und freies Leben sein, also nehmen Sie das, was sich gut anfühlt, und setzen Sie es ein, wenn es angebracht erscheint.

Der dritte Gesichtspunkt war Achtsamkeit in Verbindung mit Technik. Wir haben einen Punkt erreicht, an dem Entgegensetzungen wie virtuell und real, online und offline oder digital und analog nicht mehr viel besagen. Auch der Ausdruck »unser digitales Leben« hat kaum noch einen Nutzen. Es ist einfach unser Leben.

Meine Arbeit habe ich also getan, und das Weitere liegt nun bei Ihnen. Wie Sie Ihre Aufmerksamkeit und Ihr Bewusstsein einsetzen, so sind Sie, und mit Ihrem Denken und Verhalten beeinflussen Sie die Welt ringsum. Am Ende schnurrt alles auf zwei simple Fragen zusammen: Was für geistige Verbesserungen möchten Sie bei sich erreichen und was für eine Welt möchten Sie mitgestalten? Ich habe Ihnen in diesem Buch aufschlussreiche Geschichten erzählt und jede Menge Ideen und Techniken vorgestellt, jetzt sind Sie dran.

Etliche Wege können Sie von hier aus einschlagen. Wenn Ihnen das Buch gefallen hat, empfinden Sie Achtsamkeit vielleicht als nette Idee, belassen es aber dabei, um möglicherweise später einmal in die Praxis einzusteigen. Oder Sie befassen sich gleich damit, beschäftigen sich aber einstweilen nur nach Bedarf mit den Ideen und Techniken. Oder sie probieren ein paar Übungen aus, sooft Sie daran denken, und freuen sich an dem Nutzen, den Sie daraus ziehen. Oder aber Sie legen richtig los und erarbeiten sich ein Kombi-Programm aus mobiler und formeller Praxis, das mit der Zeit und tiefer werdendem Interesse in den Kernbestand Ihres Lebens eingeht. Und wer weiß, vielleicht bekommt es so viel Schwung, dass Ihnen Bewusstheit, Gelassenheit und Freundlichkeit zur zweiten Natur werden. Das würde mir gefallen.

Aber alle diese Wege sind gut. Es gibt nichts, was für alle passt, jeder sucht sich seinen eigenen Weg.

Mir war es ein großes Vergnügen, dieses Buch zu schreiben. Ich bin sehr froh, von alldem erzählen zu können, was ich bei meinen Abenteuern mit der Achtsamkeit gelernt habe, aber darüber hinaus hat das Schreiben selbst neue Klarheit gebracht und meiner Praxis mehr Biss gegeben. Es gibt eine ebenso schöne wie alte Tradition, nach der sich der Leiter eines langen Meditationsretreats am Ende bei den Teilnehmern entschuldigt. Um hier noch einmal den Bogen von der Tradition zur Gegenwart zu schlagen, schließe ich mich dem an. Sollte das Buch schwerverständliche Passagen, obskure Verweise und Vergleiche oder gar lahme Witze enthalten, bitte ich um Vergebung.

Wohin auch immer Sie sich jetzt wenden, ich wünsche Ihnen alles Gute.

Dank

Dankbarkeit ist eine schöne Sache, und dass es dieses Buch überhaupt gibt, ist vor allem zwei Frauen zu verdanken. Die erste ist meine Freundin und Agentin Julia Kingsford, die mir sagte, ich müsse ein Buch schreiben, und die wie üblich recht hatte. Die zweite ist Carole Tonkinson, die einfach auf mich setzte und deren Erfahrung und Durchblick sich als unschätzbar wertvoll erwiesen, was auch für ihr gesamtes Team gilt.

Die Achtsamkeit begleitet mich schon sehr lange, aber ich bin kein Lehrer im eigentlichen Sinne des Wortes, und so fehlt mir manchmal ein wenig das Gespür für das, was den Leuten wirklich nützt, wenn sie sich auf das Abenteuer der Achtsamkeit einlassen. Umso sicherer waren darin Xaki Barnett, Ammie McKay und Andy Young, die mir, während der Text Gestalt annahm, sehr genau sagen konnten, was geht und was nicht. Auch Suzy Glass und Ed Howker haben auf ihre Weise für spürbare Verbesserungen gesorgt.

Vor fast fünf Jahren habe ich den Entschluss gefasst, eine Meditations-App zu entwickeln. Die ursprüngliche Zielgruppe waren meine Freunde, die gern einen Versuch mit der Achtsamkeit machen wollten, aber nicht viel Zeit hatten. Niemals hätte ich gedacht, dass das Ergebnis dieser Arbeit, *Buddhify,* von so vielen Menschen überall auf der Welt genutzt werden und sich darüber hinaus zum Zentrum meiner Arbeit entwickeln würde. Wenn ich mich heute als »Meditationsunternehmer« bezeichne, klingt das zwar immer noch recht komisch, aber ich schätze mich glücklich, diesen Platz einzunehmen, und ich danke allen, die *Buddhify* und unseren anderen Produkten einen Platz in ihrem Leben einräumen. Mein besonderer Dank gilt allen, die uns schreiben und von den positiven Wirkungen unserer Produkte erzählen. Ihre Worte geben uns die Sicherheit, dass sich die Arbeit lohnt.

Ich habe für meine Achtsamkeitspraxis viele wunderbare Lehrer gehabt und bin zutiefst dankbar für diesen Segen. Es waren wirklich viele, von denen Einflüsse und Anstöße für mein Training ausgingen, und ich kann hier nur die wichtigsten von ihnen namentlich nennen. An Ajahn Sumedho bewundere ich, dass er so überzeugend für Tradition *und* Erneuerung steht. Ajahn Vimalo machte mir klar, wie wertvoll Humor ist. Syadaw U Tejaniya machte mir Mut, spielerisch mit den Dingen umzugehen. Christina Feldman weiß wirklich, worauf es ankommt. Sharon Salzberg rief mir in Erinnerung, dass mein Herz vorgeht. Jack Kornfield machte mir eindringlich klar, wie wichtig es ist, verschiedene Praxisformen auszuprobieren. Rob Burbea lenkte mein Augenmerk auf die tieferen Dinge und machte mir Mut, sie aufzusuchen. Martin Aylward zeigte mir, wie das Gewöhnliche und das Außergewöhnliche im Gleichgewicht zu halten sind. Kenneth Folg gab mir ein Beispiel für die Kraft des Pioniergeists. Und Bhante Kovida verdanke ich den Anstoß, es überhaupt mit der Meditation zu versuchen.

Ich danke allen, die mir für dieses Buch so bereitwillig ihre Geschichte erzählt und von ihren Erfahrungen berichtet haben: Jennifer, Chris Dancy, Kirsten Schultz, Amy, Patrick, Chris O'Sullivan, Andres Roberts, Louise Chester und Michael Bready. Ein ganz besonderer Dank geht an meine Freunde und Helden Emily und Vincent Horn, deren Arbeit mit buddhistischen Geeks so wichtig für mich war.

Zuletzt danke ich von Herzen allen in meiner Familie für das, was ich an Unterstützung und Liebe bekomme, auch wenn sie vielleicht nicht so genau wissen, was ich eigentlich mache. Vor allem danke ich meiner Frau Lucy, die mich dazu brachte, die Witze wegzulassen. Das Buch ist durch deine klugen Einwürfe viel besser geworden. Ich übrigens auch.

Ergänzende Lektüre, Videos und Websites

Sayadaw U Tejaniya über die Einbürgerung der Achtsamkeit: *Awareness Alone Is Not Enough*

Kelly McGonigal über das Bejahen des Schwierigen und welchen Nutzen das hat: *The Upside of Stress* (2015)

Sharon Salzberg über Vertrauen auf die eigene Erfahrung: *Vertrauen heißt, den nächsten Schritt zu tun: mein spiritueller Weg* (2003)

George Mumford über die Bedeutung der Achtsamkeit für Höchstleistungen: *The Mindful Athlete* (2015)

Jane McGonigal über die Kraft des Spielerischen: *Besser als die Wirklichkeit! Warum wir von Computerspielen profitieren und wie sie die Welt verändern* (2012)

Chögyam Trungpa über die Gefahren der Verwechslung von Spiritualität und Selbstveredelung: *Spirituellen Materialismus durchschneiden* (2015)

Natasha Dow Schüll über Software und wie sie unsere Aufmerksamkeit bindet: *Addicted by Design* (2012)

Alex Soojung-Kim Pang über die Verbesserung unserer Beziehung zu digitalen Geräten: *The Distraction Addiction* (2013)

Clay Shirky über Informationsflut und Filterschwäche: www.youtube.com/watch?v=LabqeJEOQyI

Nathan Jurgenson über digitalen Dualismus und den Fetisch Realität: http://thenewinquiry.com/essays/the-irl-fetish/

Über Rohan und seine Arbeit

Die Person: www.rohangunatillake.com

Das Unternehmen: mindfulnesseverywhere.io

Die Apps: buddhify.com; sleepfulnessapp.com